中国城市科学研究系列报告

中国小城镇和村庄建设发展报告

2019

中国城市科学研究会　编

中国建材工业出版社

图书在版编目（CIP）数据

中国小城镇和村庄建设发展报告．2019/中国城市科学研究会编．--北京：中国建材工业出版社，2019.12

ISBN 978-7-5160-2715-8

Ⅰ.①中…　Ⅱ.①中…　Ⅲ.①城镇—城市建设—研究报告—中国—2019　②乡村建设—研究报告—中国—2019　Ⅳ.①F299.21　②TU982.29

中国版本图书馆CIP数据核字（2019）第238994号

内容提要

本书主要收集了与小城镇和村庄建设相关并具有代表性的学术文章和研究报告。本书由乡村振兴战略下的乡村建设转型、脱贫攻坚任务下的村镇建设发展、特色小镇和特色小城镇建设、村镇规划与设计和村镇建设管理与乡村治理五篇组成。本书全面充分系统地展示、回顾和总结了近一年来在新时代背景下小城镇和村庄建设发展经验和特点，并对未来发展提出了专业性和技术性的指导和建议，以期对今后小城镇和村庄发展建设起到借鉴作用。

本书适用于城乡规划领域的专业人员阅读参考使用。

中国小城镇和村庄建设发展报告 2019

Zhongguo Xiaochengzhen he Cunzhuang Jianshe Fazhan Baogao 2019

中国城市科学研究会　编

出版发行：中国建材工业出版社

地　　址：北京市海淀区三里河路1号

邮　　编：100044

经　　销：全国各地新华书店

印　　刷：北京雁林吉兆印刷有限公司

开　　本：710mm×1000mm　1/16

印　　张：18

字　　数：350千字

版　　次：2019年12月第1版

印　　次：2019年12月第1次

定　　价：78.00元

本社网址：www.jccbs.com，微信公众号：zgjcgycbs

目　　录

第一篇　乡村振兴战略下的乡村建设转型

大城市边缘区旅游开发引导的乡村转型发展模式
——以武汉市为例 …… 2
乡村振兴战略下农村生活污水治理模式优选之思考 …… 13
乡村休闲养老客户群决策行为特征分析
——基于800份南昌城区老人的访谈数据 …… 22
我国农村人居环境建设的标准体系研究 …… 30
传统村落微更新与社区复兴
——粤北石塘的乡村振兴实践 …… 42
基于乡村振兴视角的农村土地制度改革分析
——以晋江市为例 …… 53

第二篇　脱贫攻坚实践中的村镇建设发展

精准扶贫视域下河南乡村产业韧性化发展策略 …… 62
旅游精准扶贫背景下的村庄“内涵式”再生规划策略 …… 76
面向村民自治的精准扶贫规划机制与引导模式 …… 89
贫困地区乡村治理中组织振兴的逻辑与路径探析
——基于恩施“尖刀班”创新模式调查的启示 …… 101

第三篇　特色小镇和特色小城镇建设

基于“农业+”的传统农业城镇特色化发展路径探索
——以广东茂名林头镇为例 …… 112

特色小（城）镇社会融合状况评估
——以杭州市为例 …… 123
江西省建制镇类特色小镇建设评价体系构建 …… 136
京津冀特色小镇的特征对比与展望
——基于京沪都市圈对比的视角 …… 144
客家特色小镇的乡土文化及其景观建设路径探析 …… 156

第四篇　村镇规划与设计

乡村振兴战略背景下北京村庄规划转型的探索 …… 168
广州乡村地区发展的土地依赖与模式转型 …… 177
社区参与视角下的乡村规划过程模式研究 …… 190
乡村振兴战略下的乡村建设问题及规划对策
——以汉源乡村建设规划为例 …… 200
基于中国传统设计手法的小城镇规划研究
——以渭南市临渭区为例 …… 215

第五篇　乡村治理与村镇建设管理

“新乡贤”治村的实践路径研究 …… 228
新“经纪机制”：中国乡村治理结构的新变化
——基于泉州市A村乡贤理事会的运作实践 …… 234
我国村镇规划建设管理的问题与对策 …… 250
山地小城镇控制性详细规划与管理研究
——以云南省盐津县水田新区为例 …… 260
农村宅基地有偿退出的政策与实践
——基于2015年以来试点地区的比较分析 …… 274

第一篇　乡村振兴战略下的乡村建设转型

2018 年，是实施乡村振兴战略的开局之年，也是乡村发展大变革、大转型的关键时期。2018 年 9 月，《国家乡村振兴战略规划（2018—2022 年）》中明确提出“乡村建设的重点从以往的城镇化、城乡统筹发展转变为乡村发展内生动力的培育、乡村活力的恢复，城与乡的融合发展”“坚持遵循乡村发展规律，扎实推进生态宜居的美丽乡村建设”，明确了国家经济社会发展过程中乡村的新定位，改变了以往城市为主导、乡村为附属的发展观念，指出重塑城乡关系、促进农村全面进步的新路径，也为乡村建设发展提出了新要求。

当前，我国乡村建设仍存在农村基础设施和民生领域欠账较多，农村环境和生态问题比较突出，乡村发展整体水平亟待提升等问题；同时，我国乡村差异显著，多样性分化的趋势仍将延续，乡村的独特价值和多元功能尚未得到进一步的发掘和拓展。然而，乡村建设已经具备了转型的基础与动力。农村水电路网基础设施不断完善，交通的快速发展大大缩短城乡空间距离，集体经营性建设用地入市、宅基地制度改革试点、三权分置等土地制度改革带来的破冰，以及逆城镇化现象的出现——随着大城市病的凸显，回归田园的热情涌现，新乡村生活成为人人向往的品质生活方式，这些均为乡村建设转型发展带来新机遇。

综上，着眼于乡村生态环境提升、推进乡村分类发展、农村土地制度改革、引导“乡愁经济”、农村人居环境改善等方面，本章节选取《乡村振兴战略下农村生活污水治理模式优选之思考》《传统村落微更新与社区复兴——粤北石塘的乡村振兴实践》《乡村休闲养老客户群决策行为特征分析——基于 800 份南昌城区老人的访谈数据》《大城市边缘区旅游开发引导的乡村转型发展模式——以武汉市为例》《我国农村人居环境建设的标准体系研究》《基于乡村振兴视角的农村土地制度改革分析——以晋江市为例》6 篇文章，从乡村振兴战略、乡村旅游与休闲养老、农村生活污水治理、传统村落更新、农村人居环境建设、农村土地制度改革等角度进行研究探讨，以期为乡村建设发展与乡村振兴推进提供理论支撑与实践参考。

大城市边缘区旅游开发引导的乡村转型发展模式

——以武汉市为例

乡村转型发展是实施乡村振兴战略的重要组成部分。振兴乡村，产业兴旺是关键，因此培育乡村发展新动能显得尤为迫切。以旅游为代表的乡村休闲化过程是我国大城市周边乡村地区统筹城乡发展、推进城乡一体化建设的重要手段，是推动三产融合发展的有效依托和战略支撑。乡村旅游在实现村民经济增收、引导农村产业结构转型、促进城乡融合发展等方面具有重要战略意义。大城市边缘区乡村旅游地的兴起为乡村转型发展提供了重要机遇，因此本文系统总结大城市边缘区乡村旅游推动乡村转型发展的动力机制及其差异化发展模式具有重要现实意义。

近年来众多学者对乡村转型发展相关问题进行了广泛的探讨，乡村转型发展已成为地理学、社会学、经济学和城乡规划学等学科关注的重点。主要研究包括乡村转型发展概念内涵、测度方式、地域类型划分，乡村转型的政策和保障，乡村人口、土地、产业变化与乡村转型发展的关系，乡村性与乡村转型发展的耦合关系。针对乡村转型发展格局与驱动机制和逻辑框架，乡村旅游与乡村文化发展也开展了广泛的研究。

1. 大城市边缘区旅游发展与乡村转型发展

1.1 大城市边缘区旅游发展研究

为满足旅游者（包括当地城市居民）日益增长的旅游需求，大城市的边缘区旅游投资逐年增加，逐渐形成了以主题公园、旅游度假区、特色民俗村等为主的主题多元、类型多样的旅游发展类型。当前，针对大城市边缘区旅游发展的相关研究主要集中于旅游产业链的演化、动力机制模拟、旅游城镇化过程分析、发展模式总结、发展战略与对策梳理、乡村经济和文化重构等方面。研究区域主要集中于北京、上海、杭州、南京等大城市。此外，研究的空间尺度偏向于宏观和中观，而微观村域尺度涉及较少。

1.2　大城市边缘区旅游开发与乡村转型发展

当前大城市边缘区旅游业正处于转型升级阶段，即从传统的观光、游览等“过境游”类型，向休闲和体验的生活型慢游方式转变，这也为有条件的乡村向旅游新村、旅游小镇转型提供了良好的契机。旅游作为一种市场推动力，是乡村经济社会形态转变和地域空间重构的产业动力源，可有效解决传统城镇化带来的“城市病”和“乡村病”两大难题，为破解农村“空心化”等问题提供重要机遇。大城市边缘区乡村旅游地的兴起和发展为旅游开发引导（简称“旅游引导”）的乡村转型相关研究提供了丰富的研究案例和素材。目前，针对类似于大城市边缘区等此类区域开展旅游引导的乡村转型相关研究较少。本文以大城市边缘区旅游引导的乡村转型发展动力机制建构为基础，从微观村域层面，结合武汉城市边缘区旅游引导下的乡村转型发展典型案例村，探索新时代背景下旅游产业引导的乡村转型发展模式，以期为大城市边缘区旅游开发和乡村转型发展提供参考。

2. 大城市边缘区旅游开发引导的乡村转型发展动力机制

乡村转型发展有赖于打通城乡发展要素的流通通道，实现乡村发展要素的流动，并对外输出价值。旅游引导的乡村转型路径，关键在于打通城乡要素的流通通道，进而调动乡村的“人气”，从而实现乡村地域系统的重构。一方面，旅游产业引入后盘活了农村的闲置资源，让乡土和田园风光资源化和价值化，实现了乡村资源向资本的转化；另一方面，旅游资本的投资，为乡村产业发展提供了充足的资金支持。“旅游流”和“人才流”成为乡村新业态萌发生长的关键因素，旅游产业聚拢了乡村发展的“人气”，大城市郊区村庄由“空心化”转向“再实心化”的过程，使得三产融合发展有了坚实的基础。以上分析可以看出，大城市边缘区旅游引导的乡村转型发展是以乡村优质本底资源为依托、旅游业作为核心外力，进而激发乡村内生发展动力的基础上，实现三产融合发展、推动乡村重构的过程。本文将这一乡村转型发展进程中所涉及的差异化动力来源总结为场域力、外源力和内聚力（见图1），在三种力量的综合作用下推动了乡村实现良性的转型发展。

2.1　场域力

场域力是实施旅游引导乡村转型发展的基础性动力要素。旅游项目开发的适

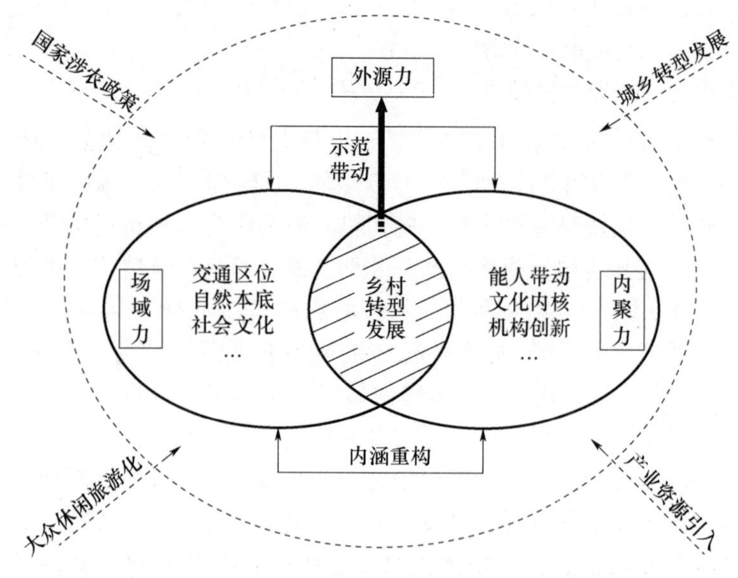

图 1　旅游引导的乡村转型发展动力机制

宜性是旅游选址的重要依据，其对场域条件的要求主要包括交通区位、自然本底环境、社会文化基础等方面。受旅游者闲暇时间、经济能力、交通条件等决策因素的影响，大城市边缘区乡村旅游目的地多集中于距中心城区两小时车程以内。因此，旅游引导的乡村转型发展村应靠近交通主干线，通达度较好；山水林田湖等地理要素组合多样，且拥有良好的自然生态环境；村庄特色景观风貌可为游客放松身心、亲近自然、寄托乡愁提供优质的场所；特色的历史、民俗和文化等体现地方文化基因的人文资源要素是塑造旅游乡村性不可缺少的重要组成部分。因此，场域力既是大城市边缘区乡村进行旅游开发的先决条件，也为旅游引导的乡村转型发展及提档升级指明了方向。

2.2　内聚力

内聚力是实施旅游引导乡村转型发展的主导性动力要素。旅游引导的乡村转型发展区别于传统村庄转型发展的重要特征是旅游带来的大量资本和文化冲击，给本地区原有的乡村体系带来重大的变化。因此，从旅游开发的全产业链运营过程来看，以本地农户及农户组织体系参与到旅游开发的过程，成为乡村旅游产业兴衰的关键。完善农户组织机构治理体系、引导本地能人回归、激发村民参与热情、调动全民创业、促成乡村文化整合、完善农户与市场的对接机制均是内聚力的主要表现形式。

培育旅游引导乡村转型的内生发展力量是处于不同旅游发展阶段的乡村共同面临的难题。培育新型乡村治理主体，有赖于充分发挥村民主体的自治能力，促进以村委会为核心的多元化组织结构体系的建设；鼓励能人回归与“能人治村”，激发本地籍企业家回报家乡的情怀和使命感；提升乡村精英群体带动广大村民的参与程度，以旅游开发为契机促成乡村精神内核的重构。以乡村精神内核为动力，促进乡村基层组织模式重建，发挥乡村精英、本地乡贤和本籍名人在乡村治理中的作用，为协调旅游开发过程中市场开发与资源保护建立保障机制。“能人治村”为建立乡村旅游开发利益分配机制创造了条件，使农户能享受到旅游开发带来的红利，避免出现“富了老板，穷了老乡”的困境。因此，以旅游开发为载体，乡村文化凝聚为内核，乡村“能人治村”为核心，促进乡村组织体系的整合和创新，为旅游引导的乡村转型发展提供了强劲的动力内核和竞争力。

2.3　外源力

外源力是实施旅游引导乡村转型发展的辅助性动力要素。乡村旅游的大规模开发离不开旅游产业蓬勃发展的大环境，城乡转型发展背景下城乡要素的快速流动、区域旅游市场环境的培育、政府产业政策的引导等因素为乡村旅游开发营造出良好的外围环境，以上多种因素共同构成了旅游引导的乡村转型发展的外源力。当前，我国实施乡村振兴战略，为实施旅游引导的乡村转型提供了强有力的外部支撑和驱动力。休闲旅游时代的到来，旅游成为大众群体日常生活休闲的重要组成部分，大城市旅游消费外溢现象突出为城市边缘区域乡村旅游发展带来重大机遇；乡村振兴背景下城乡转型发展，对培育乡村转型新动能，重构乡村生产、生活、生态空间提出了更高的要求；政府全面协调，强化服务，出台一系列旅游、农业、农村、文化等扶持政策，为培育和引导旅游产业发展提供了政策保障；旅游人才、高新技术和创新品牌等旅游产业资源的导入，为开发多元化的旅游产品创造了条件，为乡村转型带来全新的活力。

场域力、内聚力和外源力相互作用共同推动了大城市边缘区乡村旅游的有序开发，促进了乡村的良性转型发展。场域力是乡村旅游开发的基础性先决条件，而内聚力是打造优质旅游产品实现率先突围的关键。如何在场域力和内聚力齐备的基础上更好地结合外源力，做好本地文章成为乡村旅游实现转型升级的重要因素。因此，基于不同场域力、内聚力和外源力的差异化组合，将形成不同的乡村旅游开发模式。

3. 武汉城市边缘区旅游开发引导的乡村转型发展案例

武汉城市边缘区具有发展乡村旅游独特的区位优势，经历了自主松散发展期、数量扩张期及提档升级期三个阶段，乡村旅游已经成为武汉旅游产品体系的重要载体。武汉市乡村旅游发展坚持“一村一品”“一户一特”的发展道路，注重乡村旅游与农业生产、村民生活、农村建设有效衔接，武汉市黄陂区和东西湖区相继入选“全国休闲农业和乡村旅游示范县（市、区）”。2017 年，武汉市乡村旅游接待游客 4010 万人次，同比增长 26%；旅游综合收入 123 亿元，同比增长 57%；乡村旅游经营单位 3013 个（户），同比增长 23%，均实现历史性突破。武汉市提出把发展旅游业作为实施乡村振兴战略的重要举措，作为“三乡”工程（市民下乡、能人回乡、企业兴乡）的重要抓手，带动村民脱贫致富，促进美丽乡村建设。本文选取武汉城市边缘区 10 个旅游引导的乡村转型发展典型村，深入分析大城市边缘区旅游引导的乡村转型发展特征和模式。

3.1 典型案例村选取

案例村选取的主要原则是区域的代表性和发展类型的多样性，结合武汉市旅游统计数据及作者长期的跟踪调察，共选取了 10 个案例村，分别位于武汉市蔡甸区、东西湖区、江夏区和黄陂区（见图 2）。案例村入选的各类建设推进计划主要包括“三乡工程”示范村、美丽乡村建设示范村和省级生态示范村。

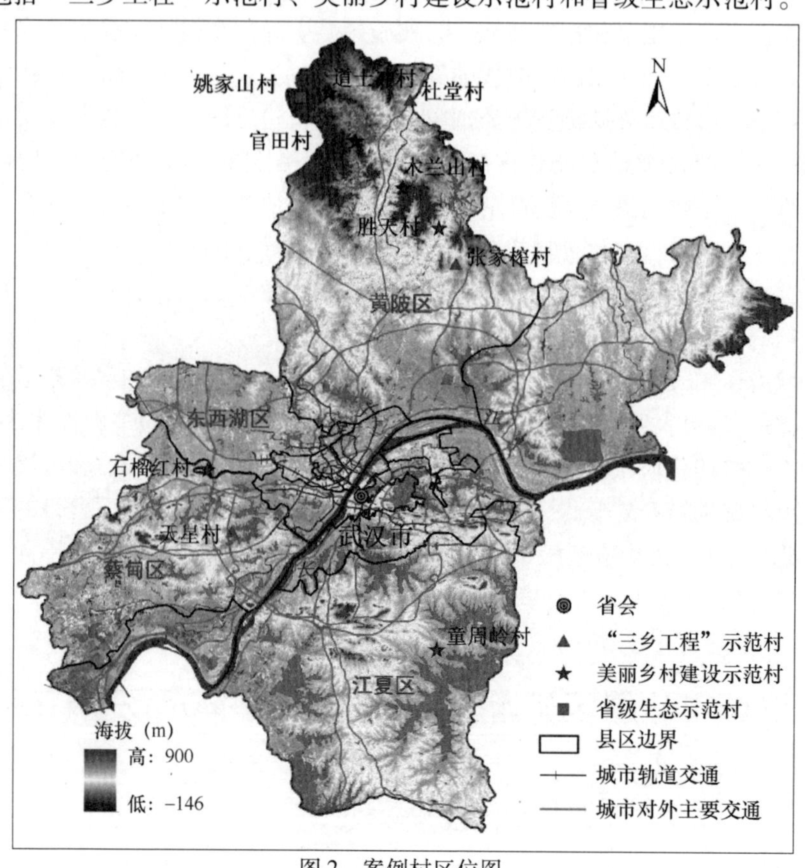

图 2 案例村区位图

3.2　武汉城市边缘区旅游开发引导的乡村转型发展特征

3.2.1　乡村人居环境改善，景观格局变化明显

旅游开发不仅带来基础设施和公共服务的日益完善，也显著改善了乡村人居环境。案例村开展旅游开发过程中对原有传统民居进行了外立面改造或拆除新建，建筑风貌焕然一新，成为旅游景观的重要组成部分。乡村公共服务日益完善，旅游业态的引入带来了超市、餐饮、住宿、特色商店等的发展。此外，生活污水处理和生活垃圾清运由原来分散排放到集中无害化处理，乡村生态环境显著改善。其中后期开发的童周岭村、天星村和杜堂村，村庄改造标准和配套建设水平显著提高，已成为武汉市重点推广的乡村旅游新名片。案例村旅游开发过程中，新建的旅游设施和公共配套设施对传统乡村景观带来重要的冲击，乡村景观格局的城市化和现代化与传统乡村景观保护的矛盾不断突出。

3.2.2　土地利用结构变化明显，耕地面积缩减，旅游用地递增

乡村旅游开发启动期案例村由开发企业主导均开展了土地流转，以便旅游项目进行整体开发建设。旅游设施中停车场、游客中心、酒店、游步道等建设造成耕地面积逐年缩减，村域范围内的农业种植结构也由粮食作物向苗木、花卉、果木、中草药等观赏性、经济性更高的作物替换，耕地的农业生产功能降低，而非生产功能逐渐增强。随着旅游项目的逐步成熟，旅游开发对商业和度假类旅游用地的需求不断增加。旅游转型升级背景下，如何在现有土地管理体制下，保障旅游用地的供给，成为实现乡村旅游持续发展的重要障碍。

3.2.3　农户就业形式多样化，生产生活方式旅游化转型趋势明显

旅游产业引入后，从事非农产业的劳动力逐年增多，村民对土地的依赖性开始降低。农户的收入结构由原来的务农、打工为主，转变为土地租金、旅游企业股权分红、旅游淡季外出打工、旅游商品经营性收入等。农户身份由“村民”演变为园艺师、农家乐老板、保安、景区服务人员等多种角色。农户收入提高后，本地盖房和改善居住环境的需求逐渐增加，农户的生产和生活方式旅游化转型趋势明显。如杜堂村在旅游开发之初成立了旅游专业合作社，将村民空闲房屋评估入股，所有房屋进行统一风貌设计，再由合作社统一招商运营。此外，旅游企业的股权分红保障了入股村民的最大收益。

3.2.4　破解“空心村”难题，形成良好的示范效应

乡村旅游开发不仅聚集了乡村发展的人气，也显著提高了乡村的可达性，旅

游引导下的乡村转型发展为破解城市边缘区“空心村”问题提供了可选路径。旅游节庆活动和文化创意产业的发展促进了乡村文化的回归，农户的思想观念不断演化。以市民下乡、能人回乡、企业兴乡为抓手，武汉市“三乡工程”的实施为乡村转型发展提供了良好契机。借助市场、社会、城市力量，乡村由空心化转变为再实心化。以天星村（花博汇）、杜堂村（木兰花乡）为例，二者均被评为武汉市“三乡工程”，在示范效应带动下，乡村发展的人才、信息、制度、文化等要素逐渐完善，为实现乡村振兴发展创造了机遇和条件。

4. 武汉城市边缘区旅游开发引导的乡村转型发展模式

根据案例村转型发展差异化的动力机制，将武汉城市边缘区旅游引导的乡村转型发展模式划分为四类：社区提升模式、景区依托模式、文化重构模式和近郊休闲模式。下面分别从模式的内涵、转型发展路径和典型案例分析三个层面分别梳理不同转型发展模式的特点（见表 1）。

4.1 社区提升模式

模式内涵：对于建筑风貌一般、农业产业化优势不明显、文化内涵不突出等“先天不足”的乡村，通过村湾整治和改造升级，优化乡村人居环境，改善其发展旅游的场域条件，最终实现乡村整体提升。新农村社区建设和特色小镇等是其主要表现形式。

发展路径：将原有的农业资料转化为旅游生产资料，将乡村生产、生活空间逐渐转化为旅游生产空间，将原有分散型村庄转化为集中式的村镇社区。实现村民身份转化为居民、就业方式由农业转化为旅游服务业。通过对闲散耕地的土地流转和集中整治，引入村庄公共服务设施和基础配套管网，逐渐开展旧村的改造升级，建成旅游引导下的综合社区。在社区整体风貌提升的基础上，乡村旅游发展的场域环境不断优化，逐渐完善乡村旅游发展的外部环境，通过引入外部资本和产业资源，发挥乡村旅游发展的外源力量。此外，旅游开发介入后，逐渐实现周边农用地的休闲化开发，建立农旅产业链，逐步推动乡村地区一二三产业融合发展，推动乡村由分散的村湾向集中村镇社区转型。

案例分析：武汉市石榴红村、木兰山村、童周岭村，在发展之初，分别受益于武汉市开展的“家园建设行动”“新农村建设”“美丽乡村”等乡村发展政策，由政府引导，投入少量财政专项扶持资金，并发动村民自筹，对原有分散村湾进行由内到外的全面改造升级，推动土地集中流转和大规模土地整治，在此基础上引入有实力的旅游企业投资开发了具有区域特色的旅游产品，延伸了本地产业发展链条，推动了乡村由传统分散发展到社区集中优化发展阶段转变。

4.2　景区依托模式

模式内涵：对于旅游资源禀赋佳、自然生态环境优美的乡村，充分发挥其场域优势，结合内聚力，引入外源力，重点打造核心旅游景区，以实现景区周边乡村资源旅游化、村民生产非农化、乡村产业多元化、乡村文化多样化。

发展路径：立足优势旅游资源和交通等场域条件，通过村民自筹或引进企业投资的方式打造旅游景区吸引核，利用旅游消费对乡村发展要素的集聚效应，实现对景区周边乡村的辐射带动。景区主交通廊道沿线及景区周边的乡村，通过开展农家乐、民宿、商超便利店等商业化经营，不断完善旅游景区配套服务需求，实现共享旅游发展红利的目的。旅游景区发展的成熟度对乡村发展的影响力呈现显著相关关系。景区发展程度越高，辐射范围则越广，农户参与旅游发展的产业形态越高级，乡村转型发展的动力越充足。

案例分析：武汉市张家榨村在景区开发之初将用地红线范围内村湾进行了集中拆迁还建，还建社区的选址位于景区入口的综合服务区，村民通过经商和开展多种经营实现了生产和生活方式的转变；官田村、胜天村旅游景区开发范围主要集中于山林、水库周边，原有村湾独立于景区之外，村民利用自有房屋开设农家乐、民宿等业态，参与到景区发展过程中；而杜堂村将原有村湾纳入景区核心游览区，实现了景观风貌的统一改造，当地农户围绕旅游公共服务、餐饮、住宿等多方面旅游消费需求开展多种经营，村民变景民，实现景村一体化联动发展。

4.3　文化重构模式

模式内涵：对于文化特色鲜明、文化底蕴丰富且具有一定市场化开发价值的乡村，以内聚力为核心整合乡村文化脉络，引入外源力实现文化资源的产品化，内外力相互结合，实现乡村文化价值的重构，推动乡村实现整体转型发展。

发展路径：以地方传统民俗和历史文化为依托，将原有村湾作为旅游核心吸引物进行旅游化改造，以此为载体，整合提升传统文化资源。利用节庆、科技等手段，丰富传统乡村文化内涵和表现形式。旅游带来的外来文化与本地传统文化相互作用，共同推动乡村文化不断优化重构，实现乡村发展要素的集聚，推动乡村转型发展。

案例分析：武汉市姚家山村是新五师司政机关旧址所在地，李先念、陈少敏等老一辈革命家曾经在此生活战斗过，被称为“武汉抗战第一村”，姚家山村依靠凝练本地红色文化遗产，发展红色旅游，实现本地乡村优化发展。道士冲村则依托其独特的少数民族文化，建成武汉市唯一的土苗文化风情旅游区，并结合村庄文化遗产打造出实景演绎产品“风云土司寨”，将文化资源产品化，实现文化兴村战略。

4.4 近郊休闲模式

模式内涵：对于距离城市中心区较近、公共交通便捷的乡村，通过大规模土地流转，以外源力为核心动力源，引入外部资本，推动休闲旅游产品开发，从而实现乡村城镇化转型发展。

发展路径：近郊休闲模式对旅游资源禀赋要求稍低，大面积可供开发的土地资源是其前提条件，其旅游核心吸引物的打造主要依靠特色农业栽培和人工建设，并随着市场需求的变化而不断调整。此外，旅游开发带来的公共交通条件改善和基础设施配套的完善将加速乡村城镇化进程，从而引发乡村地域功能重构。

案例分析：武汉市天星村是近郊休闲模式的典型代表，该村距离武汉市中心区仅 30 公里，景区门口规划有地铁站点，交通十分便捷。在旅游开发之初，由当地政府主导对天星村十余个村湾进行集中搬迁还建，集中开展土地流转。新开发的花博汇景区对原有村湾、河流、农田、湖泊等进行改造，景区定位为法式文旅小镇和田园综合体，以满足城市居民日常休闲娱乐需求为目标。原有村湾的农户逐渐实现城镇就业，乡村城镇化趋势明显。

表 1　典型案例村转型发展模式

<table>
<tr><th>模式划分</th><th>代表村庄</th><th>已开发景区</th><th>主要旅游产品</th><th>资金来源</th><th>主体参与</th></tr>
<tr><td rowspan="3">社区提升模式</td><td>石榴红村</td><td>四季吉祥
武汉花世界</td><td>石榴红民俗村、武汉花世界文创亲子主题乐园、蔬菜水果种植和采摘等</td><td rowspan="3">政府财政拨款
内部自筹
企业投资</td><td rowspan="3">政府引导
村民主体
企业参与</td></tr>
<tr><td>木兰山村</td><td>木兰山</td><td>木兰古道、民宿和农家乐集群等</td></tr>
<tr><td>童周岭村</td><td>当代薰衣草庄园</td><td>小朱湾民宿和农家乐集群、月亮湾小镇、休闲农业、郊野绿道等</td></tr>
<tr><td rowspan="4">景区依托模式</td><td>张家榨村</td><td>木兰草原</td><td>木兰草原旅游区、草原新村、度假酒店、“花木兰·云中战歌”实景演艺、梦栖谷露营基地等</td><td rowspan="4">企业投资
政府财政拨款</td><td rowspan="4">企业主导
政府扶持
村民参与</td></tr>
<tr><td>官田村</td><td>木兰天池</td><td>峡谷观光、木兰忠孝园、主题度假酒店等</td></tr>
<tr><td>杜堂村</td><td>木兰花乡</td><td>鸟语林、花田世界、乡村市集、木兰文化博物馆、酒店民宿集群等</td></tr>
<tr><td>胜天村</td><td>胜天农庄
木兰玫瑰园</td><td>田园休闲、环山步道、主题拓展；玫瑰花圃、主题酒店、婚庆广场等</td></tr>
</table>

续表

模式划分	代表村庄	已开发景区	主要旅游产品	资金来源	主体参与
文化重构模式	姚家山村	姚家山	姚家山村红色遗址、新四军第五师博物馆、香溪谷、有机田园等	企业投资 政府财政拨款	企业主导 政府扶持
	道士冲村	锦里沟	入口度假休闲区、环山步道、忠孝王府、“风云土司寨”实景演艺等		
近郊休闲模式	天星村	花博汇	花卉观光、弗罗伊鲜花小镇、主题村落群、美食文化街、马术俱乐部、麦咭亲子乐园、御鉴婚礼堂等	企业投资 政府财政拨款	政府引导 企业开发 运营

5. 结论与讨论

在快速城镇化和乡村振兴战略驱动下，旅游引导的乡村转型发展过程是大城市边缘区乡村转型发展的重要方式。本文以旅游引导乡村转型发展的动力机制解构为突破，以武汉市 10 个典型村为例，总结了该地区旅游引导下乡村转型发展的特征及其形成的差异化发展模式，主要结论有：

（1）旅游引导的乡村转型发展过程是场域力、内聚力、外源力共同作用的结果，需整合乡村发展多方力量和要素，因地制宜制定乡村转型发展策略。

（2）武汉城市边缘区旅游引导的乡村转型发展特征主要包括人居环境改善和景观风貌转变；土地利用结构和土地经营方式旅游化；农户生产生活方式的转型；“空心村”整治和乡村振兴的示范效应等。

（3）武汉城市边缘区旅游引导的乡村转型发展逐渐形成社区提升模式、景区依托模式、文化重构模式和近郊休闲模式等差异化的发展模式。

实施乡村振兴战略，涉及从乡村产业振兴、乡村人才振兴到乡村文化振兴、乡村生态振兴、乡村组织振兴等多个方面。全面振兴也意味着必须建立发挥乡村特色的完整产业链条。旅游引导的乡村转型，对促进产业升级、实现村民增收、完善社会保障制度、改善生态环境质量、提升村民文化素质等方面成效显著。旅游市场引导，自下而上的转型发展过程成为实现乡村重构的重要渠道。同时，政府自上而下的引导和扶持作用同样关键，应重视自下而上和自上而下的双向通道的相互作用，共同推动乡村转型发展。

旅游引导的乡村转型离不开长期的跟踪研究，不同的发展模式其核心驱动力不同，发展思路、发展路径也不相同。旅游引导的乡村转型在具体实施过程中应遵循因地制宜和因势利导的原则，综合考虑自身基础条件、文化特色和宏观区域政策等因素，系统规划，科学发展。本文选取探索了武汉城市边缘区 10 个典型案例村进行跟踪研究，得出了上述初步结果。下一步还需继续增加研究样本，扩展研究视角，深入开展定点观测研究。

参考文献请见原文。

（撰稿人：魏超，华中师范大学城市与环境科学学院，地理过程分析与模拟湖北省重点实验室，中国旅游研究院武汉分院；戈大专，南京师范大学地理科学学院；龙花楼，中国科学院地理科学与资源研究所；刘嗣明，华中师范大学城市与环境科学学院，地理过程分析与模拟湖北省重点实验室，中国旅游研究院武汉分院）

乡村振兴战略下农村生活污水治理模式优选之思考

乡村振兴战略是党的十九大报告提出的重要战略，习近平总书记指出“要像对待生命一样对待生态环境”。随着社会的不断进步，农村经济水平迅速发展，农民生活质量也逐步提高，然而伴随而来的农村经济与环境建设不协调发展导致的问题也日渐凸显，其中以水环境污染问题最为严重。因此，优选农村生活污水治理适用技术，优化农村生活污水治理方式，全面提高农村水环境质量，是农村振兴战略的迫切需要，也是全面建成小康社会的主题。

1. 农村生活污水治理现状

近些年各级政府采取多种措施，开展农村环境综合整治、秀美乡村建设等工作，着力治理农村环境“脏、乱、差”现象，使得农村环境大有改善。但由于农村经济条件限制以及居民环境保护意识的缺乏，且农村生活污水治理尚处于起步阶段，存在的问题不少，治理现状不容乐观，主要表现在如下方面。

1.1　污水收集不彻底

农村生活污水主要包括冲厕水、洗涤用水、餐厨废水等。通过新农村建设，如今部分乡村已将旱厕改为水冲厕所，但缺乏完善的污水收集系统，污水收集仍不彻底，粗放式的排放方式使大部分生活洗涤用水和餐厨废水以及部分散养禽畜的粪尿直接渗入地下或排入沟渠。由此引发的生活污水露天径流和地下渗漏等问题，不但导致了农村生活环境的恶化，而且易对地表及地下水造成污染。

1.2　化粪池防渗漏不规范

目前不论是旱厕还是卫生厕，污水直排现象普遍，特别是修建较早的房屋，均未建化粪池；新建的房屋虽有化粪池，但大部分没有三格设计，防渗漏效果差，即使是采用标准的三格式化粪池，也因为化粪池储存容量不足，冲厕时产水量大，若未有管网收集和污水处理系统，也一样会渗漏或溢出。

1.3 管网设置不合理

部分乡镇、村虽然建有污水管网收集系统，但普遍存在如下问题：雨污不分流；沉淀池、检查井标高及位置设置不规范，下雨涨水季节出现倒灌现象；管网坡度设计套用城市排水设计标准，未能因地制宜，使得管径过大或坡度过小，导致污水无法顺利排出，排水管道变成了储水池，管内的污泥厌氧发酵产生恶臭。

1.4 治理设施不健全

目前农村生活污水处理设施缺失，据统计，全国仅有不到 10% 的农村建设了污水处理设施，而设施正常运行的比例更小，几乎大部分的农村生活污水未经处理，直接排入水体或渗入地下。有些已建的农村污水处理系统，因基建投资大、运行费用较高、专业技术力量不足以及日常维护跟不上等，处于闲置状态，治理效果不理想。例如，人工湿地因占地面积大，为减少占地设计负荷过高，运行时间很短就出现堵塞现象；传统活性污泥系统则经常需要根据污泥状态及时调整工艺参数，一旦无专业技术人员值守，就容易出现处理不达标现象；移动式一体化膜处理系统（以下简称 MBR）因设备运行、膜清洗和更换成本费用较高，大多数地区难以承受，导致大部分污水处理站成了“晒太阳”工程等。

1.5 工艺设计与排放要求不匹配

很多敏感地带水质要求比较高的区域，选择生态处理，认为生态处理投资低、运行管理简单、处理效果好。例如，国家自然保护区、饮用水源保护地、重点保护的江河流域地带大多采用人工湿地、氧化塘工艺处理设施，这实际上是把一个末端处理单元当成了全流程工艺。该类处理工艺只能作为生物处理后的末端深度处理单元，用来进一步降低氮磷等无机营养指标，若直接处理生活污水，则不能满足水体污染物排放标准。因此，生态处理在这些重点地段绝不能作为整套污水处理工艺，更不能成为农村污水治理的主流技术。

2. 农村生活污水的主要特点

农村生活污水成分复杂，除居民的生活用水外，还混有高浊度的雨水以及散养畜禽的排泄物等，具有单个处理量小、日变化系数大、可生化性较好、收集难度大等特点。

2.1　单个处理量小

农村居民居住相对分散，单户人口数较少，生活污水人均排放量较小（80～100kg/d）、污水处理量也不是很大。一个200户、1000人左右的自然村，即使全部收集出水量，也就100t/d左右。

2.2　日变化系数大

农村以农村居民为主，工矿企业少，村民的生活规律相近，污水的排放在清晨、中午、傍晚三个时间段水量相对较大，而夜间的排水量小，甚至可能断流。污水排放具有水量变化幅度大、排水不连续的特点，日变化系数为3.5～5.0。污水量季节变化也很明显，夏季污水排放量远高于冬季。

2.3　可生化性较好

农村用水大部分是居民用水，除粪尿、洗涤水、餐厨水外，还有少许畜禽废水，基本上没有化学成分污染物，各种污染物的浓度较低，污水可生化性也较强，含营养物多。

2.4　收集难度大

农村村庄地形复杂，坡度不一致，户与户之间落差大，加大了管网收集难度，有的个别村管网收集需要跨桥、穿洞、泵引。大部分农村地区由于政府财力和家庭支付能力严重不足导致缺乏相应的管网建设，而由政府出资建设的污水处理设施也常常存在“重建设、轻管理”的现象。由于缺乏长期稳定的资金来源作为运行及维护费用，污水处理设施逐渐被停用。污水处理系统维护管理资金投入不足和专业技术人员的缺乏是造成农村污水处理设施不能长期稳定、有效运行的重要因素。

3. 农村生活污水处理工艺比较

随着科学技术的发展，人工湿地、生物接触氧化、一体化膜生物反应器、高负荷地下渗滤复合技术、土壤型高负荷微生物滤床技术等一批生态物化工程技术应运而生，依据原理主要分为生化、物化、生态和多种组合处理技术。当前有代表性、较为成熟的农村生活污水处理工艺有以下几种。

3.1　人工湿地

人工湿地是通过人为设计与建造，模拟自然湿地的生态环境，使其形成由基质、水体、微生物、植物组成的复合系统，利用“植物—微生物—基质”复合生态处理污水，是一种既传统又新颖的污水处理工艺。其优点是建设和运营成本较低，也可以通过合理设计进一步发挥湿地系统的景观、生产和储蓄功能，使人工湿地成为一个综合八大功能、具有良好内部循环机制和抵抗外部环境变化能力的稳定可持续的生态系统，能实现经济、环境生态和社会三重效益相结合的目标。其缺点是处理能力和效果较差。目前研究的重点和难点在于减少湿地面积，提高湿地在低温环境下的运行能力，增强脱氮效果，优化湿地基质填料等方面。

3.2 生物接触氧化

生物接触氧化也称为“淹没式生物滤池”，是由生物膜法衍生而来的一种污水生物处理法。污水通过与池内生物膜相接触，在附着在生物膜上的微生物的作用下，发生生化反应，并使水体得到净化。

生物接触氧化工艺采用类似于曝气池曝气的方法为微生物提供其生存所需要的供氧量，同时也起到充分混合和搅拌的作用，并通过在池内投加填料，促使微生物附着在填料上生长，因此又称为接触曝气法，是一种介于活性污泥法与生物滤池两者之间的生物处理法。它兼具两者的优点，是具有活性污泥法特点的生物膜法。

3.3 一体化 MBR

MBR 水处理技术是一种高效污水处理技术，其结合了传统的污泥法和膜分离技术的优点。通过生物膜的过滤作用，微生物完全被截留在反应器中，部分难以降解的大分子有机物也可以被截留，实现了水力停留时间和污泥停留时间的彻底分离，使生物反应器内保持较高的污泥浓度，具有较强的硝化能力，提高了污染物去除效率。

3.4 高负荷地下渗滤复合技术

高负荷地下渗滤复合技术是由碎石、砂土、透水性好的颗粒型填料等组成的生物处理构筑物，通过模仿自然生态系统的原理，利用生物膜、人工填料和微生物的协同作用实现污水的净化，其中污水中的可溶性物质主要通过生物膜和微生物的作用去除，而污水中的颗粒物则主要通过人工填料截留。目前，高负荷生物滤池、曝气生物滤池等各种类型的生物滤池污水处理技术正被广泛应用于农村生活污水治理中。高负荷地下渗滤复合技术是在生物滤池的基础上增加预处理和末端深度处理系统，其中的地下湿地与地下渗滤单元是处理系统的核心，以好氧处理技术为主。污水首先经过沉淀、厌氧处理，然后通过埋在地下的散水管散布到高负荷地下渗滤单元，具有较强的抗冲击负荷能力，出水水质稳定，其出水水质可达到《城镇污水处理厂污染物排放标准》（GB 18918—2002）规定的一级 B 排放标准，但对总氮和总磷的去除效果不明显，若终端结合厌氧滤池或人工湿地，可达到一级 A 排放标准。

3.5　土壤型高负荷微生物滤床技术

土壤型高负荷微生物滤床技术通过微生物地球化学过程，筛选和培育出高效矿化填料和高效功能微生物，通过富集培育使功能微生物与矿化填料融为一体，形成具有超大的阳离子交换容量和微生物亲和性的“微生物菌团”（“填料—菌种”复合体），同时，将“微生物菌团”和“生物滤床多床层结构”技术紧密结合，形成高效的微生物载体单元及好氧、兼氧、厌氧多个床层，经过同步硝化反硝化过程，达到深度去除废水中 COD、氨氮等污染物的效果，其出水水质可达到《城镇污水处理厂污染物排放标准》（GB 18918—2002）规定的一级 A 排放标准。

土壤型高负荷微生物滤床工艺特点在于设施规模可大可小、可分散可集中、可拼装可扩建，其设计理念可归结为“三低一广一简单”，“三低一广一简单”即投资建设成本低、维护及运行成本低、可辐射面广、操作简单易行。同时，该工艺可结合秀美乡村建设的要求，融入生态理念，将农村生活污水治理设施与农村秀美环境有机结合，实现人与自然的和谐共处。

上述几种农村生活污水处理工艺列表比较如表 1 所示。

4. 农村生活污水处理工艺选择原则

农村生活污水的处理技术种类较多、工艺成熟，但只有通过对农村污水排放特点及现状、农村现有财力和筹资方式等多种因素的综合考虑，因地制宜合理选择污水处理技术，才能达到改善和控制农村水环境污染的目的。农村生活污水处理工艺选择应遵循以下 4 个原则。

4.1　运营维护简单

农村生活污水处理并非量越大越难处理，水量越小意味着水质水量波动越大，设施规模越小越难以稳定运行。一个日处理万吨以上的污水处理厂，每天进水量相对均匀、浓度相对稳定，一旦稳定运行起来，惯性很大，不容易出问题。因此与市政污水处理厂相比，日处理量仅为数十吨的农村生活污水处理站若要稳定运行，则更需要优选工艺，不能套用市政污水处理工艺，应以方便日后运营维护为主要考量。

表 1　农村生活污水处理工艺对比

序号	生活污水处理技术参数对比	土壤型高负荷微生物滤床	高负荷地下渗滤复合技术	一体化 MBR 技术	生物接触氧化工艺	人工湿地
1	载体	固态（土壤型生物菌胶团）+ 自养生物膜	固态（砂、碎石等颗粒型填料）	液态（活性污泥）+ 异养生物膜	液体（活性污泥）	颗粒型填料 + 植被
2	占地面积	较大	较大	小	较小	大
3	投资成本（以日处理 $50m^3$ 为核算标准，含站内土建和设备）	构筑物简单，设备少，投资较低，约 40 万元	构筑物简单，设备少，投资较高，约 45 万元	A/O 工艺设备或土建构筑物；MBR 膜组件；一次性投资费用较高，约 48 万元	一体化设备，一般采用地埋式，土建成本投资较低，约 30 万元	构筑物简单，建设成本低，约 18 万元
4	运行、维护成本（以日处理 $50m^3$ 为核算标准）	能耗低，设备少，自动化运行，运行、维护成本低，为 0.4 ~ 0.6 元/m^3（一级 A）	能耗低，设备少，自动化运行，运行、维护成本低，为 0.4 ~ 0.6 元/m^3（一级 B），0.8 ~ 1.0 元/m^3（一级 A）	设备复杂，能耗高，操作较复杂，MBR 膜需清洗，定期更换费用高，维护费用高，为 0.8 ~ 1.0 元/m^3（一级 A）	能耗较高，操作较复杂，冬季低温需投加营养，维护成本较高，为 0.6 ~ 0.8 元/m^3（一级 B）	能耗低，植物死亡需补充，运行、维护成本较低，小水量维护成本较高，大水量维护费成本较低约 0.1 ~ 0.2 元/m^3（一级 B）
5	菌种特性	筛选、培养多生物菌群，厌氧菌、禁氧菌、好氧菌同一单元分层次共生	自养生物菌种、预处理厌氧、滤池主体好氧	兼氧菌、好氧菌分区域培养驯化，需调节控制	厌氧菌、兼氧菌、好氧菌分区域培养驯化，需调节严格控制	自养生物菌种、厌氧菌、植物根系
6	受湿度条件影响	载体为土壤型菌胶团，保温性较好，受温度变化影响较小	载体为颗粒型填料，保湿性较好，受湿度变化影响较小	反应介质载体为水，温度低会影响生物活性。AO 段会造成不稳定，降低膜寿命	反应介质载体为水，温度低会影响生物活性，造成运行不稳定，造成整个系统不稳定	冬季低温，植物易枯萎，微生物活性受到抑制
7	负荷特性	系统抗水力和有机物负荷冲击能力强	系统抗水力负荷冲击能力较强	抗水力和有机物负荷冲击能力较强	抗水力和有机物负荷冲击能力差	抗有机物负荷能力较强，抗水力负荷差

续表

序号	生活污水处理技术参数对比	土壤型高负荷微生物滤床	高负荷地下渗滤复合技术	一体化 MBR 技术	生物接触氧化工艺	人工湿地
8	培养及运行方式	无须培养,可直接连续或间歇运行无影响	无须培养,可直接连续或间歇运行无影响	膜泥水分离,截留反应池中微生物,生存条件一旦发生改变,相比一体化设备工艺有更好的运行及处理能力	生物菌种较为脆弱,生存条件一旦发生改变,生物活性影响较大,无法实现间歇运行	植物需一段时间驯养
9	系统控制	设备数量少,常规简单,无特殊要求。操作简单。无须专人运行,自动化一键启动	设备数量少,常规简单,无特殊要求,操作简单。无须专人运行。自动化一键启动	设备数量较多,专业化强,需环保类专业技术人员进行维护。自动化一键启动	设备较繁多,专业化强,需专人运营管理	设备数量少,常规简单,无特殊要求,操作简单,但需要人工经常维护
10	水质达标及排放情况	运行稳定,深度达标,好氧、兼氧、厌氧多层设计;多生物相菌群同步硝化反硝化,脱氮、脱磷、除臭效果明显	运行稳定、稳定达标,对总氮和总磷的去除效果不明显,结合厌氧滤池或人工湿地可深度达标	运行稳定,深度达标,且膜过滤过程中形成凝胶层,可截留比膜孔径更小的物质。对细菌、病毒、S8 有很好的去除效果	运行受外界条件影响较大,当温度低于5℃时,容易出现不稳定情况	去污能力有限,夏季易滋生蚊虫,产生臭味。冬季处理作用微弱
11		运行不受水量、日变化和季节变化影响,水质能稳定达到《城镇污水处理厂污染物排放标准》一级 A 标	运行不受水量、日变化和季节变化影响。水质能稳定达到《城镇污水处理厂污染物排放标准》一级 B 标	运行较稳定,容易受季节变化影响,水质能稳定达到《城镇污水处理厂污染物排放标准》一级 A 标	运行较稳定,容易受季节变化影响,水质能达到《城镇污水处理厂污染物排放标准》一级 B 标	运行因季节变化,水质的季节变化,能达到《城镇污水处理厂污染物排放标准》一级 B 标
12	适用范围	适合经济条件一般,可利用面积较大,水质要求高	适合经济条件一般,可利用面积较大,水质要求较高	适合经济条件好,可利用面积小,水质要求高	适合经济条件较好,可利用面积较大,水质要求较低	适合经济条件差,可利用面积大,水质要求低

4.2 抗冲击负荷强

农村生活污水排放主要分布在早、中、晚三个高峰期，污水量和浓度变化大，决定了农村生活污水治理应当选择抗冲击负荷能力强的工艺，宜选择固体材料作为载体，如人工湿地、生物接触氧化、一体化 MBR 膜、高负荷地下渗滤复合技术和土壤型高负荷微生物滤床技术，不宜采用传统的工业、城市污水处理的活性污泥曝气法工艺。

4.3 技术经济性好

可生化性较好，说明适合采用技术经济性较好的生物法处理，考虑到农村财力薄弱、收费难、自运维管理缺乏等因素，可按照“三低一广一简单”的设计原则，选择投资建设成本低、运行费用低、维护成本低、可辐射面广、操作简单易行的处理工艺，不宜采用 MBR、超滤、纳滤、反渗透等膜处理工艺（对水质标准要求特别高的区域除外）。

4.4 可分散可集中

农村生活污水收集难度大，村与村之间无法集中收集，甚至一个自然村都很难做到统一收集，所以，最好选择设施规模可大可小、可分散可集中、可拼接可扩建的处理工艺，这样既可大量节约管网建设投资，也不用为了考虑后期人口增长因素超前建设过大的处理设施。

当然，最后还需因地制宜。对排放要求低、居住特别分散、户与户之间高差大、人烟稀少的地段，可采用原位四格净化床处理工艺；对排放要求高、水量相对较大的敏感地带，除一体化膜处理工艺外，还可采用“生物 + 生态”的耦合工艺，将传统生化工艺与生态工艺的优势进行互补，一方面可以提高污染物负荷；另一方面可以提高脱氮、除磷效果。

5. 对农村生活污水治理的几点建议

农村生活污水的治理要从农村实际出发，结合当地的自然地理环境、经济发展水平，建立健全投资、运行和监督管理制度，应采用经济、简易、节能和有效的处理技术，真正使农村生活污水治理设施能够“建得起、用得上、管得好”。

（1）加强宣传，增强农村污水治理意识。

充分利用各种宣传工具和渠道，开展多种形式的农村环保知识宣传教育活动，使村民充分认识到生活污水治理的必要性和紧迫性，提高村民的生态环保意识，改变“垃圾一埋（倒）了之，污水一排了之”的老习惯，把绿色发展理念贯穿于经济社会发展全过程，使农村生活污水治理工作成为全社会的行动自觉，促进人与自然的和谐相处。

（2）完善规划，因地制宜地选择污水治理模式。

按照十九大报告提出的“乡村振兴战略”总要求，针对农村地形多样，村庄规模、污水量大小不一，经济状况各异等特点，从实际出发，坚持因地制宜、分类处置的原则，依据村落的布局，科学制订、完善农村生活污水治理计划，明确治理目标、时序、措施。在污水治理技术上，要积极推广“三低一广一简单”的生活污水处理模式。目前，农村用电还不是很稳定，在建设污水处理设施时最好要增设太阳能，既可以节省运营成本，又能保障污水处理设施的正常用电。对于新建或改建的农村住房或拆迁安置房，要配套完善周边污水管网和设施，做到管网雨污分流，防止先建后治、建后再改，扎实推进农村污水治理工作，促进农村生态文明建设。

（3）多措并举，加快污水治理设施建设步伐。

农村生活污水治理是一项系统工程，需要多措并举，如拓宽社会融资渠道，基础设施投资应从单纯依靠财政性资金向多元化投资、融资还贷、多方参与转变，鼓励和引导各种社会力量和资金投入农村生活污水治理。另外，项目选址多为农用地，建议国土部门针对农村建设的基础设施项目适当简化用地审批程序，尽量缩短项目审批时限。

参考文献请见原文。

（撰稿人：柴喜林，中南大学，江西省万年中南环保产业协同研究院有限公司）

乡村休闲养老客户群决策行为特征分析

——基于 800 份南昌城区老人的访谈数据

1. 引言

由于功能属性的差异，乡村拥有比城市更佳的生态环境，满足城市低龄老人的生态养老需求，为老人提供发挥余热的活动空间。在传统居家养老逐渐完善的同时，乡村对城市老人吸引力越来越大。新常态下充分发挥乡村资源优势，建立城乡互动的乡村休闲养老机制，对缓解城市养老压力和促进乡村经济发展具有重要意义。乡村休闲养老这一新兴养老方式受到学术界广泛关注。

20 世纪 40 年代，都市老人季节性移居开始出现于欧美等工业化国家。20 世纪 70 年代，养老旅游成为学术界关注的热点问题。其中老人的迁移动机是研究的重点方向之一。中国旅游研究院黄璜通过对旅游养老研究进行总结发现，老人旅游养老动机分为 4 类：宜居环境、社会关系、老年服务、经济动机。宜居环境包括自然环境、人文环境。McHugh 等（1991）发现老人有迁移到气候适宜、风景优美地区的动机。黎莉发现有规模庞大的“候鸟老人”到海南过冬。社会关系包括亲属关系和社会关系。Charles 研究指出在做出异地养老决定时，老人一般都会经过三个考虑步骤：自己的想法、外界的干扰和朋友或亲人的建议。老年服务，指目的地给老人提供服务，实现健康和精神满足。Cuba L. 研究发现，先前旅游经历和目的地形象对季节性移居者的决策具有重要影响。经济动机，旅游养老者普遍“有钱又有闲”，国外迁移规律为“由高税地区到低税地区”“由发达国家到发展中国家”“由养老服务昂贵且稀缺国到养老服务廉价国”。中国乡村大部分地区并不发达，基础设施有待完善，因此乡村休闲养老和旅游养老在决策过程中考虑的元素不尽相同，不能将之等同处理。Krout J. 发现西方国家的村落休闲养老模式与传统的旅游养老模式在老龄人年龄、停留时间、旅游费用、旅游印象等方面对决策的影响有较大差异，而国内研究较少。

结合习近平同志“乡村要留得住绿水青山，系得住乡愁”指导性意见，新常态下要让乡村焕发更多生机与活力，引导一部分城市适龄老人选择性进入到生态氛围浓厚的乡村休闲养老是有可能实现的。因此，本文依据 800 份南昌市区老人调研数据，利用 SPSS19.0 统计软件，分析探讨了城市老人在城市环境、代际关系、乡村条件等因素综合影响下的乡村休闲养老决策行为特征，为政府和企业开展乡村休闲养老提供基础性研究。

2. 乡村休闲养老概念

2.1　概念界定

乡村休闲养老在中国还处于探索阶段，如上海浦东新区组织的低龄老人到浙江安吉等地体验异地休闲养老、与乡村签订合同，改造农居经营乡村休闲度假业务的“联众”模式、乡村个体业主开展“农家乐”等，这些都为乡村休闲养老推进提供了借鉴和参考。西方发达国家学者在研究城市老人移居乡下休闲养老现象时发现：乡村休闲养老客户群主要是低龄老人；目的地为普通乡村；对气候、环境有较多考虑等，其实质内涵如表 1 所示。

表 1　乡村休闲养老实质内涵

<table>
<tr><th colspan="2">类别</th><th>内容</th></tr>
<tr><td rowspan="4">调查对象群体特征</td><td>低龄老人年龄段</td><td>60 ~ 69 岁</td></tr>
<tr><td>健康状况</td><td>身体健康或亚健康（可有轻微慢性病，如高血糖等），但不影响乡村出行</td></tr>
<tr><td>经济条件</td><td>能够满足在乡村休闲养老的日常开支</td></tr>
<tr><td>心理诉求</td><td>对乡村生态环境感兴趣，向往原生态的自然景观，喜欢清净的生活方式</td></tr>
<tr><td rowspan="2">目的地</td><td>交通条件</td><td>交通便捷，无崎岖难行的山路</td></tr>
<tr><td>生活条件</td><td>原生态氛围浓厚，能够满足城市低龄老人的生态养老需求</td></tr>
<tr><td colspan="2">停留时间</td><td>短期为主（1 ~ 3 个月之间），可多次反复前往，周期性更换体验</td></tr>
<tr><td colspan="2">生活内容</td><td>入住农家，安静修养，适度休闲娱乐</td></tr>
<tr><td colspan="2">本质</td><td>非旅游，而是一种乡村日常生活方式</td></tr>
</table>

注：2015 年中华人民共和国民政部及老龄办将低龄老人年龄段定为 60 ~ 69 岁（《老年时报》）。
资料来源：作者自绘。

2.2　乡村休闲养老与旅游养老的实质区别

乡村休闲养老与异地旅游养老有一定关联性和继承性，可以说其灵感来源于异地旅游养老，由于旅游养老相对成本较高，普通退休老人难以持续。乡村休闲养老与异地旅游养老对比分析如表 2 所示。

表 2　乡村休闲养老与异地旅游养老对比分析

内容	异地旅游养老	乡村休闲养老
目的地区域	旅游景区、度假景点	传统村落、毗邻度假区的村庄小镇
调查对象客户群体	以城市经济条件较好的老年旅游群体为主	身体健康的城市低龄老人
调查对象群体的心理诉求	对旅游资源更为注重	对生态环境更为注重，渴望休闲静养
调查对象群体的选择意向	倾向于选择旅游资源丰富，知名度高的景区	倾向于选择祖籍所在地或亲戚朋友介绍的乡村
心理感受	身心愉悦感高	身心愉悦，清净放松
资源集中程度	相对集中	较为分散
规模大小	已经具有一定规模和知名度	规模较小且知名度不高
内在形式	养老服务 + 旅游活动	生活服务 + 生态休闲 + 农家乐
停留时间	短期或长期（可选择持有旅游地产物业）	短期休闲（1 ~ 3 个月居多），多次反复前往
养老成本	高	低

资料来源：作者自绘。

3. 研究设计

3.1　调研对象及数据收集

2017 年 7 ~ 8 月，课题组采取随机访谈方式，选择 60 ~ 69 岁的南昌城区低龄老人作为访谈对象，地点选择在老人较为集中的地点，如天香园、茶楼、老年活动中心、省图书馆以及靖安县中源乡三坪村乡村休闲养老（南昌老人占比 95%）发展比较好的地方。课题组共发放 840 份问卷，有效回收 830 份，剔除关键问题数据缺失问卷 30 份，最终有效问卷为 790 份，回收率和有效率分别为 98.8% 和 95.2%。

3.2　计量模型

本文选用二元 logistic 回归模型进行数据分析：

$$Y = \ln\left(\frac{M_1}{M_2}\right) = \sum_{i=1}^{15} \alpha_i X_i + \beta$$

式中，Y 表示因变量，代表乡村休闲养老意愿；M_1 表示愿意前往乡村休闲养老的概率；M_2 表示不愿意前往乡村休闲养老的概率；X_i 表示协变量，代表影响乡村休闲养老决策行为的各个因素。

3.3　变量的设计

在参考乡村旅游意愿已有研究文献的基础上，设置了休闲养老群体自身因素、延伸因素及休闲养老目的地因素等三组 15 个变量并赋值。各变量预期作用方向：自身特征中文化程度、经济条件为正向，年龄、健康状况为负；延伸因素中对城市生活满意度、照顾小孩与外出的矛盾为正向，休闲养老经历、乡村生活或工作经历、对新生活环境的渴望程度、景区和乡村倾向等为负向；目的地因素中对交通的关注程度、对医疗的关注程度、对基础设施的关注程度、对住宿条件的关注程度、对安全保障的关注程度等均为负向。

4. 实证结果与分析

4.1　描述性统计

如表 3 所示为变量描述性统计分析结果。可以看出，居于南昌市的老人，77.5%都有在乡村生活的经历，这部分人出生于 20 世纪 50 年代，从小生活在乡村或知识青年响应“上山下乡”号召，对乡村有特殊的感情。7.1%的老人对城市空气、交通不满意，其不满意的主要原因是受城市污染严重以及家庭代际关系等影响，导致心情压抑，超半数的城市老人有寻找新生活环境的倾向。59.2%的城市老人偏好自然村，其偏好自然村的主要原因是乡村生态感与体验性更强，且对于部分城市老人来说乡村代表着一份情结和归宿。还可以看出，有 76.5%的老人表示愿意去乡村生活一段时间，有 23.5%的老人表示不愿意去，从比例来看乡村休闲养老具备一定的发展前景。

表 3　变量特征描述

基本特征	描述	样本个数	百分比（%）	基本特征	描述	样本个数	百分比（%）
年龄	60～64 岁	356	45	有乡村生活或工作经历	有很多	308	39
	65～68 岁	198	25.1		有一些	304	38.5
	69～70 岁	236	29.9		从没有	178	22.5

续表

基本特征	描述	样本个数	百分比（%）	基本特征	描述	样本个数	百分比（%）
文化程度	小学以下	60	7.6	休闲养老经历	有	226	28.6
	初中	60	7.6		没有	564	71.4
	高中	176	22.3	对城市空气、交通满意度	满意	384	48.6
	专科以上	494	62.5		勉强满意	350	44.3
健康状况	健康	532	67.3		不满意	56	7.1
	不太健康（有慢性病，如高血压等）	258	32.7	对新生活环境的渴望程度	渴望	452	57.2
					一般	330	41.8
					不渴望	8	1
经济条件	2000 元以下	46	5.8	景区附近自然村偏好	更愿意去景区	322	40.8
	2000～3000 元	168	21.3		更愿意去乡村	468	59.2
	3000～4000 元	148	18.7	决策行为	愿意	604	76.5%
	4000～5000 元	288	36.5		不愿意	186	23.5%

资料来源：调查问卷。

4.2 结果分析

通过 SPSS19.0 软件进行二元 logistic 回归分析，以城市老人乡村休闲养老决策行为为因变量，15 个因素为自变量，数据分析如表 4 所示。

表 4 logistic 回归模型分析

	变量名称	B	S. E,	Wals	df	Sig.	Exp（B）	显著性
自身因素	年龄	-0.019	0.417	0.002	1	0.963	0.981	10% 水平
	文化程度	0.485	0.375	1.675	1	0.196	1.625	
	健康状况	-0.011	0.327	0.001	1	0.973	0.989	
	经济条件	0.860	0.462	3.467	1	0.063	2.363	
延伸因素	休闲养老经历	-0.383	0.800	0.937	1	0.333	0.682	5% 水平
	对城市空气、交通满意度	0.288	0.327	0.778	1	0.378	1.334	
	农村生活或工作经历	-0.086	0.296	0.085	1	0.771	0.918	
	照顾小孩与农村休闲养老的矛盾	0.709	0.316	5.035	1	0.025	2.033	
	对新生活环境的渴望程度	0.935	0.835	1.255	1	0.263	2.548	1% 水平
	景区附近和原生态农村的倾向	2.369	0.812	8.509	1	0.004	10.682	

续表

	变量名称	B	S. E,	Wals	df	Sig.	Exp（B）	显著性
目的地因素	交通条件	-1.240	0.800	9.856	1	0.002	0.290	1%水平
	医疗条件	-0.898	0.339	7.017	1	0.008	0.407	1%水平
	基础设施	-0.200	0.335	0.357	1	0.550	0.819	5%水平
	住宿条件	0.162	0.333	0.237	1	0.627	1.176	
	安全保障	-0.916	0.378	5.865	1	0.015	0.400	
常量		3.564	0.542	43.195	1	0.000	35.311	
-2对数似然值				100.047				
Cox & Snell R方				0.568				
Nagelkerke R方				0.854				

资料来源：调查问卷。

4.2.1　决策行为因素分析

4.2.1.1　自身因素

自身因素变量中经济条件对城市老人乡村休闲养老决策行为有显著影响，从模型分析结果可以看出经济条件变量显著性在10%水平下为0.063，且与休闲养老决策行为呈现正相关，说明经济条件越高的群体更愿意去乡村休闲养老。乡村休闲养老尚处在探索阶段，城市老人做决策时会对前往乡村休闲养老的开支消费保留较高的心理预期，经济条件稍差（月收入在2000元以下和2000~3000元之间）的城市老人会做出放弃参与体验的决策，如果子女支持，可能会产生低频次的体验。经济条件更好（月收入在4000~5000元甚至5000元以上）的城市老人往往受教育程度也更高，有稳定的退休工资或收入来源，具有充分的承受乡村休闲养老消费的心理预期，因此更容易做出参与体验的决策。以江西靖安县中源乡三坪村为例，其山庄标间包吃住单床位价格为1800元/月，其消费水平对经济条件在3000元/月以上的养老群体而言具备一定的承受度。由于这里特殊的地理环境，每年夏季（6~9月）可以吸引数以万计的附近城市老人（南昌占95%）前来休闲养老。

4.2.1.2　延伸因素

延伸因素变量中照顾小孩与前往乡村休闲养老的矛盾性、景区附近原生态乡村的倾向性对城市老人乡村休闲养老决策行为有显著影响，前者显著性在5%以下为0.025，后者显著性在1%水平下为0.004，且与休闲养老决策行为呈现正相关，说明不需要照顾第三代和偏好自然村的客户群更愿意去乡村休闲养老。通过样本数据分析可知养老群体在60~70岁期间是照顾第三代的重要阶段，“带小孩”成为都市家庭中普遍现象。有部分城市老人因需要照顾第三代而脱不开身，不需要照顾第三代或者可以和亲家轮流照料的客户群更容易做出乡村休闲养老的决策。对于景区附近的倾向主要是周边环境、基础设施和商业配套相对成熟，能够保证交通、安全、生活便利等方面的需求，而原生态乡村如果处于景区附近，城市老人更容易做出乡村休闲养老的决策。

4.2.1.3 目的地条件因素

目的地条件因素变量中交通、医疗、安全保障对城市老人乡村休闲养老决策行为有显著影响，从模型分析结果来看交通、医疗、安全保障变量分别在1%、1%以及5%水平下显著，其显著性分别为0.002、0.008和0.015，且与休闲养老决策行为呈现负相关关系，说明城市老人在乡村休闲养老决策中更关注养老目的地的交通、医疗条件以及安全保障。除此之外，城市老人更关注乡村养老目的地离现居住地的交通时间距离，在做决策时会综合考虑目的地的地理位置、交通畅达度等条件。

4.2.2 决策行为特征分析

4.2.2.1 空间挤压和代际矛盾触发新思考

人口集中的大中型城市产生了一系列的社会问题：人口膨胀、交通堵塞、环境恶化、住房紧张等，居家养老、机构养老等传统养老模式也随之显现出局限性。城市承载空间受到挤压，老人养老环境受到挑战。部分老人子女在外地城市工作，会产生孤独、空虚感；如果子女不加以关怀照顾，老人情感脆弱，渴望与人沟通交流。近几年社会上出现的老人购买保险、保健品上当受骗的现象屡见不鲜，其重要原因就是老人赋闲在家缺乏关心、交流，给不法分子提供了可乘之机。也有部分老人受东方传统文化的影响，对家庭重视和依赖程度相对较高。美满的婚姻、孝顺的子女是老年生活质量的重要保障。然而现阶段老人与子女在生活观念、生活习惯等方面存在较大的差异性，由新家庭成员的加入导致的家庭关系紧张也成为普遍的现象。诸多问题的存在容易诱发老人思考，除了城市，乡村休息养老也可以成为生活的一部分。

4.2.2.2 职业类型存在诉求差别

根据城市老人退休前的职业特点可以对客户群进一步细分，不同职业类型城市老人乡村休闲养老决策存在差别。不同职业类型城市老人生活经历、家庭情况及自身条件各不相同，在心理诉求方面存在差异性。机关事业单位退休老人大多数受过高等教育，素质高，有一定的经济实力、人脉关系和社会影响力，大多数有过乡村体验，有社会学科背景的老人对“乡土文化”情有独钟；企业退休高管及个体企业主经济基础好，追求新鲜感，倾向于选择服务配套完善的养生居所；私人老板、自由经商者无退休概念，兼顾生意、追求健康养生理念；一般企业职工要求热闹和有人气，喜欢散步聊天、垂钓、麻将、广场舞。

4.2.2.3　关注目的地条件

城市老人大多有乡村生活和工作的体验，但随着步入晚年，如果要去乡村生活一段时间，还是有许多疑虑，不是多数人能够接受的。尤其是对陌生乡村充满未知和不确定性，他们比较关注当地的气候条件、生态环境、交通条件、食品安全、人身安全和医疗条件保障等，他们会对养老乡村目的地做比较详细的了解（如向有过乡村旅游经验的亲戚朋友咨询了解、自主网络搜寻相关信息等），同时对吃住行成本支出会有所盘算。

4.2.2.4　“择伴”抱团和候鸟式养老接受度高

城市老人出于对陌生乡村的未知而产生“择伴”想法，排遣乡村养老过程的寂寞感，自发寻找志同道合的同伴，组建乡村休闲小团队，尝试性地前往预定的乡村休闲体验。如不适合或体验感不强则会变换目的地，直到选择到气候条件、生态风光、风土人情等均符合其预期标准的乡村目的地。当然，候鸟式休闲养老目前多在城市生活，冬夏季南方北方交替生活，一些老人如此生活模式已经持续生活了近20年，不排除这种生活模式未来可能延伸到美丽的乡村。

5. 结论

乡村休闲养老是一种区别于旅游养老的养老方式，通过研究发现其对城市适龄老人具备一定的吸引力，具备一定的社会基础。通过 logistic 回归分析发现，老人自身经济条件以及乡村目的地的交通、医疗、安全保障等 6 个变量与乡村休闲养老决策行为具有明显的正相关性。没有后顾之忧、经济条件良好的城市老人愿意进行乡村休闲养老的尝试，而良好的交通配套、生活配套、医疗配套、安全保障等会增强其决策意愿。

在社会因素、家庭因素、政府介入等一系列内外部条件综合影响下，城市老人决策行为存在职业类别的差异性特征以及空间挤压和代际矛盾触发了老人的乡村休闲养老的思考、关注目的地条件、“择伴”抱团和候鸟式养老接受度高等决策特征。引导老人正确认识乡村休闲养老、降低城市老人的后顾之忧、解决跨区域身份认同问题、改善相关配套设施等问题是未来研究的重要方向。

参考文献请见原文。

（撰稿人：赵海云、沙楠欣、许俊，江西师范大学城市建设学院）

我国农村人居环境建设的标准体系研究

1. 引言

“人居环境”的概念可以追溯到希腊学者道萨迪亚斯最早提出的“人类聚居学”理论。吴良镛将人居环境定义为“是人类的聚居生活的地方，是与人类生存活动密切相关的地表空间，它是人类在大自然中赖以生存的基地，是人类利用自然、改造自然的主要场所。”彭震伟等研究指出，农村人居环境是“城乡人居环境中的重要内容，由农村社会环境、自然环境和人工环境组成的，是对农村的生态、环境、社会等各方面的综合反映”。近年来，国内学者就我国农村人居环境改善的问题、策略、模式、路径、机制等先后开展多方面研究，但对建设标准方面的探讨则较为缺乏。

改善农村人居环境，建设美丽宜居乡村，是实施乡村振兴战略的一项重要任务。新时代的乡村振兴需要明确新的要求。在美丽乡村建设标准方面，国家标准由国家质检总局、国家标准委 2015 年 5 月 27 日发布《美丽乡村建设指南》（GB/T 32000—2015），于 2015 年 6 月 1 日起正式实施，地方上也多有符合各地情况的乡村建设标准出台，但在定量评价标准上尚有欠缺。在农村人居环境改善方面，2014 年的《国务院办公厅关于改善农村人居环境的指导意见》（国办发〔2014〕25 号）对农村人居环境“三阶段”改善工作提出了要求。2018 年《农村人居环境整治三年行动方案》则明确提出了具体的行动计划，但在全国层面的农村人居环境建设改善阶段标准上，尚缺乏统一要求与规定。因此，开展我国村庄人居环境建设基本标准方面的研究，具有十分重要的现实意义。

2. 我国农村人居环境建设标准的现状情况

2.1 我国农村人居环境改善的历程回顾

我国是一个农业大国，党和政府历来高度重视农村问题。在新中国成立后至今几十年的历程中，国家持续对农村各项建设加大投入，我国农村发展取得了很大的进步，农村人居环境也有一定程度的改善。尤其是2014年《国务院办公厅关于改善农村人居环境的指导意见》的出台，标志着我国农村人居环境改善工作翻开新的篇章，如表1所示。

表1　近年来改善农村人居环境“大事件”一览

时间	事件	影响
2013年	第一次全国改善农村人居环境工作会议在浙江桐庐召开	浙江经验的全国推广
2014年	《关于改善农村人居环境的指导意见》出台	明确了到2020年我国农村人居环境改善的指导思想、基本原则、重点任务等
2015年	第二次全国改善农村人居环境工作会议在广西恭城召开	经济相对落后的西部地区建设农村人居环境的经验得到推广
2016年	全国改善农村人居环境电视电话会议	贯彻习总书记系列讲话中有关改善农村人居环境工作的指示，部署“十三五”期间相关任务
2017年	第三次全国改善农村人居环境工作会议在贵州遵义召开	改善农村人居环境工作持续深入推进
2018年	《农村人居环境整治三年行动方案》出台	指明近期农村人居环境改善的总体目标和6项重点任务

图表来源：作者根据相关资料整理。

2.2　我国农村人居环境建设的政策梳理

2.2.1　乡村振兴战略的总体要求

2017年10月，十九大报告中首提乡村振兴战略，同年12月，中央农村工作会议以乡村振兴为主题，提出了实施战略的目标任务和基本原则。2018年2月4日，中央一号文件正式发布，对实施乡村振兴战略进行了全面部署，并确定了三个阶段的战略实施目标。实施乡村振兴战略，是党的十九大作出的重大决策部署，是决胜全面建成小康社会、全面建设社会主义现代化国家的重大历史任务，是新时代“三农”工作的总抓手。乡村振兴，让乡村焕发生机与活力，实现繁荣与兴盛，是六亿农村居民的福祉所系，是对新农村建设要求和取得各项成果的发展与超越。

2.2.2　美丽乡村建设的技术标准

《美丽乡村建设指南》（GB/T 32000—2015）于2015年6月1日起正式实施，为开展美丽乡村建设提供了框架性、方向性技术指导。美丽乡村的“美丽”，不仅仅是景观风貌范畴，而是乡村地区“五位一体”的综合发展与全面进步。美丽乡村指的是经济、政治、文化、社会和生态文明协调发展，规划科学、生产发展、生活宽裕、乡风文明、村容整洁、管理民主、宜居、宜业的可持续发展乡村。《美丽乡村建设指南》从村庄规划、村庄建设、生态环境、经济发展、公共服务、乡风文明、基层组织、长效管理等 9 个方面，提出了美丽乡村建设的相关要求，如图 1 所示。

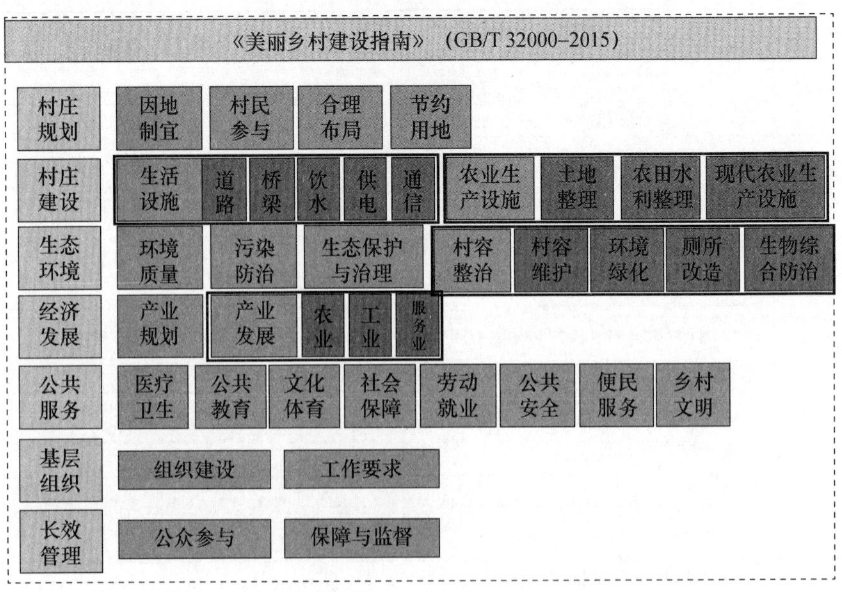

图 1　《美丽乡村建设指南》提出的美丽乡村建设的各方面内容

图表来源：作者根据《美丽乡村建设指南》相关内容整理

2.2.3　农村人居环境改善的政策要求

关于农村人居环境改善的政策文件，如 2014 年的《国务院办公厅关于改善农村人居环境的指导意见》、2018 年《农村人居环境整治三年行动方案》等，大多是从目标、任务、措施和保障等角度对我国农村人居环境建设提出全面要求，而较少涉及建设标准方面的内容。而 2016 年出台的《住房城乡建设部等部门关于开展改善农村人居环境示范村创建活动的通知》（建村〔2016〕274 号），对不同类型的示范村应达到的标准有较明确的界定，可以作为我国农村人居环境建设的标准体系的重要参考，如表 2 所示。

表 2　各类型农村人居环境示范村的创建要求一览

示范村类型	创建要求
保障基本示范村	因地制宜改建或新建基本生活设施，实现 3 个基本保障：有基本安全保障，完成农村危房改造任务，有基本防灾减灾设施和措施；有基本生活保障，供水、道路、用电等满足日常生活需求；有基本卫生保障，人畜实现分离居住，消除蚊蝇鼠蟑危害

续表

示范村类型	创建要求
环境整治示范村	完成村庄环境整治，在以下3方面取得成效：污染有效控制，实现农村垃圾全面收运、有效处理并长效保持，无非正规垃圾堆放点，生活污水处理覆盖60%以上常住居民且稳定运行，90%以上农户及公共场所使用卫生厕所；公共环境整洁，公共空间和农户庭院整洁且普遍绿化，坑塘河道消除黑臭水体并保持干净，无乱堆乱放；管理规范有序，已编制村庄规划或制订村庄整治方案，农房建设有管控，基本消除私搭乱建，并形成管用的村规民约
美丽宜居示范村	达到国家标准《美丽乡村建设指南》（GB/T 32000—2015）和《财政部关于进一步做好美丽乡村建设工作的通知》（财农〔2016〕107号）、《住房城乡建设部办公厅关于开展2016年美丽宜居小镇、美丽宜居村庄示范工作的通知》（建办村函〔2016〕827号）、《农业部办公厅关于开展中国美丽休闲乡村推介工作的通知》（农办加〔2016〕8号）相关要求

图表来源：作者根据《关于开展改善农村人居环境示范村创建活动的通知》相关内容整理。

2.3　我国农村人居环境建设标准的主要问题

自第一次全国改善农村人居环境工作会议以来，我国农村人居环境建设取得了长足进展。但是，我国农村人居环境内部差距极大，发展极不均衡，仍然存在相当一部分县市农村人居环境十分恶劣的情况。我国各地农村发展阶段差异很大，亟待解决的人居环境方面的迫切问题也各不相同，但目前在差异化的发展指导方面尚做得不够。《农村人居环境整治三年行动方案》中，对东部地区、中西部地区、近郊地区、偏远地区分别提出了不同的发展目标，并对部分农村人居环境改善任务进行了量化目标的分解，但总体上仍然是一个偏宏观指导的方案。各省、市细化落实的农村人居环境整治行动方案里，也多少存在类似的问题。

而在实际工作中，由于缺少阶段化的目标和标准指引，地方改善农村人居环境的努力方向往往有所偏差。由于很多地方农村基础设施基础薄弱、历史欠账多，如果盲目追求过高的整治标准，常常会带来有限资金投向一个难以快速改善的领域的困境，同时由于缺乏后续资金跟进，难以实现环境的快速有效改善；或是在个别领域实现了超出全国平均水平的标准，但总体人居环境仍然落后。从这个意义上说，明确不同发展阶段的农村人居环境改善的有限目标，进而形成分阶段的农村人居环境改善路径，对于地方实际工作有着更强的指导意义。

3. 我国农村人居环境建设标准的体系构建

3.1　国外农村建设历程研究与经验借鉴

从欧美及东亚日韩等国农村发展建设的国际经验看，不管何种类型的农村建设方式和乡村发展模式，其核心均是在规模化、产业化经营模式的同时，保持宜人的乡村生态风光、原生的人文旅游产品以及配备完善的基础设施网络和公共服务系统，提供良好的交通、教育、医疗等服务水平，实现农村生产、生活、生态各个方面有机协调，有效缩小城乡差距。

如表 3 所示，在建设标准上，国外乡村建设的标准不仅涉及人工的建筑环境，还把视作本底的乡村自然生态系统并入乡村居民点建筑环境之中加以综合研究。其关注点也不仅着眼于物质空间形态，而是涵盖了自然、环境、经济、社会等诸多方面。在营造健康生活环境之余，致力于提供更好地增加乡村居民的经济收入方式、减少对生态负面影响的实用技术、保护和发扬源远流长的地方传统文化和聚落文明。同时值得注意的是，国外乡村建设标准往往是一个动态的体系，随着人们对乡村可持续发展的认识不断更新，新的指标还会出现，原有指标的内涵也会发生变化。

表 3　发达国家判断乡村发展健康与否的 24 条标准

评价视角	评价标准
经济的可持续发展	功能混合与土地使用的多样性 适合于不同教育背景的多样性的工作机会 适合于不同经济部门和经营规模进入的产业结构 独立的地方经济
社区公共设施与服务	道路系统：以公共交通为导向，适合于步行的道路设施 公共设施：人人可以分享的医疗、教育、零售和娱乐设施 建筑空间：适合于不同收入水平的多样化的住宅；适合于不同商业和社会机构的用房 开放空间：易于接近的街头公园，公园和休闲场所
社会的可持续发展	社区：不同社会群体混合居住 卫生：良好的自然环境，丰富的自产农副产品，健康的精神生活 社区安全：交通安全的街道，邻里和睦和相互关照 平等和选择：不同收入水平的人有适当的住所
社区环境	美观：步行尺度的景观小品 公共场所：有吸引力的公共空间 文化遗产：挖掘与保持地方文化特色 社区意识：每个人视那里为他的家
自然资源	空气：减少交通拥堵，减少私人机动车辆在居民区内的出现 水：控制对地方水资源的使用，完整的污水处理和回用 土地：比较高的容积率，以减少村镇建筑用地的使用 土壤：垃圾特别是有机垃圾在当地的回收

续表

评价视角	评价标准
生态状态	交通能源：尽可能减少人们的出行距离，同时，以公共交通为主导；方便安全的步行包括自行车的交通系统 建筑能源：节能性建材，有效节约能源的建筑布局；尽可能在社区范围内共同使用可再生能源 生物多样性：给野生动物和植物留下生存空间 生态循环：尽可能把村庄与周围环境间的循环圈封闭起来，如水、能量、食品、资源

图表来源：根据叶齐茂《发达国家乡村建设考察与政策研究》相关内容整理。

3.2　国内农村建设地方标准研究与借鉴

从各地关于乡村建设和农村人居环境改善的各项政策文件和标准指南的情况看，在落实国家总体要求的同时，各地大多根据自身实际情况进行了目标的分解和任务的细化，充分体现出地方特色。在关注点上，主要是从村庄规划、农房风貌、基础设施、公共服务、生态环境等方面出发，聚焦关键性指标并形成有考核约束的评价体系，着重提升生产生活条件当前的短板，如表 4 所示。

表 4　关于乡村建设和农村人居环境改善的部分地方标准梳理

地方标准、规范、指南	核心内容
福建省村庄环境整治技术指南	“村庄规划好、建筑风貌好、环境卫生好、配套设施好、绿化美化好、自然生态好、管理机制好”7 方面要求
成都“小组微生”建设	“小规模聚居、组团式布局、微田园风光、生态化建设”4 方面要求
安徽省美好乡村建设标准	覆盖规划编制、基础设施建设、公共服务设施建设、环境整治、兴业富民、基层组织和乡风文明建设等角度的量化考核指标体系
江苏省特色田园乡村建设行动计划	科学规划设计、培育发展产业、保护生态环境、彰显文化特色、改善公共服务、增强乡村活力
河北省农村面貌改造提升行动技术手册	包括厕所改造、生活污水垃圾处理、新民居设计方案、清洁能源开发利用等各项内容
美丽天津清洁村庄行动	囊括整治村庄街道环境、整治农户庭院环境、清扫清理卫生死角、整治坑塘水环境、加强长效管护制度建设等内容

图表来源：作者根据各地方标准相关内容整理。

3.3　适合我国国情的农村人居环境评价体系

基于《国务院办公厅关于改善农村人居环境的指导意见》《住房城乡建设部等部门关于开展改善农村人居环境示范村创建活动的通知》《农村人居环境整治三年行动方案》等相关文件精神，提取出农村人居环境建设的涉及指标。在此基础上，结合国内外经验、其他相关标准规范的有关内容，提出可选用的补充指标。综合两者，形成待选指标库，如图 2 所示。

国家政策文件出现的指标词云图

国内外经验和相关规范中出现的指标词云图

图 2　农村人居环境相关评价指标的词云图

图表来源：作者使用 picdata 制作

考虑到我国国情、地方差异性、指标获取的便利性，从待选指标库中选择安全保障、生活设施、产业经济、公共服务、卫生环境、景观风貌、建设管理等 7 大方面、35 项指标，构建我国农村人居环境建设标准体系，如图 3 所示。

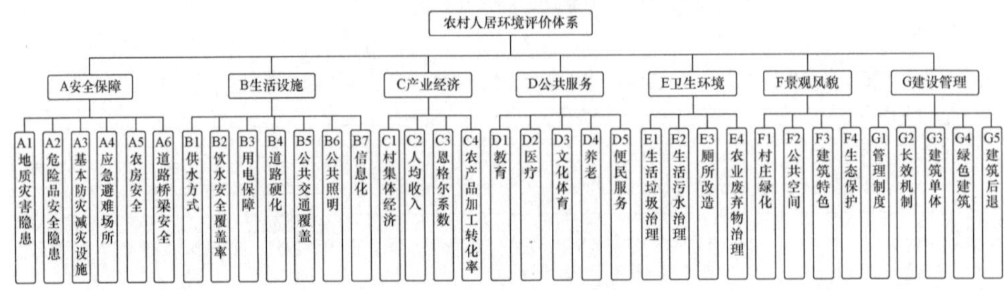

图 3　农村人居环境评价体系框架

图表来源：作者自绘

4. 我国农村人居环境建设标准的目标设计

4.1　设计思路

农村人居环境的改善是阶段性强、循序渐进的工作。我国各地农村发展的差异性很大，但不同地区的村庄有可能面临着类似的发展阶段和待解决的问题，例如《农村人居环境整治三年行动方案》就将东部地区的农村和中西部城市近郊农村视为处在同一个阶段，提出了统一的发展目标。因此，以阶段划分来设计我国农村人居环境建设标准，可能具有更强的操作性。

在划分标准上，《国务院办公厅关于改善农村人居环境的指导意见》提出了改善农村人居环境的3个阶段，即全力保障基本生活条件、大力开展村庄环境整治、稳步推进宜居乡村建设。《住房城乡建设部等部门关于开展改善农村人居环境示范村创建活动的通知》也提出保障基本示范村、环境整治示范村、美丽宜居示范村三类村庄的要求，与改善农村人居环境三阶段规律相对应。因此，按照3个阶段来划分建设，是符合农村发展建设客观规律的，和既有开展工作也会有较好的衔接。

4.2　目标体系

立足改善农村人居环境三阶段规律，从保障基本生活条件阶段、村庄环境整治阶段、宜居乡村建设阶段的不同要求出发，根据前文提出的适合我国国情的农村人居环境评价体系，提出农村人居环境评价测度指标的参考目标取值。如表5所示，在各项指标的目标设计上，充分考虑发展现状和趋势，不仅有单项标准规范的要求，而且有全面建成小康社会的目标，力求提高目标设计的科学性和操作性。

表5　农村人居环境评价测度指标目标设计（建议）

类别	序号	指标	保障基本生活条件阶段	村庄环境整治阶段	宜居乡村建设阶段
A安全保障	A1	地质灾害隐患	无	无	无
	A2	危险品安全隐患	无	无	无
	A3	基本防灾减灾设施	有基本的防火、防洪涝、防震等应对灾害设施	有基本的防火、防洪涝、防震等应对灾害设施	有基本的防火、防洪涝、防震等应对灾害设施
	A4	应急避难场所	有应急避难场所	有应急避难场所，人均避难场地面积不小于1m²	有应急避难场所，人均避难场地面积不小于1m²
	A5	农房安全	常住户农房中无D级危房	常住户农房中无D级危房	常住户农房中无危房
	A6	道路桥梁安全	无危险路段，无危桥	无危险路段，无危桥	无危险路段，无危桥
B生活设施	B1	供水方式	可方便获取安全饮水	集中供水率达100%	集中供水率达100%，实现24h连续供水

续表

类别	序号	指标	保障基本生活条件阶段	村庄环境整治阶段	宜居乡村建设阶段
B 生活设施	B2	饮水安全覆盖率	饮水安全覆盖率达 100%	饮水安全覆盖率达 100%	饮水安全覆盖率达 100%，具备水质日常检测能力
	B3	用电保障	供电可靠率大于 95%，综合电压合格率大于 90%	供电可靠率大于 99.8%，综合电压合格率大于 97.9%	供电可靠率大于 99.8%，综合电压合格率达 97.9%
	B4	道路硬化	村内主要道路硬化或砂石化	所有自然村组道路通畅并实现硬化或砂石化	所有自然村组道路通畅并实现硬化或砂石化
	B5	公共交通覆盖	—	有公交线路联系周边城镇	实现城乡公共交通一体化
	B6	公共照明	—	主要道路、公共场所有路灯	所有自然村组、主要道路、公共场所有路灯
	B7	信息化	—	有网络覆盖，带宽达 12Mbit/s 以上	宽带入户，户均带宽达 50Mbit/s 以上
C 产业经济	C1	村集体经济	—	一二三产融合发展，村级集体资产保值增值，经济发展成果惠及本集体所有成员	一二三产融合发展，村级集体资产保值增值，经济发展成果惠及本集体所有成员
	C2	人均收入	比 2010 年翻一番	比 2010 年翻一番	比 2010 年翻一番
	C3	恩格尔系数	—	低于 30%	低于 30%
	C4	农产品加工转化率	—	68%	68%
D 公共服务	D1	教育	实现小学 1 ~ 3 年级就近入学，30min 覆盖	实现义务教育就近入学；提高学前教育入学率	实现义务教育就近入学；学前教育入学率大于 85%；完成校园周边环境综合治理
	D2	医疗	村卫生室符合国家相关规定；城乡居民基本医疗保险参保率大于 90%	村卫生室符合国家相关标准；城乡居民基本医疗保险参保率大于 95%；执业乡村医生千人指标（千人/人）大于 1	实现村卫生室 30 分钟覆盖；城乡居民基本医疗保险参保率大于 99%；执业乡村医生千人指标（千人/人）大于 1
	D3	文化体育	建设农家书屋；建设体育活动广场	建设村基层综合性文化服务中心；建设文体广场	建设村基层综合性文化服务中心；建设文体广场；长期开展群众性文体活动

续表

类别	序号	指标	保障基本生活条件阶段	村庄环境整治阶段	宜居乡村建设阶段
D 公共服务	D4	养老	城乡居民基本养老保险参保率大于80%	城乡居民基本养老保险参保率大于85%	城乡居民基本养老保险参保率大于90%；农村五保覆盖率100%；建设村老人日间照料中心
	D5	便民服务	建设农家超市；建设邮政服务代办点	建设综合行政服务中心；建设农家超市、邮政服务、农村金融服务代办点	完善综合行政服务中心；建设农村农家超市、邮政服务、金融服务、电子商务代办点
E 卫生环境	E1	生活垃圾治理	无 $100m^3$ 以上垃圾堆弃点；道路、河流沟渠、房前屋后基本无垃圾	全部生活垃圾得到处理；无 $100m^3$ 以上垃圾堆弃点；处理方式环保卫生	全部生活垃圾得到处理；无 $100m^3$ 以上垃圾堆弃点；处理方式环保卫生
	E2	生活污水治理	无臭水沟渠或池塘	坑塘沟渠干净；有污水处理设施；生活污水不直接排放沟渠或河流	坑塘沟渠水质清洁；污水处理设施覆盖农户达50%以上，实现长效运行
	E3	厕所改造	人畜粪便不直接暴露；卫生厕所普及率达75%	消除粪便暴露；卫生厕所普及率达90%；主要公共场所有卫生公厕	消除粪便暴露；卫生厕所普及率达90%；主要公共场所有卫生公厕
	E4	农业废弃物治理	无秸秆直接焚烧	无秸秆直接焚烧	秸秆、畜禽粪便基本实现资源化利用；农膜基本回收利用
F 景观风貌	F1	村庄绿化	道路、坑塘河道、公共场所有绿化覆盖	道路、坑塘河道、公共场所有绿化覆盖	道路、坑塘河道、公共场所绿树成荫；80%以上农户庭院和房前屋后有绿化；有公共绿地或公园；本地木本植物指数不大于0.9
	F2	公共空间	私搭乱建或乱堆乱放较少；村庄整体风貌与自然环境协调	私搭乱建或乱堆乱放较少；村庄整体风貌与自然环境协调	无私搭乱建或乱堆乱放；村庄整体风貌与自然环境协调
	F3	建筑特色	新建建筑有地域或民族特色；传统建筑得到妥善保护	新建建筑有地域或民族特色；传统建筑得到妥善保护	新建建筑有地域或民族特色；传统建筑得到妥善保护；村庄建筑高度实现有效控制，尽量使用本土建筑材料

续表

类别	序号	指标	保障基本生活条件阶段	村庄环境整治阶段	宜居乡村建设阶段
F 景观风貌	F4	生态保护	不使用高毒高残留农药；无严重水体或土壤污染；农田景观得到保持	不使用高毒高残留农药；无严重水体或土壤污染；农田景观得到保持	不使用高毒高残留农药；无严重水体或土壤污染；山水植被等自然资源得到较好保护；农田景观自然优美
G 建设管理	G1	管理制度	有改善农村人居环境方面的村规民约；基本无违规建房现象	有改善农村人居环境方面的村规民约；基本无违规建房现象	村庄规划核心内容纳入村规民约；乡村建设活动取得规划许可
	G2	长效机制	有保洁队伍	保洁、污水处理、绿化有基本管护	各项公益事业有人管、有经费保障
	G3	建筑单体	—	—	连续的完全相同的建筑单体数不大于 3 栋
	G4	绿色建筑	稳步推进农房节能改造	积极引导节能绿色农房建设	绿色建筑占新建建筑比例达 50%
	G5	建筑后退	—	新建建筑退沟渠距离不小于 5m；组团间距大于 50m	新建建筑退沟渠距离不小于 5m；组团间距大于 50m

注：“—”表示本阶段不作要求。
图表来源：作者自绘。

5. 结语

农村人居环境涵盖面广，涉及生态、环境、社会等各方面。即使是国内常用语境下的“农村人居环境”，也包括生产、生活、生态相关的环境和设施等内容。从这个意义上说，农村人居环境建设的标准体系，应当是多个领域、多项指标形成的复合体系。本文构建的我国农村人居环境建设标准体系，包括安全保障、生活设施、产业经济、公共服务、卫生环境、景观风貌、建设管理等 7 个方面、35 项指标，希望通过这个评价体系，能够为客观测度我国农村人居环境发展态势、精确遴选未来农村发展建设重点等工作打好基础。

农村人居环境改善工作是因地制宜、循序渐进的工作，对处于不同发展阶段的村庄，其改善工作重点也不相同。因此，按照改善农村人居环境三阶段规律，分别提出保障基本生活条件、村庄环境整治、宜居乡村建设 3 个不同阶段村庄的农村人居环境改善目标要求。应当注意的是，如最基本的安全要求、最基本的民生设施、最基本的卫生条件，以及对自然环境、文化遗产的保护等底线性的要求，任何阶段的村庄均应达到其基本标准。

农村人居环境的改善是一个动态过程，其追求的目标也在不断变化。本文提出的农村人居环境建设标准，其出发点是立足全面建成小康社会和美丽乡村建设的要求。未来随着乡村振兴战略的持续推进、城乡融合发展程度的进一步提高，对农村发展建设的要求会随之发生变化，农村人居环境建设标准也应当随着时代要求的变化而不断调整完善。

参考文献请见原文。

（撰稿人：刘泉、陈宇，中国城市规划设计研究院村镇所）

传统村落微更新与社区复兴

——粤北石塘的乡村振兴实践①

1. 微更新与社区复兴在乡村

“更新”是有机体为了实现健康和永续发展而进行的必要的新陈代谢过程。“微更新”是一种有温度的城市更新模式，也是一种基于地方性和个体诉求的微观建筑方略，强调城市建设应当注意人的基本需要和符合人的尺度，同时强调“以点撬面”、多向联动，推动地区的建设格局的全面改观。20 世纪 90 年代以来，城市更新理念发生了变化，社区维度日益显示出重要性。英美等发达国家启动了第三条道路的社会经济路线，强调以综合和整合的视角，并通过行动，引导对城市问题的分析，寻求转型地区持续增长的条件，其中包括经济、形态、社会和环境等方面的内容，社区复兴概念进入人们的视野。社区复兴，是在一个符合人性需要和对人有善意的社区空间里实现的，恢复或重塑环境的社会互动性，乃社区复兴的空间条件，也是环境更新的题中之义。

2017 年，习近平总书记在厦门鼓浪屿成功申遗后做出重要指示，要求借鉴国际理念，健全长效机制，让历史文脉更好地传承下去。申遗顾问、清华大学国家遗产中心主任吕舟教授指出鼓浪屿的成功经验：以当地社区为中心开展保护管理，政府主导“自上而下”与社区参与“自下而上”相辅相成，既强调政府主导下社区和社会的广泛参与，也强调社区自主的文化复兴。

我国大量优秀的历史文化资源在于乡村地区，同时，乡村发展不平衡不充分问题也异常突出。大量传统村落在快速城市化过程中面临传统文化式微和地区发展失力的双重危机，缺乏平衡的发展机制经常致使“乡愁”与“乡村建设”陷入首鼠两端的窘境。在有限的资金条件下探索一种普适、高效的更新模式对于促进广大落后的传统村落开展社区复兴有巨大的现实意义。结合国内外的一系列乡

---

① 基金项目：国家社科基金项目（17BSH038）；广东省培育创新团队项目（15ZS0112）；广东省高等教育青年创新人才类项目（2014KQNCX063）；广东省应用研究重大项目（2014WZDXM015）

村社区的复兴案例，我们可以发现传统村落历史文化保护与社区复兴中一般的规律。即在制定整体地区价值框架下，将社区和人作为关注重点，尽可能大地激发社区的动力和潜力，通过精准地推动“微更新”项目，利用城市触媒（Urban Catalysts）作用持续和渐进地推进社区面貌的大范围改变。

2. 从千家村到空心村

石塘古村位于粤北韶关仁化县石塘镇，总占地面积 $15hm^2$，拥有古建筑 133 座，保存完好的有 106 座，是仁化县乃至韶关市范围内历史较悠久、历史建筑规模最大、保存最完好的一个古村落。

明洪武年间（公元 1368 年—1398 年），福建南下的李可求被仁化县西北部优美的河川环境打动而决定落基于此。在掘塘建屋时发现塘底尽是石板便将此地唤作“石塘”。明末一些江西吉安人南迁至此，利用本地清凉的井水和优质的稻谷酿造“堆花米酒”，到了清光绪（公元 1875 年—1908 年）年间，石塘已有堆花酒酒庄 80 多间，仅三角街一带就有酒肆 30 多家，百余年来声名远播，堆花酒远销广州、佛山等地。凭借着良好的自然环境和便利的交通条件，石塘在清中期发展到顶峰，成了仁乐古道上的远近闻名的千家村，人称“粤北第一村”。石塘镇因村得名，村中的三角街成为南来北往的重要物资集散之地。清光绪 25 年（公元 1899 年）乡绅李德仁为防范土匪抢掠，筹银三万建成占地面积 $11300m^2$ 的巨型寨堡“双峰寨”（图 1），自 1927 年起成了大革命时期对敌抗争的红色堡垒，石塘乡农会领导军民退居双峰寨内反抗当时的国民党右派的镇压，前后历时 9 个月，牺牲了黄梅林等 400 多人，其中有 20 多户全家捐躯，表现了视死如归的革命英雄气概，被当时的中共广东省委誉为“广东农民暴动中最伟大的战斗”。

图 1　双峰寨位于石塘村南侧，2006 年被国务院批准列入第六批全国重点文物保护单位名单。（作者摄于 2017 年）

改革开放40年来，我国社会主要矛盾逐步转化为人民日益增长的美好生活需要与不平衡不充分的发展之间的矛盾。一方面我国有举世瞩目的城市化的进程，另外一方面，拥有大量历史文化资源的传统村镇由于管理方式不适、破坏性建设、交通不便等原因（见表1）经历了转型失败的凋敝。地处粤北一隅的石塘村也遭遇了人口流出、人文生态环境下降、村落物质环境衰败的景象。石塘面临的挑战是一方面规模巨大的古村落迫切需要保护和更新；另外一方面村镇传统农业经济落后、劳动力流失而无力改善自身境况。而彼时石塘居民对自身文化的认同感随着岁月的流逝而日渐凋零，更有甚者，在长期的低效运行中，由于基层关系疏离带来的社会个体间的信任感缺失而逐渐形成社会鸿沟。珍贵的建筑遗产并未引发村民的建设共识，在村内核心区域历史建筑日渐衰老的同时，实际上部分区位条件比较好的村民反而有很强的拆旧建新的需要，石塘的发展处在十分危险的岔路口上。曾经的辉煌在陨落后留下的是空落落的幻灭和死寂，石塘村面临的境况也是中国边远大量发展失力的传统村落的普遍写照。

表1　遗产地常见威胁因素列表

自然遗产		文化遗产	
因素	比例	因素	比例
非法活动	60.8%	管理系统/管理规划	76.3%
管理系统/管理规划	56.9%	住区建设	54.6%
采矿	31.4%	管理活动	27.8%
土地变更	31.4%	交通设施	22.7%
水利设施	27.5%	法律框架	21.6%
交通设施	25.5%	旅游业影响	19.6%
放牧	23.5%	战争	18.6%
旅游业影响	21.6%	土地变更	16.5%
动乱	19.6%	蓄意破坏	12.4%
侵略性物种	17.6%	人力资源	11.3%
旅游相关设施	15.7%	侵蚀/沉积	11.3%
法律框架	13.7%	水的影响	11.3%
林业生产	13.7%	地方人口和社区的改变	10.3%
人力资源	13.7%	参观和阐释设施	10.3%
石油和天然气开采	13.7%	非法活动	10.3%

3. 基于历史文化名村保护的微更新

自2008年起受韶关市政府委托，广东工业大学师生着手对仁化县石塘村开展历史文化保护研究。2010年，在朱雪梅教授的指导下，石塘村成功申报了中国历史文化名村。随着中央不断推出“三农”政策和媒体对石塘历史文化持续的关注和报道，石塘历史村落的复兴被提上了议事日程。

2010年，新一届的石塘镇政府班子上任后马上意识到的管理的难点是在落后的村镇经济下驱动沉重的老旧农村社区走出困顿。当小修小补成了最现实的选择，如何抓住一闪而过的文化保护契机，广泛调动动社会资源，通过微观、渐进的措施来振兴乡村社会成了政府工作的核心。

然而，当下的改革任务要想顺利地推进，单靠“自上而下”的政府力量或是“自下而上”的民间力量均很难完成，现实亟需要一个介于两者之间的平台来衔接这两种力量。石塘以古村核心地带“微更新”为主要内容的社区营造充当起这样的中介平台作用（图2、表2）。

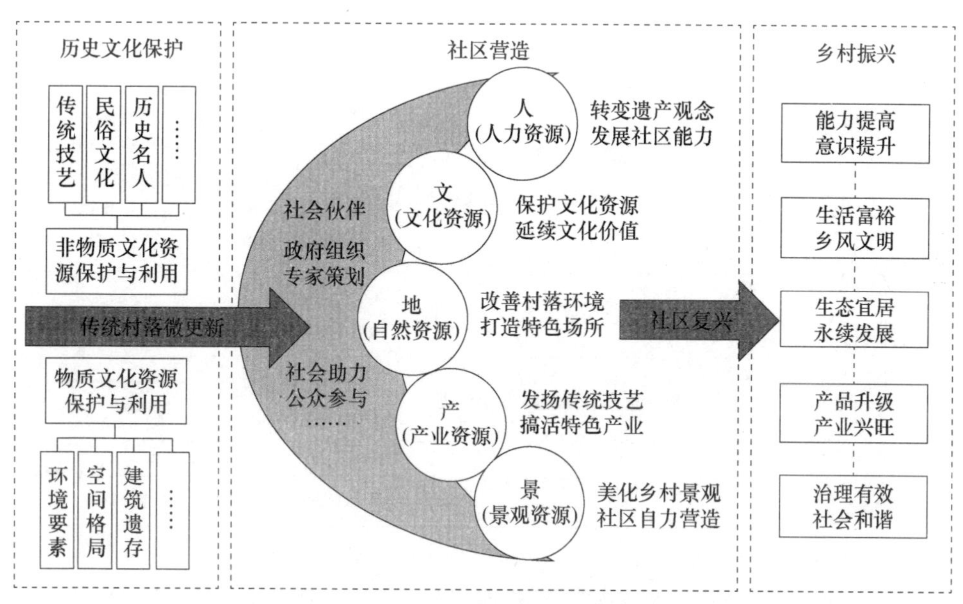

图2　石塘村微更新模式（作者自绘）

在已编制的全规划框架下，历史文化保护规划考虑规划体系的延续性和区域整体的协调性对规划对象提出宏观导控；同时基于历史文化价值评估和文化内涵的解读，兼顾村民关注的热点和实施的实效性，制定了石塘重点地段保护规划及设计；通过微更新的形式，最大程度激励公众自发保护、建设家园，在有限的预算资金内保证历史村落的微更新项目能“软硬兼施”。项目在实施的方面充分考虑到与在地社区和居民的结合，即既为社区谋福利，又要村民搭把力。以社区和居民为保护和发展的主体，培养村民的参与热情，注重与村民的互动和乡土素材的运用，如保留村内菜地，在村外围发展蔬菜基地等，实现原生态、原真性乡土景观的延续活用。

表 2　石塘村微更新项目表

项目		策略	措施
硬物质环境提升	建筑遗存	历史建筑：基于真实性和完整性的修缮	修缮李氏宗祠、基于历史风貌的连续性的三角街沿线传统商业的修复
		传统风貌建筑：维修，积极的修复和活化利用	门前巷坊门恢复；梨树下酒坊历史风貌恢复、农家乐功能置换；李仲生故居作为名人博物馆的活化使用
		与传统风貌不符的新建建筑：拆除违建、临建，立面风貌整改	通过绿植柔化、利用旧建筑材料修饰改造后广场和三角街风貌不协调的新建建筑，并积极开展综合利用
	空间格局	历史环境：基于历史真实性，恢复必要的历史氛围	双峰寨整饬寨壕池岸、清挖壕池淤泥，拆除违建、恢复池边环路
		传统街巷：增强空间活力、改善居民生活	沿街立面恢复、增强商业氛围，增加视觉设计，增加文创产品激活活力
		公共空间：通过农业景观的整饬，提升乡土景观	后广场拆除牲圈和棚屋，再现场地历史信息，后广场空地结合游客集散要求，并增加服务设施
	环境要素	历史水系：恢复历史水系	疏浚淤泥、修复沟渠，保护水井，恢复历史功能
		街巷铺地：整理、恢复、方便村民	清理垃圾、恢复历史铺地、整合市政管线
		街巷空地：整洁、卫生、美化、宜居	清理垃圾、卫生消毒、建筑材料回收二次利用，增加便民、康体设施
软传统文化保育	传统技艺	堆花米酒酿造	提升、改造、扩大化，走特色产业道路
	民俗文化	月姐歌表演	修复文化场所，挖掘文化内涵，设立文化遗产传承人，推广表演，扩大影响
	历史名人	台湾抽象画先驱李仲生传奇人物李壳等	宣传、整理其文化资料，活化利用李仲生故居，作为作品陈列的博物馆和文创基地

4. 基于微更新的社区复兴

4.1　发展社区意识

发展社区意识有助于形成社会治理基础条件、完整社会治理运行机制、健全社会治理良好格局，在社区社会治理中的社区关系、社区组织、社区资本等方面有积极意义。宗族管理曾经是客家农业聚落协调社会关系的重要手段，但这种文化传统在当代社会语境中的缺陷和制约是不言而喻的。在应对社区有效治理的要求下，并在修复传统村落社会的自我管理机能的同时，更需要与时俱进、进一步发展现代社区意识。有研究认为人们是在社区发展的矛盾与抗争中才形成社区意识的，下文将探讨石塘面临的危机能否成为社区发展的良机。

4.1.1　共同遗产观念

意识决定行动。遗产观念淡薄是造成石塘村背负历史文化宝藏却发展举步维艰的一个重要掣肘。石塘镇洪家贵书记组织社区多位居民依次参观了湖南凤凰古城和广西黄姚古镇，通过系统考察，大家对石塘的历史文化遗产的观念产生了极大的转变，对于未来的图景也变得清晰。历史建筑遗产变成大家共同财富和未来发展的文化资本，让建筑遗产如何重获可用性的同时恢复内在价值成为大家的共识。

4.1.2　在地参与

项目以在地设计的方式推进。随着持续的入户调研、访谈交流活动，在设计者和居民之间慢慢地建立起必要的信任和理解；通过邀请居民参与设计、商讨发展图景，互动使得微更新方案更为务实和贴近居民；更新计划得到乡贤的首肯，并提出自筹资金参与更新；规划设计让村民们看到了石塘村美好的前景，为进一步的协作提供了行动框架。

2010 年植树节，镇干部与设计者、村民共同在后广场种下两颗木棉树，标志着社区营造的正式启动（图 3）。实施以“在地参与”方式紧密结合社区和居民，最大程度发挥社区资源、多方协力、多形式积极地推动项目进展，表现出较大的社会韧性。

4.1.3　共同体意识

在资金匮乏的草创之初，社区上下一心、行动一致为微改造的实施提供了现实基础。一年多时间，村民们开始为古村的保护投工投劳，甚至做出了巨大的牺牲。护城河里的鱼塘、菜地村民让了出来；新房与古村风格不符，村民李振成换成了青色的仿古砖；村民李翠金不仅把墙旁的草都割了，还把围墙旁的臭水沟给洗干净；村里的李广才老人每天早出晚归地在祠堂和古屋旁来回巡查；村民李招财为了支持村口建牌坊，临终前不忘嘱托妻子……在建设热情高涨之下，社区形成了发展共同体，村民们声称，就算筹不到钱，我们也要靠自己的双手把古村保护下去。

图3　镇干部、村民、社区行动一致，保护历史文化名村（作者摄于 2010 年）

4.2　保育地方文化

通过文化保护整理出来的一张张优秀历史文化名片：石塘地区村落文化和特色的粤北客家风格成为地方的名片；通过申报，石塘村沉寂多年的“月姐歌”（图 4）、“堆花酒”分别获得了省级非物质文化遗产的称号；微更新积极挖掘社区名人文化，旅居台湾的国际抽象画派先驱李仲生的独特艺术和教学理念得到整理，故居的修复和功能置换也被纳入近期建设计划。通过组织观摩、外出表演、宣传等系列活动，媒体报道和纷沓而来的游客极大地增强了村民对于自身历史文化的兴趣和参与的积极性。

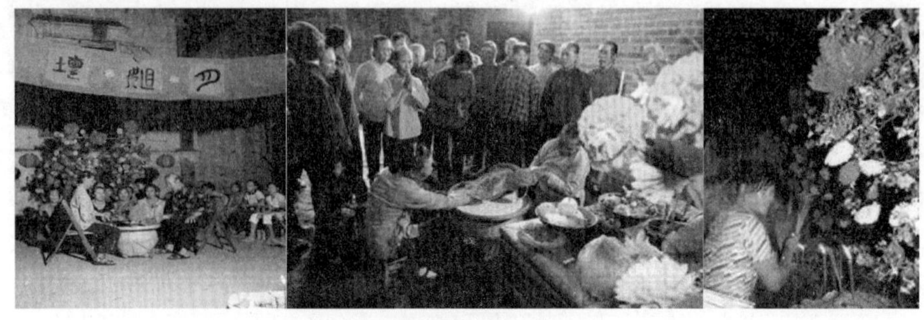

图4　省级非物质文化遗产“月姐歌”历史图片，图分别为：月姐坛、请月姐、送月姐（选自石塘镇自编《中国名村石塘》）

4.3　塑造地方性

社区营造遵从历史文化名村保护框架所提出的真实性和完整性原则，基于严格的价值评估对于场地信息去伪存真，在一系列的微更新计划实施后，原本富有地方特征的公共空间、历史街巷、历史建筑按照人们记忆中熟悉的样式被恢复和重现，地方性通过设计、管理和本地居民的公共努力得到在地延续。微更新恢复历史沟渠的运作机理，还让环境管理正式化和日常化。社区居民看到了整治的成效，也肯定了上下齐心努力的价值，社区风貌日新月异（图5）。

图5　微更新实施前（2009年）与实施后（2011年）对比（来源：自摄并整理）

4.4　振兴特色产业

4.4.1　地域特色产业

行动的统一也推动了石塘社区全面发展进入轨道，社区成员之间建立了良好的伙伴关系。一个突出的案例是省级非物质文化遗产“石塘堆花酒”：村民组建专业合作社，实现规模生产；县质监部门完善软件建设，实现市场准入制度；村内配套基础设施进一步完善，筹建了展示咨询营销中心。地方政府积极组织省内外多家电视台拍摄相应的电视专题来推介产品，并在2014年举办了堆花米酒文化节，多角度宣传，形成广泛的社会赞誉，2013年原酒产量由100多吨增加200多吨，形成了地域特色产业化的初步轮廓。

4.4.2　多样经营

随着微更新的进行，村落的环境获得明显的改观，在上下结合的改造过程中基层关系也获得了改善，村落特色产业的升级使得村民切实从中受益，原本闲置的旧民居也陆续被村民改造成待客的农舍，村民恢复了传统饮食的制作，农副产品销售也随之提升，不少来过石塘的人感叹古村风貌的改善和接待能力的提升（图6）。

图 6　今日的石塘家家酿酒、户户酒香，原酒生产达到历史的顶峰，堆花酒俨然成为当地新的文化符号（作者摄于 2017 年）

4.5　营造乡村景观

随着石塘村的国家历史文化名村的金字招牌的到来，石塘村也逐渐成为继丹霞山旅游区之外韶关旅游的一个目的地，基于文化线路的南粤古驿道与古村联动发展的课题为古村后续发展添了一把能量。村口巍然屹立着彪炳红色文化的爱国主义教育基地双峰寨，进入村中便能感受到历史街巷井然、人文底蕴深厚、粤北特色分明、酒香浓郁、民风淳朴的石塘古村景观。古村特色使得此地成为粤北地区乡村旅游的热点。

2014 年起，广东省组织了“规划师、建筑师、工程师专业志愿者下乡服务”（以下简称“三师下乡”），三师下乡借鉴国外的“社区建筑师（规划师）”制度，具有积极的理论与现实意义。朱雪梅教授秉着对石塘的深厚情感而承担起乡村建设的志愿者，频繁地往返石塘和广州间，持续地为这个古老村镇的发展牵线搭桥，不遗余力地贡献着智力和行动支持。广东高校大学生们为古村送上绿植、建筑搭建、涂鸦等文创产品，丰富、美化村民的生活空间（图 7）。南粤古驿道定向大赛选择在韶关仁化首站开跑（图 8），石塘被推上热点，无数人通过赛事和报导感受历史文化名村之美。最近传来的好消息是古村、古道和绿道的联动发展已经引起了社会重视。

图 7　双峰寨后广场上放置着大学生们手工制作的文创产品（作者摄于 2018 年）

图 8　2017 年南粤古驿道定向大赛在石塘村首站开赛（图片来源：仁化地情网）

5. 乡村振兴战略思考

“振兴百年村落，呈毓秀，旷绝古今。喜今日有幸，看石塘新风，无限峥嵘”。

实施乡村振兴战略，要顺应亿万农民对美好生活的向往，立足国情农情，以产业兴旺为重点、生态宜居为关键、乡风文明为保障、治理有效为基础、生活富裕为根本，推动农业全面升级、农村全面进步、农民全面发展。石塘村通过历史文化名村保护的契机，微更新以在地设计为支点，基于社区、为了社区、服务社区，充分发动地方力量、调动各类社会资源，通过社区营造计划撬动农村社区综合复兴的目标，致力于人、文、地、产、景的提升和相互促进，为广大传统村落的发展提供了积极思路。

回顾石塘村的社区复兴历程可以发现，将文化作为社区复兴抓手，通过对文化价值的挖掘和整理，将传统文化资源转变为社会资本。微观的更新项目起到“以点撬面”的作用，一方面对于历史环境的整理使得文化遗产的价值得以更好的保护和呈现；另外一方面，环境的更新使社区居民真正从中受益，统一的行动中强化了共识和协作关系。社区营造有效地盘活在地资源，通过“在地参与”和“多方协力”，社区的历史文化价值在全社会范围得到广泛的认同。社区产业振兴是社区营造的主轴，通过对社区自力的培养，从社区内部激活了社区的能量，社区成为文化在受益者和守护人，文化成为社区可持续发展的源泉，走入良性轨道的社区又为文化的丰富和发展注入有生力量。

社区依托自力的营造并不是完全意义上的“自力更生”，虽然由当地居民亲自实践和完成，但也离不开社会多组织的协助，尤其是政府的政策转向及社区意识提升的社会大环境。社区发展还需要准确把握社区本身与外来协助者之间的关：一方面，防止过度商业化、庸俗化；另一方面，药坚持致力于社区能力提升和转型，不断促进社区文化的升级和引导，倡导适应性学习和创造力培育。

参考文献请见原文。

（撰稿人：叶建平，广东工业大学建筑与城市规划学院，中国城市科学研究会城市更新专业委员会，广州市人文社科重点基地；朱雪梅，广东工业大学建筑与城市规划学院，中国城市科学研究会城市更新专业委员会，广州市人文社科重点基地；林垚广，广东工业大学建筑与城市规划学院，中国城市科学研究会城市更新专业委员会，广州市人文社科重点基地；王平，广东工业大学建筑与城市规划学院，广州市人文社科重点基地）

基于乡村振兴视角的农村土地制度改革分析

——以晋江市为例

1. 现行农村土地制度问题

按照“产业兴旺、生态宜居、乡风文明、治理有效、生活富裕”的总要求，不难看出，乡村振兴实际是产业、人和资金良性互动的结果。而当前农村产业底子相对薄弱，多以传统农业生产为中心，进行农产品精深加工的少，三产融合度低，且产业抗风险能力弱，农民收入普遍较低，难以形成稳定的村财收入。随着经济发展，高层次劳动力外流，发展农业所必需的技术、经营、管理人才匮乏，影响了农村经济社会的良性发展。“空心村”现象的存在，土地资源利用的粗放，征地补偿的不规范，农村集体建设用地难以入市等原因，也使得农村难以形成稳定的村财收入。这一系列问题的存在致使乡村振兴任重道远。

1.1　宅基地管理缺乏流转退出补偿机制

以往村庄建设缺乏规划指导，加上长期以来宅基地为无偿使用，以及农民受传统思想影响，农村土地使用存在少批多占、未批先建、一户多宅等历史遗留问题。同时，村庄规模沿公路线或沿村庄外延过度扩张，形成“空心村”。随着经济发展，大量农村青壮劳动力逐渐流入城市，有些人在城市购买房产定居，但农村的宅基地并未退出，且现行法律限制了农村宅基地的出租、转让、抵押、买卖，缺乏有效合理的宅基地流转退出补偿机制。尤其将宅基地流转严格限定在集体内部，人为抑制了流转动能，导致大量闲置宅基地难以盘活，与当前乡村振兴上升为国家发展战略不符。而且村庄的小、散、乱带来生活环境的脏、乱、差，面源污染和点源污染共存等生态环境问题。推进实施的旧村复垦，更偏重于耕地数量的增加和耕地质量的提高，经常忽略对村庄生态环境的保护。

1.2 现行土地征收制度难以保障农民权益

一方面，在土地征收程序中，农民被边缘化。拟征地范围、面积、权属等征地补偿的相关事项基本都是由征地方与村委会协商，被征地农民的参与度低，农民多无法充分表达真实的意愿。对于征地听证，由于农民在征地前期工作中被边缘化，即使对征地补偿金额、安置方式、被征收土地的地类和面积等有异议，也常常因缺乏信心而放弃申请听证；另一方面，征地补偿标准偏低，难以保障农民权益。《中华人民共和国土地管理法》规定征收耕地的补偿费用包括土地补偿费、安置补助费以及地上附着物和青苗的补偿费。征收耕地的土地补偿费、安置补助费最高不得超过该土地被征收前三年平均年产值的 30 倍，这部分土地征收后多转为工业用地或商业用地。随着城镇化进程加快，土地价值大幅攀升，土地未来增值收益大头归了土地所有者，政府以税收形式在交易环节获得部分收入。因此出现了原集体所有者合法获得的补偿过低、城市化地区的农民补偿不规范、政府和失地农民均丧失未来土地增值收益分享权等问题。农村土地征收补偿制度缺陷的存在，导致村民与政府之间的矛盾加剧，由土地征收导致的纠纷也越来越多。

1.3 集体经营性建设用地权利不完整

集体经营性建设用地是指具有生产经营性质的农村建设用地，包括农村集体经济组织使用的乡（镇）土地，利用总体规划确定的建设用地兴办企业或者与其他单位、个人以土地使用权入股、联营等形式共同举办企业、商业所使用的农村集体建设用地，如过去的乡镇企业和招商引资用地。从某种意义上说，这类用地已经进入市场，但是法律规定不得出租、转让，这与具有出租、转让、抵押权的国有建设用地相比，其在市场上的权利是不完整的。制度的不完善导致农村土地交易受限，进而造成农村土地经济价值无法显化，从而限制了农村发展的资本基础。农村土地的潜在经济价值难以通过市场机制加以显现，使得农村发展不能像城市那样以土地为工具来撬动发展的实施基础。

2. 晋江农村土地制度改革探索

为破解农村土地制度与现代化农村发展之间的矛盾，保障农民权益，实现产业融合，提高农业竞争力，让集体经营性建设用地与国有土地同等入市、同权同价，助推乡村振兴战略实施，国家层面提出深化农村土地制度改革，包括农村土地征收制度改革、宅基地制度改革及集体经营性建设用地入市改革（“三块地”

改革）。福建省晋江市是国家设立的33个县市区试点之一，在完善宅基地管理、土地征收方式、集体经营性建设用地如何入市等方面进行了探索。尤其是晋江作为全国民营经济最活跃地区的代表之一，充分利用这一背景条件，开展了农村土地制度改革助推乡村振兴活动，产生了有利的改革示范效应。

2.1　典型案例

2.1.1　晋江九十九溪生态农业示范区项目

晋江九十九溪生态农业示范区是“三权分置”助推乡村振兴的典型案例。九十九溪流域拥有万亩良田，地势平坦，土地肥沃，周边村庄的农耕文化底蕴深厚。为实施乡村振兴战略，助推农村产业兴旺，提升城乡环境品质，根据该区域的自然条件、交通情况和景观特点，规划拟将其打造成集现代农业、观光旅游、休闲养生、文化传承、教育实训等多功能为一体的生态农业示范区（见图1）。预计总投资费用7.6亿元，规划面积1800亩，预计2020年对外开业。项目建设用地主要通过集体土地征收和土地经营权流转取得。项目经营产权除了项目业主自有的房产外，还有村民自建的房产，土地产权关系比较复杂。如何取得土地、如何对农民进行补偿安置以及保障农民权益是这一案例的难点。主要做法如下。

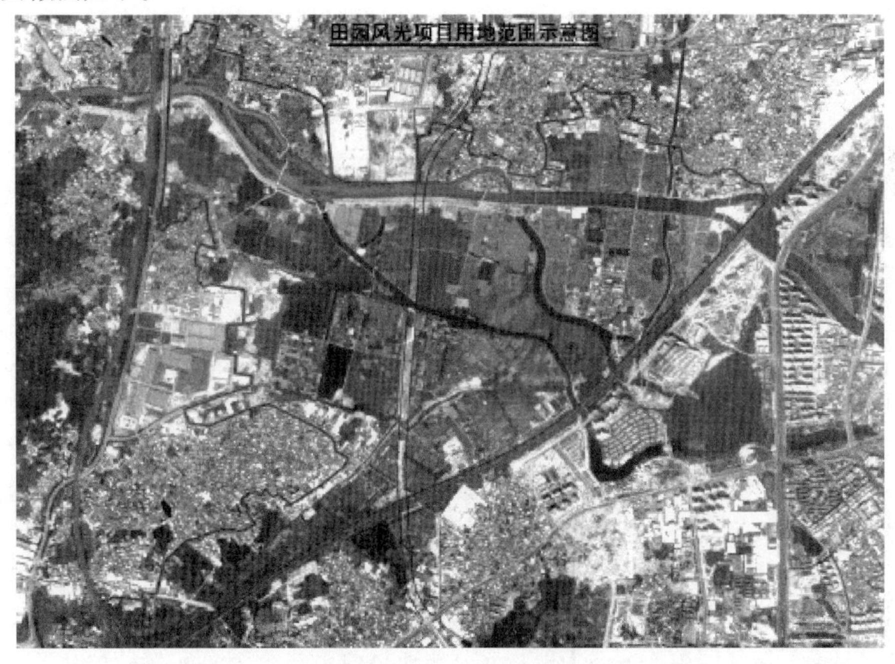

图1　九十九溪生态农业示范区项目用地范围示意图

资料来源：晋江市国土资源局

一是酒店、道路、游船码头等项目建设用地以土地征收方式取得。晋江市探索出台了《晋江市土地征收管理暂行规定》（晋政文〔2018〕37 号），完善被征地群众利益的多元保障机制。按照文件规定的标准，采取货币补偿，也有部分采取产权调换方式予以补偿。为保障就近居住，按“一户一居”的原则，在项目征地范围内建设安置房，满足每户都有一套住宅居住，其他多出的部分可作为被征收房屋面积，对被征地人可选择货币补偿，或就近以现房安置，充分保障被征地人的居住条件不降低。该项目征收的土地面积约 888 亩，房屋 60 幢，建设面积约为 42000m^2，安置被征地人 60 户。

二是拓展区采取承包地的集中流转经营。拓展区属于晋江市城区基本农田保护相对集中的区域，文旅集团通过土地流转的方式获得该区域的土地使用权。在保留农用地性质的基础上，以农业风光为主要元素，集中成片地按季节种植绿化植物，由后期引入的运营公司实行统一规划、经营，并优先雇佣本村农民进行农业生产。

三是村民自有房屋产权租赁。探索农民宅基地所有权、资格权和使用权的“三权分置”，对于项目区内村民自有产权的房屋，由文旅集团出资对其进行统一改造，以符合整个核心区的发展定位。在保障原住民居住条件、房屋所有权的前提下，原住民可选择留用自住，允许其发展民宿、餐饮，也可将住宅出租给项目运营公司统一经营。出租房屋的农户，可缴纳少量房屋购置费入住就近的小区。

2.1.2 晋江新塘街道梧林社区古村落保护项目

晋江新塘街道梧林社区是以政府为主导的古村落保护与产业融合的典型案例。辖区是闽南地区著名的侨乡，宅邸建筑既有闽南官式大厝、哥特式风格，也有古罗马式建筑、中西合璧的民居等，形成规模集中的华侨建筑群。目前保存较完好的闽南传统大厝有 42 处、番仔楼 22 处、西式洋楼 7 处，其中推荐历史建筑共有 26 处，分布集中、类型丰富。由于缺乏规划管制，加之村民对文化遗产认识不足，部分建筑被不当维修，或被拆除和面临坍塌，造成景观被破坏。2017 年，晋江市委、市政府将梧林古村落保护开发列入文化旅游产业重点项目（见图 2、图 3），将梧林古村落建设成闽南文化旅游景区及世界多元建筑文化集中展示区，使其成为海内外侨亲的交流地、闽南华侨爱国爱乡的见证地。主要做法如下。

一是政府主导，分区推动古村落保护。晋江市政府专门成立了梧林古村落保护发展工作领导小组，出台了《晋江市新塘街道梧林社区古村落保护发展规划方案》，又委托清华同衡规划院为保护区制定整体规划。规划方案将梧林社区划分为核心保护区、建设控制区、环境协调区，并分别制订了保护与整治的措施。

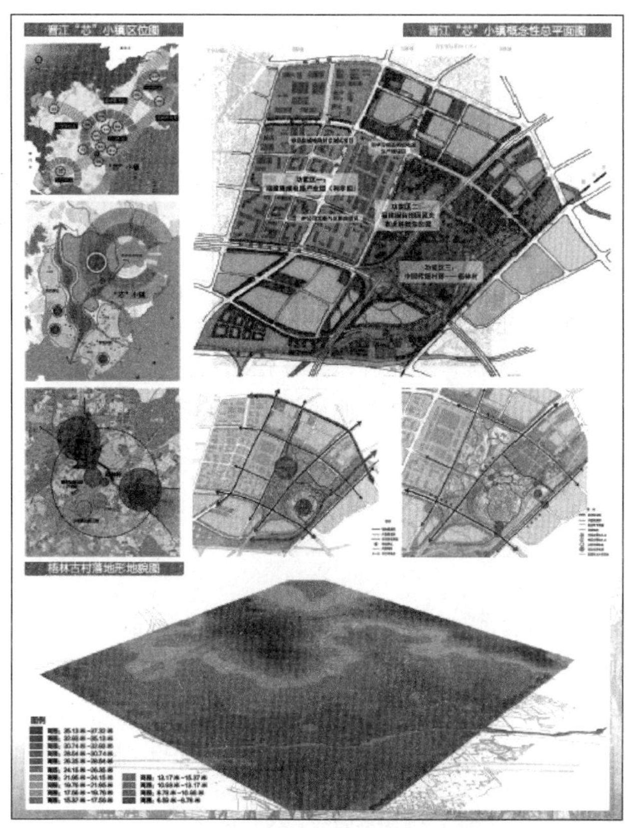

图 2　梧林社区古村落保护规划图
资料来源：晋江市国土资源局

图 3　梧林社区古村落保护规划总体鸟瞰图
资料来源：晋江市国土资源局

二是转征国有，稳妥地安置被迁村民。由国资委牵头成立保护发展公司（国有企业），启动土地征收工作。按照拆迁方案，古村落的核心区域大部分征收为国有，共计需要征用房屋 214 幢，占地面积约为 185 亩。在征地补偿方面，土地补偿费根据手续认定结果发放。关于房屋补偿费，根据历史沿革、文化价值、房屋结构、建筑特征、使用情况等因素综合认定。补偿款按族谱人名分割，不在族谱上的，不予考虑；征地补偿充分保障了被征迁村民的合法权益。

三是产业融合，壮大集体经济基础。项目一期规划将着重处理古村落修缮保护和环境整治，二期规划将整治恢复梧林社区古村落传统的商业街等。征地拆迁方案在核心区域保留了部分宅基地，留归集体所有，按照发展规划，市政府鼓励村集体和居民利用核心区域的集体土地以及周边的宅基地发展民宿和餐饮。该项目通过串联周边资源，将单一的居住功能转化为多元功能融合的“居住 +”形态，为产业融合发展提供了新思路，进一步促进了乡村振兴。

2.2 经验总结

晋江农村土地制度改革确实“释放”了农村的土地价值，归根结底在于治理结构与交易费用的正确搭配，在一定程度上取得了预期绩效，并解决了农村土地制度在助推乡村振兴方面的障碍，为农村和农民提供了更多获取资产性收入的路径，切实推动了乡村振兴和城乡协调发展，实现了农村土地制度改革的初衷。

2.2.1 完善宅基地退出流转机制

改革对宅基地“三权分置”进行了探索，通过建立宅基地退出流转机制，对流转行为进行规范，确保流转的公平、公正、公开与规范，做好流转的资格审查，疏通宅基地退出流转管道。探索形成“指标置换、资产置换、货币补偿、借地退出”4 种退出方式，利用流转市场，使得进城务工、经商的农民可以出售自己的宅基地，如果没有合适的购买者，政府可以合适的价格收购农民居住用地的永久使用权。允许农民将宅基地转让、出租。这种方式既保护了农民的居住用地利益，又可以有效地盘活空置、废弃的宅基地，让农民可以通过宅基地流转直接获得收益，解决农民无力新建住房及购置房产的问题。

2.2.2 保障农民权益

集体土地是农民集体经济组织所有的，地方政府没有产权主体身份，只有公共管理者身份，因此，地方政府在集体土地市场化过程中只能充当规则制定者和公共利益维护者。利用市场机制配置资源，发挥基础性作用，实现农村土地资源再配置。在晋江农村土地制度改革中，政府、村集体、村民、企业均有所参与。政府参与农村土地制度改革，引导土地征收，兼顾经济利益之外的历史文化价值，以及妥善处理复杂的产权关系。引入外来企业参与，保证资金资源充足，为推动农房及宅基地征收并用于重新统一建设奠定了资金基础。多方主体到位，充分发挥集体自治和社会力量，综合考虑多方面因素，采用多种形式对征地农民进行补偿；允许农民留用、出租以及自主经营等，保障了农民后续生活的需要，促进了乡村振兴战略的实施。

2.2.3　显化土地资产属性

土地资源尤其是集体建设用地资源，在土地制度改革中扮演着重要的角色。一方面农村土地资源具有潜在的开发价值，另一方面开发项目或村企业的培育都需要以土地为载体，特别是我国现行的严格控制新增建设用地总量和严格限制占用耕地的制度体系，使得农村集体建设用地已然成为乡村振兴和外来企业资本流入农村的关键所在。晋江通过出租、退出入市、放活使用等方式，盘活土地资产属性。依靠地域优势与市场发育的基础条件，充分利用本地传统产业链优势，集中产品，整合资源，从而将传统农村发展成为现代产业集聚的中心，是晋江乡村振兴的另一种发展形态。依托“互联网＋”，推进农村三产融合，构建乡村产业体系，促进产业发展壮大，释放土地红利，进而促进农民增收、农村繁荣，打造农村发展新格局，为乡村振兴提供动力支撑。

3. 农村土地制度改革建议

3.1　推进宅基地制度改革，拓展产业发展空间

体制机制政策和支农惠农政策是助推乡村振兴的两大政策，而土地制度是助推乡村振兴且在体制、机制、政策方面最具基础性和根本性的制度。深化农村宅基地制度改革，在充分发挥农村宅基地保障功能的基础上，通过编制科学合理的村庄土地利用规划，引导集体土地的开发与再开发，注重保留和发扬地方传统民俗文化，降低土地不当利用带来的负外部性，实现农村集体高效发展。改变农村建设用地布局，推进农村宅基地集中建设，农民集中安置，确保“一户一宅”，并进一步建立农村住房市场。在地方政策制定中，应当鼓励开展和落实集体建设用地的“三权分置”，完善农村宅基地制度，加快宅基地确权登记颁证工作。保障农户宅基地用益物权，并积极赋予和保障农村集体建设用地用益物权，从而进一步清除农民享有土地权利的制度性障碍，提高闲置宅基地的利用率，显化农村宅基地价值，形成产权明晰、权利交易自由、市场机制成熟的农村土地产权制度，建立农村宅基地流转自由的新型农村宅基地管理制度。

3.2 完善集体经营性建设用地产权制度，激活农村土地活力

完善农村集体经营性建设用地的产权制度，赋予农村集体经营性建设用地出让、租赁、入股权能，同时要建立相关的制度保障，明确农村集体经营性建设用地入市程序、交易规则以及市场监督管理规范。国有建设用地使用权出让要求土地条件为净地，建议集体经营性建设用地入市的土地禀赋条件也应以净地出让。为了保障集体土地开发的利益是为民所谋，还必须发挥村集体的基层组织管理功能，进一步加强对村集体自治机制的引导与培育，在尊重农村地区现状和农民意愿的基础上，加强农村基础设施建设和基本公共服务体系建设，满足当地农民对就业、养老、医疗等基础公共服务的需求，缩小城乡差距。同时，鼓励农村自主开展农村土地招商引资与项目开发，提高农民参与的积极性，推进村企合作共赢模式，形成“1+1>2”的互利共赢的合作与共享机制。在严控建设用地增量的背景下，挖掘农村集体经营性建设用地存量，畅通城乡之间产业要素互动的管道，激活农村土地活力，有利于推进三产融合发展，挖掘沉淀在农村土地上的资产价值，为乡村振兴提供产业支撑和资源保障。

3.3 规范农村土地征收，增加农业主体收入

农村土地制度改革往往具有较强的地方色彩，位于城市规划圈外的土地，由于缺少详细规划，其规划用途不够明确，且区位相对较差，发展潜力有限，以至于交易困难，农户收益不高。不同地域的经济社会发展以及资源禀赋等差异性大，地方之间落实规划也存在较大的差异，土地征收很难有一种完全照搬的操作模式或实践路径，具体模式的选取须结合地方实际。因此，必须规范农村土地征收程序，保障农村主体的参与权和知情权。土地征收后，交易时实现第一次收益分配，但对于增值收益如何分配缺少必要的机制。国际上通行的做法是征收增值税，城镇国有土地转让在《土地增值税暂行条例》中规定，要征收土地增值税。建议农村土地征收也参照此办法，重新分配由城镇化、市场化带来的土地增值收益，增加农业主体收入的同时，确保收益分配的均衡。

参考文献请见原文。

（撰稿人：肖金华，福建省国土资源勘测规划院）

第二篇 脱贫攻坚实践中的村镇建设发展

党的十八大以来，以习近平同志为核心的党中央把脱贫攻坚工作纳入“五位一体”总布局和“四个全面”战略布局，全面打响了脱贫攻坚战。党的十九大明确把精准脱贫作为全面建成小康社会必须打好的三大攻坚战之一，并作出新的部署。2018 年 8 月，中共中央、国务院印发《关于打赢脱贫攻坚战三年行动的指导意见》，针对脱贫攻坚工作以来实践中存在的突出问题，明确了推动脱贫攻坚工作有效开展的决策办法和政策措施，为脱贫攻坚背景下的贫困地区村镇建设发展指明了方向。

当前，脱贫攻坚工作进入攻坚拔寨、啃硬骨头的关键环节，习近平总书记先后提出自上而下的“五个一批”扶贫政策措施，及“贫困地区发展要靠内生动力”等自下而上的破题药方。产业扶贫作为实现稳定脱贫的必由之路和根本之策，推动扶贫产业特色化、集聚化、规模化发展。乡村旅游扶贫模式具有参与主体多、受益面广、带动性强、发展潜力大的特点，是产业扶贫的典型模式之一。同时，在实现全部贫困户脱贫目标的最后阶段，“扶贫更要扶志扶智”，指向农村自我“造血”能力的村民自治能力和系统有力的基层组织能力成为脱贫攻坚任务成败的关键。

本篇章基于乡村产业扶贫、旅游精准扶贫、村民自治、基层自治等角度选取了《精准扶贫视域下河南乡村产业韧性化发展策略》《旅游精准扶贫背景下的村庄“内涵式”再生规划策略》《论面向村民自治的精准扶贫规划机制与引导模式》《贫困地区乡村治理中组织振兴的逻辑与路径探析——基于恩施“尖刀班”创新模式调查的启示》等 4 篇文章，探讨我国脱贫攻坚实践下乡村产业扶贫建设、生态优先和土地管控下的旅游扶贫、村民自治下乡村扶贫规划实践和贫困地区乡村基层组织振兴，展示了我国在高质高效脱贫攻坚任务进程中，对符合村镇建设发展实际的脱贫攻坚手段与路径的积极探索。

精准扶贫视域下河南乡村产业韧性化发展策略

1. 引言

自 2013 年习近平总书记在湘西调研扶贫攻坚时首次提出“精准扶贫”概念以来，我国扶贫开发的工作重点和主要措施在逐渐转变和完善。《“十三五”脱贫攻坚规划》和《乡村振兴战略规划（2018—2022 年）》指出，要推动脱贫攻坚与乡村振兴有机结合、相互促进，贫困乡村的产业发展作为脱贫攻坚和乡村振兴的关键因素日益成为社会关注的焦点。但长期以来，我国对贫困地区进行产业扶贫的现实情境总体上以外部干预和自上而下的项目推动为主，这种刚性的、输血式的扶贫方式忽视了乡村自身价值、产业植根生长和管理运作机制等因素，导致乡村产业适应性弱、稳定性缺失和后继发展无力等问题日益显现。

作为全国第一农业人口大省和全国第三农村贫困人口大省，河南省是全国扶贫攻坚的重点区域。近年来随着扶贫开发力度的加大，河南乡村贫困发生率从 2010 年的 18.1 下降到 2017 年的 3.4，脱贫事业取得了显著成就。但在河南省 22 个产业扶贫典型范例中，单纯采用输血式产业帮扶的案例占了 1/3，因此河南省亟待优化当前产业扶贫措施，增强产业的发展韧性，推动贫困乡村产业的可持续发展，落实精准扶贫。

2. 精准扶贫与“韧性化”的产业扶贫

2.1 精准扶贫的释义

精准扶贫自提出后，不少学者从内涵界定、问题分析及实施对策等方面对其进行了阐释和解析。综合各学者的观点，笔者认为，精准扶贫所要求的“精准”绝不是机械的、直线的、刚性的措施和方法，仍需要灵活的、可塑的、柔性的帮扶方式和机制。朱启臻教授也以禄劝县的扶贫实践为基础，基于刚性扶贫的事实提出了立足于乡村价值，重视贫困乡村内在激励和自我造血，促进脱贫可持续的柔性扶贫。刚性扶贫和柔性扶贫各有利弊，两者有效衔接构成的韧性化扶贫则更具灵活性和适应性，是精准扶贫深入落实的重要推动力（见图1）。

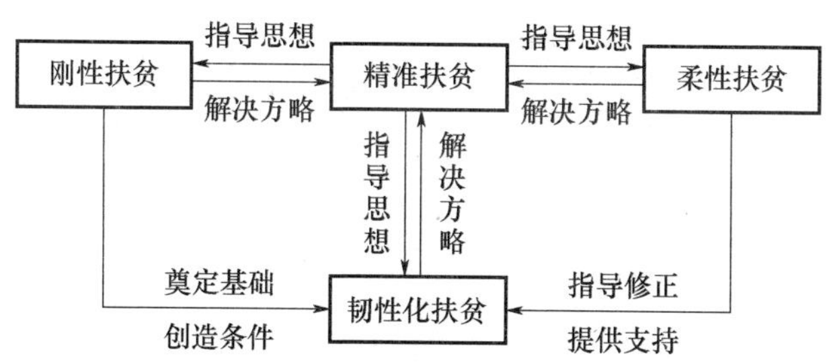

图1　精准扶贫、柔性扶贫、刚性扶贫关系示意图

资料来源：作者自绘

2.2　“韧性化”产业扶贫

韧性概念经过多次范式转换后，可以将其视为复杂的社会——生态系统为回应压力和限制条件而激发的一种变化、适应和改变的能力。延伸到扶贫领域，韧性化扶贫不仅指采取刚柔并济的扶贫措施、重视各种措施适应多变的外部环境的能力，还指扶贫对象可以实现持续发展和活力延续。结合各类研究实践可以发现，产业、文化、自身动力和组织管理等既是乡村振兴的重要方面，也是扶贫脱贫的核心要素，在韧性化扶贫过程中因地制宜的产业发展与乡土文化的价值传承、科技引领下的动力激发、多元结构的组织管理之间协作融合，使贫困乡村既可实现内在自我生长，又可适应外在环境波动（见图2），最终促进社会经济的长远发展。

治贫之本和振兴之核都在于产业，产业的持续健康发展对贫困乡村脱贫至关重要。韧性化产业扶贫是在韧性化扶贫理念指导下，以产业为核心，将刚性外源式适度干预与柔性内源式动力激发相结合，构建产业发展的长效机制。具体来说，就是通过行政干预下的资金投入、项目引进及刚性约束加大政府参与力度，通过文化传承、人口培训及科技扶持等途径提升乡村内生动力，促进多方互动，合力推进产业体系的优化转型、产业空间的多元发展、产业运行的机制创新和产业配套的系统完善（见图3），以增强产业的稳定性和适应性，推动韧性化产业扶贫的发展和可持续脱贫目标的实现。

因此，本文以河南省为例，基于精准扶贫的内涵释义及韧性化产业扶贫的要求，通过分析河南省乡村产业扶贫的现状及问题，从产业选择、产业布局、组织机制和设施配套方面探讨河南省乡村产业扶贫的韧性化发展策略。

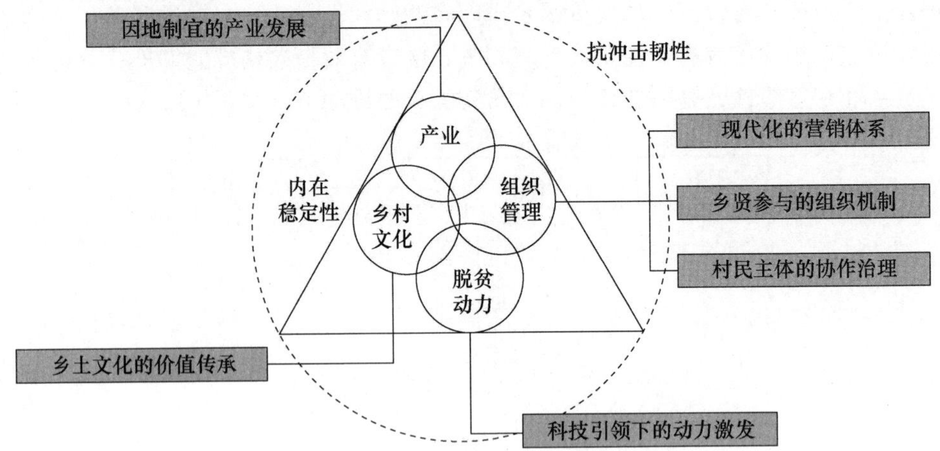

图 2　韧性化扶贫示意图
资料来源：作者自绘

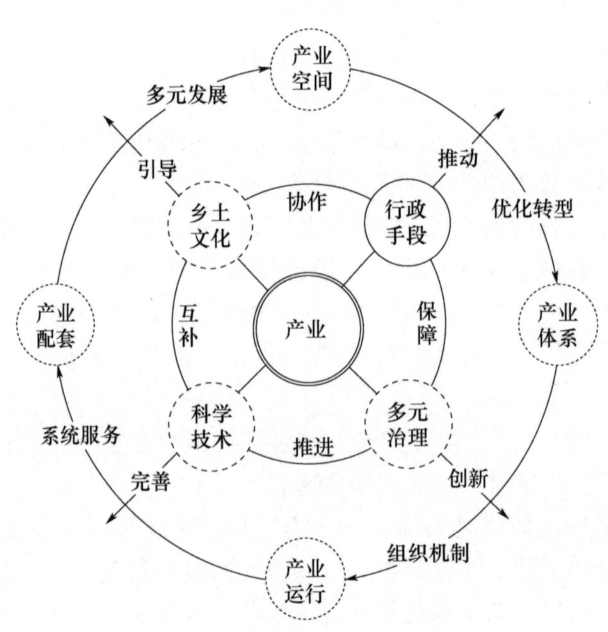

图 3　韧性化产业扶贫作用机制示意图
资料来源：作者自绘

3. 河南乡村产业扶贫现状及存在问题

3.1　扶贫现状

近年来，河南省围绕着“转、扶、搬、保、救”形成了以金融扶贫、产业扶贫、社会帮扶等为主的多类型的扶贫方式，取得了较好的成绩（见图 4、图 5）。随着扶贫工作如火如荼地开展，河南越来越重视专项扶贫特别是产业扶贫的建设。但尽管产业扶贫资金和项目数量等逐年增加（见表 1），贫困地区农村居民收入增幅却呈下降趋势，扶贫成效不尽如人意。

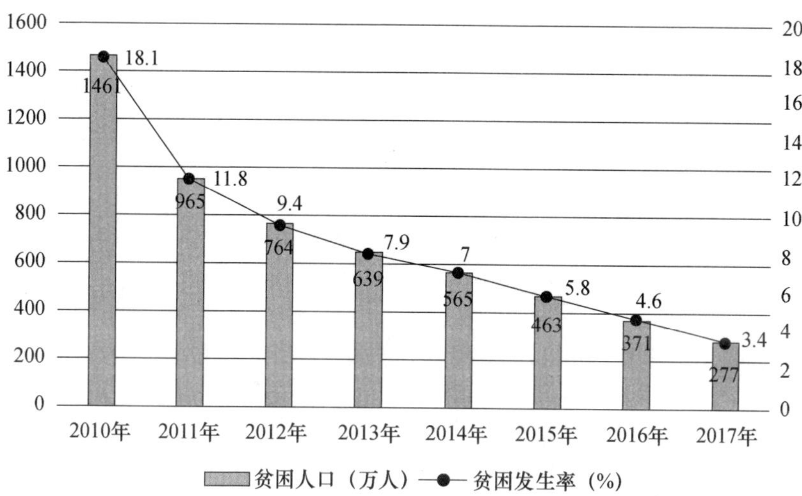

图 4 2010—2017 年河南省乡村贫困人口及贫困发生率变化情况示意图

数据来源：中国农村贫困监测报告

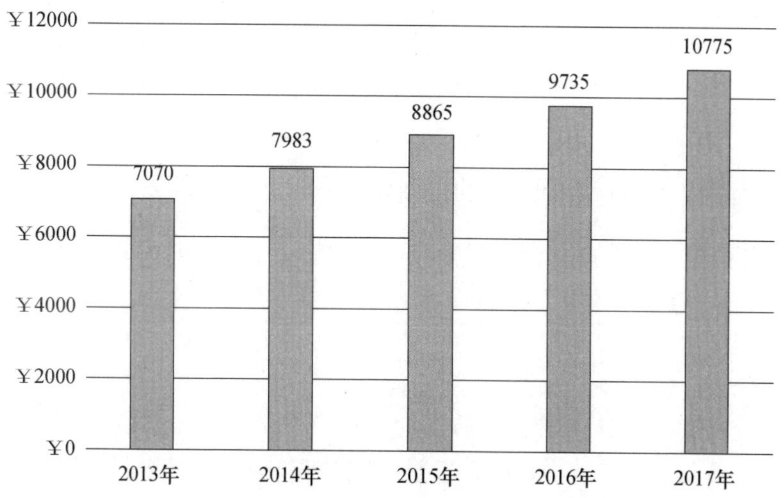

图 5 2013—2017 年河南省贫困地区农村居民人均可支配收入示意图

数据来源：中国农村贫困监测报告

表 1　河南省产业扶贫发展情况

	2011—2014 年	2015 年	2016 年*	2017 年
产业扶贫项目/个	1389	224	56	7412
涉及财政资金/万元	49427.4	7744.63	1749	869000
覆盖贫困村/个	23027	1772	—	—
覆盖贫困人口/万人	36.9	3.54	63.8	271.3
龙头企业投入资金/万元		8095.2	3690.6	24000

注：表中 2016 年产业扶贫数据仅统计开封市、漯河市、三门峡市、驻马店市、信阳市、鹿邑县、新蔡县 7 市县。

数据来源：河南省扶贫开发办公室。

3.2　存在问题

3.2.1　刚性植入模式下脱节的产业选择

在河南省全力推进产业扶贫的过程中，项目的刚性植入与盲目开展使产业选择针对性和衔接性不足等问题日益暴露。从区域层面看，产业扶贫发展规划多近期谋划，缺乏长远考量，多宏观把控，缺乏微观指导；产业选择与区域综合产业体系建设脱节，产业凝聚力不强、缺乏韧性，抵抗市场风险的能力较弱。从乡村层面看，部分乡村在选择产业项目时，忽略了新项目的水土适应性、环境匹配性和内在生长性，脱离了乡村基础，忽视了乡村社会文化价值，盲目进行项目植入与推广，造成产业无法根植于乡村，缺乏内在稳定性。一味照搬相近地区成功的产业项目，导致区域内产业重复性建设，带来市场同质化的恶性竞争，扶贫形势不容乐观。

3.2.2　政绩工程驱动下无序的产业布局

河南省多数贫困乡村仍处于以种养业为主的小农经济阶段，农耕地是主要的生产空间，是乡村产业稳定发展的重要承载空间。不合理布局下产业空间的盲目扩张不仅会对生活、农业和生态空间造成倾轧（见图 6），还会造成新的贫困。河南省部分地区为了扶贫政绩盲目打造连片的“特色农林基地”，违背生物多样性，造成严重生态灾难；部分地区片面选择工业兴村的道路，在政绩工程驱动下利用大企业、大项目集群效应打造各类产业园区，以期带动乡村贫困人口就业及脱贫，但因其产业选择及空间布局不合理，导致扶贫不力、内在稳定性弱和空间被侵蚀等问题层出不穷。例如，河南省级贫困县内黄，作为传统农业县，其忽视自身产业基础和生长土壤，盲目打造陶瓷产业园，虽然带动了部分贫困人口就业，但是其无序的建设和布局不仅圈占了大量适合耕种的农地，还严重污染了地

下水，造成周围农田基本绝收，反而加剧了地方贫困。

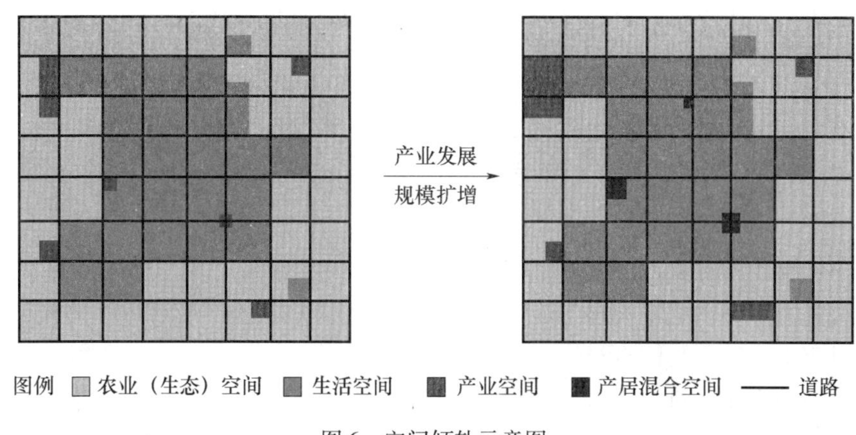

图6　空间倾轧示意图

资料来源：作者自绘

3.2.3　路径依赖影响下僵化的组织机制

目前河南乡村的产业扶贫多由政府主导，以自上而下的行政手段推动项目落地实施。以行政路径依赖为运作机制本无可厚非，但组织机制的僵化影响了产业扶贫的韧性发展，主要包括三个方面：①过度倚重资本优先和资源配置。产业扶贫项目太过依靠大户带动、龙头企业牵引，忽视贫困人口的主体诉求，使得贫困人口可能被扶贫项目边缘化，产业扶贫内在稳定性缺失；②缺乏参与机制和利益联结机制。过度依赖自上而下的行政指令落地，忽视自下而上以反馈为主的村庄公共平台建设，使得本就处于弱势的贫困户无法有效参与到产业扶贫的过程中，积极性受到打击。且行政指令下“一刀切”的项目安排难以融入当地的经济和社会系统，产业生命力和抗风险能力都大打折扣；③忽视产业管理机制和市场营销机制。产业扶贫对行政干预倚赖过甚，忽视技术、人才及现代管理运营机制等的建设，扶贫产业创新能力差、产品竞争力弱，在面对市场变化时缺少抗风险能力。

3.2.4　均等覆盖理念下失衡的设施配套

贫困乡村不仅经济落后，其基础设施和公共服务设施的配套也都处于区域配套的末端，设施配套的落后严重影响了乡村生产和生活。但目前若在贫困乡村平均化、全覆盖地植入设施配套项目，尚缺乏指向性和针对性。河南不少贫困乡村将专项扶贫资金用于低风险高政绩的基础设施全覆盖建设，忽视与产业长远发展息息相关的科技服务设施的配套，尤其是与农业发展有关的农业技术机构、农业合作发展社等配套设施。据统计数据显示，截止到2014年，河南省约4643个农民共享一个农业技术机构，近 541 个农民才配备 1 名专业农业技术人员，在条件更为恶劣的贫困乡村，科技服务缺口则更为严重。配套设施建设的刚柔失衡削弱了扶贫产业的发展韧性，阻碍了产业发展的活力延续。

4. 基于精准扶贫的河南乡村产业扶贫韧性化发展策略

与刚性的外源式产业扶贫不同，河南乡村韧性化产业扶贫在实施自上而下的扶贫措施的同时，更重视自下而上的以乡村价值为基础的产业可持续发展，即在扶贫过程中，结合贫困乡村产业基础和发展潜力的分析评价，通过外部适度的行政干预推动文化、科技、多元治理等内在要素与产业互融，采取三产融合、构建产业集聚区、引导能人回归和产科协作等多种措施，推进产业体系的精准构建、产业项目的精准选择、产业政策的精准落实和产业配套的精准实施，以此增强产业适应性、稳定性和发展韧性，延续产业活力，推动精准扶贫和乡村振兴（见图 7）。

4.1 双向统筹下产业体系的规划应对

产业扶贫韧性化发展需要通过自上而下的规划统筹、区域协作与自下而上的因地制宜、分类施策双向结合，推动产业体系的精准构建和优化转型，提升产业体系的适应性和内在稳定性。

4.1.1 区域协作，重点突出，产业体系优化转型

韧性化产业扶贫要在坚持大扶贫格局的前提下进行区域层面的统筹规划，重视区域内产业的协同发展，完善城乡产业体系链条，变产业的同质竞争为互补合作，增强其抗风险能力及发展韧性。

河南省近七成的贫困乡村集中在“三山一滩”地区，贫困乡村集中成片。对于连片贫困的地区来说，首先应通过行政手段打破区划限制，基于大扶贫理念结合自身资源特点编制跨区（县）域扶贫产业规划，促进区域间资源共享与分工协作，指导片区进行产业的选择、培育及发展。其次，搭建镇—村（村—村）联合发展平台，将政策要求与市场条件结合、行政体系和市场体系并行，形成中心（县）城区—城镇社区—重点村—中心村—特色村—基层村的扁平式特色网络化的城镇结构体系，以此推动多样化、特色化的城乡产业发展体系的构建（见图 8）。区域统筹、多方协作，最终形成区（县）域支柱产业—乡镇骨干项目—村社特色项目的产业体系结构。

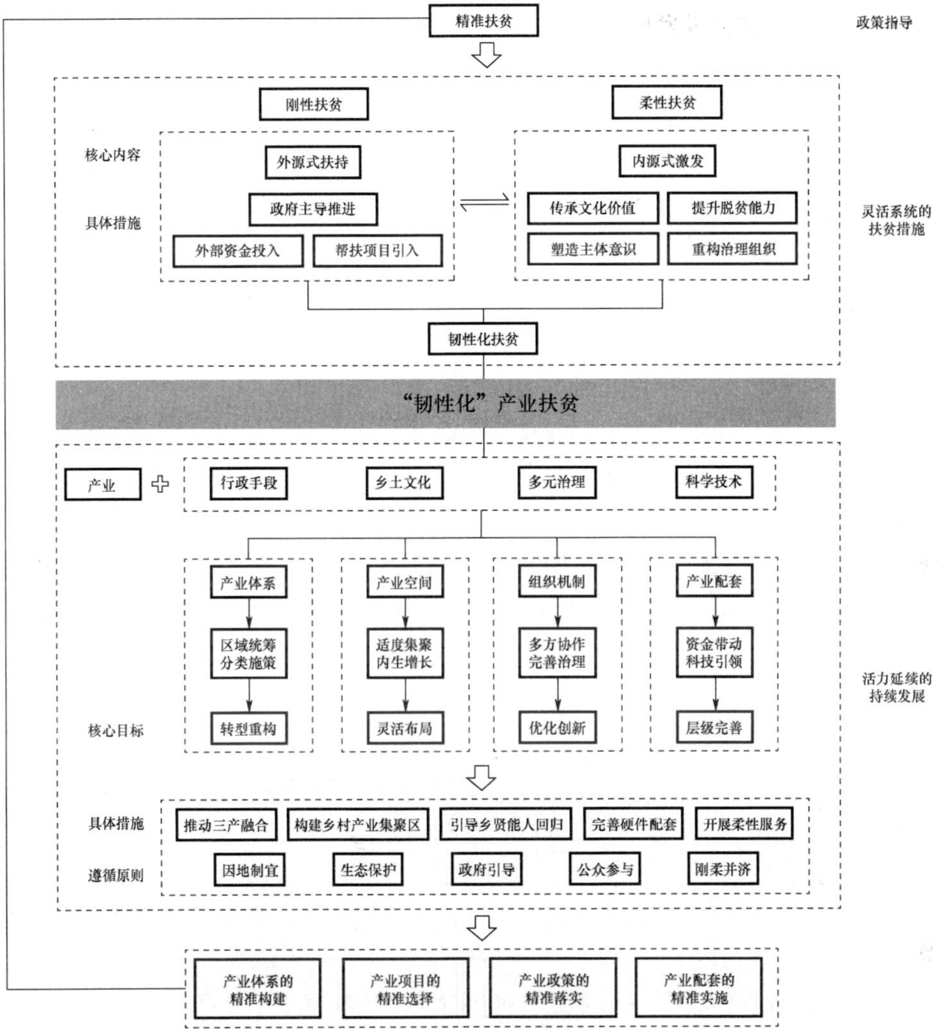

精准扶贫
政策指导
刚性扶贫
柔性扶贫
核心内容
外源式扶持
内源式激发
具体措施
政府主导推进
传承文化价值
提升脱贫能力
外部资金投入
帮扶项目引入
塑造主体意识
重构治理组织
灵活系统的扶贫措施
韧性化扶贫
“韧性化”产业扶贫
产业
行政手段
乡土文化
多元治理
科学技术
产业体系
产业空间
组织机制
产业配套
区域统筹分类施策
适度集聚内生增长
多方协作完善治理
资金带动科技引领
活力延续的持续发展
核心目标
转型重构
灵活布局
优化创新
层级完善
具体措施
推动三产融合
构建乡村产业集聚区
引导乡贤能人回归
完善硬件配套
开展柔性服务
遵循原则
因地制宜
生态保护
政府引导
公众参与
刚柔并济
产业体系的精准构建
产业项目的精准选择
产业政策的精准落实
产业配套的精准实施

图7　精准扶贫视域下产业扶贫韧性化发展的核心内容示意图

资料来源：作者自绘

乡村
城镇社区
重点村
城乡二元结构下割裂化的产业体系
跨区域共享下协作化的产业体系
扁平式网络化的城镇结构下多元化的产业体系
城乡统筹及区域联运下韧性化的产业体系
图例

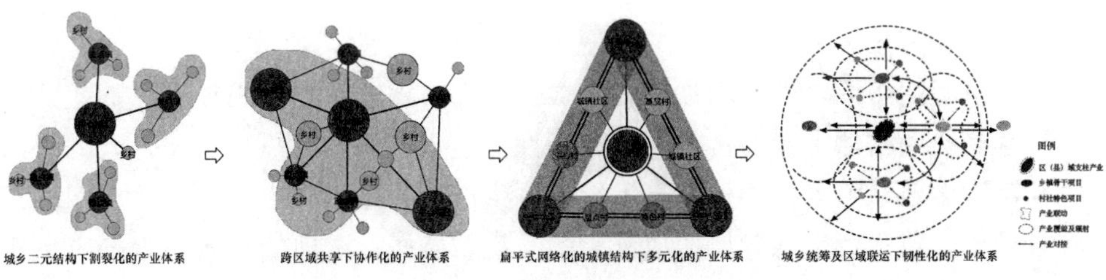

图8　城乡产业结构体系的优化完善示意图

4.1.2 分类施策，三产融合，产业发展路径明晰

区域统筹下贫困乡村的产业选择及规划应从乡村资源禀赋优势出发，整合现有产业，挖掘优势产业并分类施策、适度融合，激发乡村的内生动力，推动韧性化产业扶贫和乡村振兴。

河南省是传统农业大省，农业也是其多数贫困乡村的主导产业，但事实证明，单纯发展传统农业对乡村可持续脱贫作用有限，寻找优势、突破限制就显得极为重要。具体而言，①加速传统农业转型，打破贫困乡村的主导产业、主要产品单一化，用工业化的发展理念推进传统农业向现代化迈进。产业发展要横向整合农业生产要素，纵向延长农业产业链条，推进农业第六产业化，以融合发展助推乡村脱贫；②适度集聚发展。对现有工业的在地化发展进行评价，适度集聚根植性强的工业，形成工业集聚区（点），自身协作发展的同时辐射带动周边乡村。引导根植性弱的工业腾退转型，并可在此基础上建立“厂房式扶贫车间”和分散加工的居家式扶贫车间，激发贫困地区人口红利，适度发展配套涉农工业及手工业，推动“1+2”型产业融合，助推农业现代化；③挖掘乡村旅游。对于旅游优势明显且扶贫开发机会成本低的乡村，通过生态赋能将资源禀赋产业化，推动“1+3”型产业融合，并与涉农工业适度融合实现六次产业发展；④对生存条件极其恶劣，产业发展难以为继的地区实行易地搬迁，并通过产业集聚区（点）的合理规划建设，带动周边发展的同时吸引贫困人口适度地、渐进式地集中。

4.2 生态保护下产业空间的优化布局

乡村三生空间的平衡是产业扶贫韧性化发展的支柱。要实现乡村振兴，产业兴旺是重点，生态宜居是关键，产业与生态的有机结合能为乡风文明、治理有效、生活富裕提供重要支撑。因此，扶贫脱贫需要在坚守生态环保红线的前提下挖掘乡村文化价值，并将其融入乡村产业，以集聚促融合，以融合促发展，实现稳定长效的韧性化产业发展。

4.2.1 生态首位，渐进引导，产业空间适度集聚

坚持生态首位，淘汰落后污染产业，建设绿色产业集聚区（点），推动贫困乡村三生空间的协调平衡，增加产业扶贫的内在稳定性；区域内集聚点的链式发展，增强其产业抗冲击能力，提升产业韧性。

河南省多数贫困乡村的土地高度零碎，生产能力低下，生产、生活空间的混杂布局和无序蔓延对生态环境造成极大的干扰、破坏，土地的高效集聚既有利于保护生态环境又有利于形成良好的产业格局。产业空间适度集聚应从以下两个方面着手：①在不对自然地形地貌等做较大改变的前提下，使产业适度集中发展。

对乡村根植性强的产业点，部分优化原址，部分适度集聚形成产业集聚区（点），对根植性较弱的产业点推动其渐进式腾退转型，并引导向集聚区（点）集中发展（见图9），实现自然环境与人工空间的有机交融；②突破传统的乡村行政区划，创新土地流转方式，完善土地流转制度，提高土地利用强度和利用效率，探索村村联合下的跨乡村的产业集聚区（点）的建设。跨乡村的产业集聚区（点）既保有小农经济下分散作业模式的灵活性，又兼具现代产品流通体系的高效性，使产业扶贫极具韧性和内在稳定性。各集聚区（点）在乡村层面大集中、小分散，尊重乡村独特禀赋，错位选择主导产业，为区域产业发展链的形成奠定基础；在区域层面大分散，小集中，对接镇域或县域产业，形成区域产业链，提高自身辐射和带动作用（见图10）。

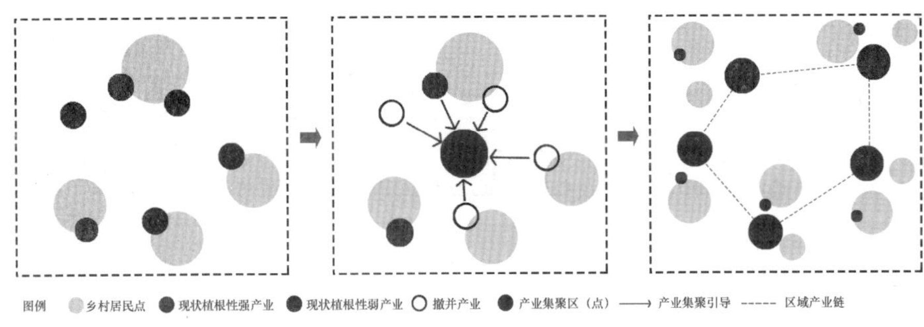

图9　乡村产业渐进集聚模式示意图

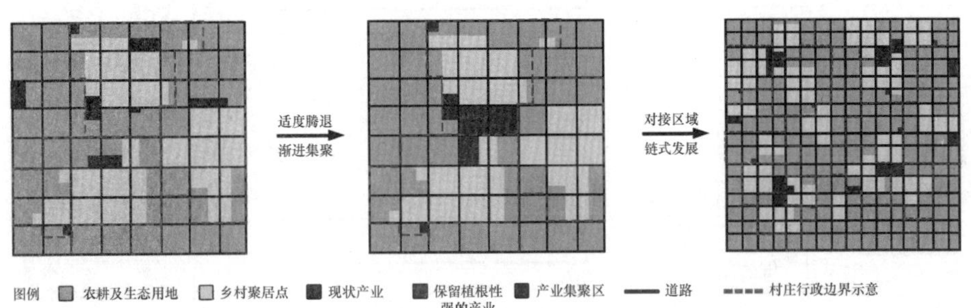

图10　产业空间渐进集聚过程示意图

资料来源：作者自绘

4.2.2　价值引导，文化推动，产业空间内生增长

产业空间适度集聚，为其内生增长和规模化经营提供了条件。贫困乡村大多闭塞，但也因此保留了乡村独有的传统生产、生活方式及生态智慧，以乡村的生产价值、生活价值、生态价值为引导，以传统文化及产品创新为推力，横向融合资源要素，纵向拓展产业类型，以此增加产品附加值，促进产业空间内生增长和

产业发展活力延续。

河南贫困乡村的小农经济源远流长，农耕乡土文化气息浓厚，在乡土文化推动下产业多元发展，各类产业在实现内生增长的同时更具有植根性和稳定性。具体措施包括：①结合乡村生态价值和生产价值发展生态农业，提质提量，形成农产品供给加工发展模式、手工产品加工发展模式，增强自身造血功能并为后续发展打好根基；②坚持以乡村文化为推动力，以生态农业为基，将乡土民俗、民间艺术等与农业多重功能属性的开发利用相结合，形成休闲农业游发展模式、乡村康养发展模式及创意产业发展模式；③发挥乡村比较优势，促进各优势产业的交叉及有机融合，通过乡村特色产业集群的打造，提升农业生产效益，带动产业空间的内生增长（见图 11）。

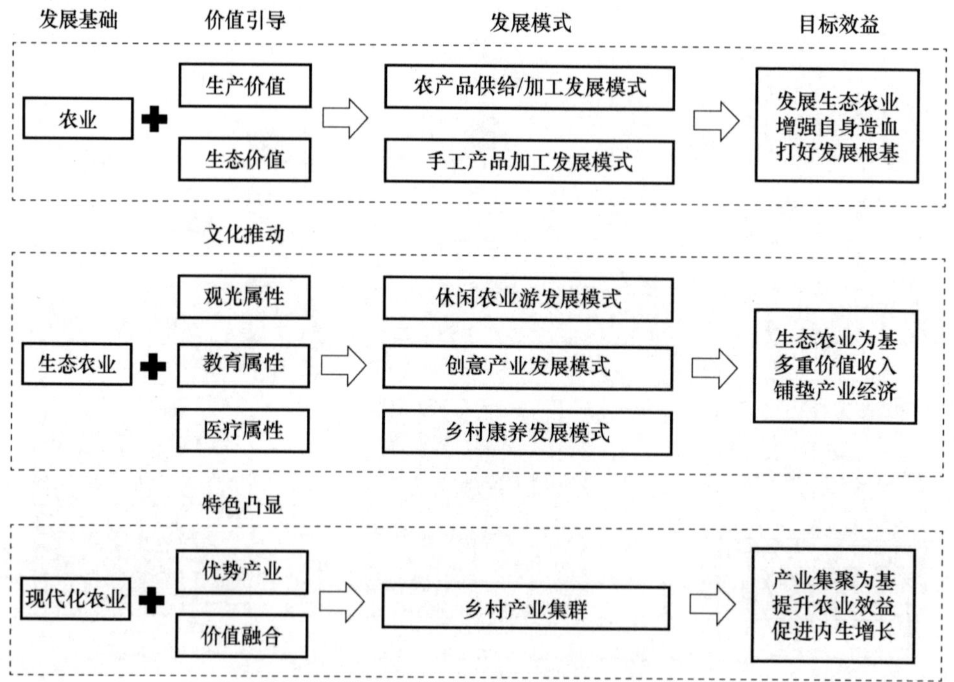

图 11　产业空间内生增长发展模式示意图

资料来源：作者自绘

4.3　协作治理下组织机制的优化创新

产业扶贫是一个动态的持续过程，包括地方政府、龙头企业、农村经济合作组织、贫困农户等多元参与主体。各主体之间的合理分权分工和建立有效的沟通交流机制是产业发展成功的保障。政府引导下的乡村自治能力的强化和产业管理运营的创新可以推进多方互动协商，为产业灵活运行和长效发展提供机制保障，推动韧性化产业扶贫的发展。

4.3.1　能人回归，多方参与，组织管理完善优化

人才是韧性化产业扶贫的关键。各类人才反哺乡村建设，参与乡村治理，有利于完善基层自治体系，推进乡村稳定可持续发展。

河南贫困乡村青壮年劳动力外流现象十分明显，人口的空心化也造成治理的空心化。但河南贫困乡村有传承久远的自我管理系统，从古至今，“能人”“乡贤”“宗族”等乡村各类精英与文化组织在乡村秩序维护中发挥着重要作用。在产业扶贫过程中，能人等作为中间人对外部政策和资金进行转化与利用，联系并带动乡村内部力量，提升产业扶贫内在动力及稳定性。因此，首先要通过政策资金支持、特色创新凸显和稳定平台建设等手段吸引能人，留住能人；其次推进能人与政府协作，在提升脱贫能力的同时利用土地效益的提升转变村民认知，进而通过经济的发展和在乡人员的家庭纽带关系吸引外出务工人员回乡，参与乡村产业建设。多措并举，构建灵活完善的组织管理结构，在遏制贫困乡村空心化的同时为产业集聚区（点）的建设提供保障。

4.3.2　政府引导，村民参与，双向互动协作治理

坚持村民主体，变政府单方引导为政民双向互动，提高村民话语权，将村民主体和公众参与贯穿产业扶贫始终。深入推进贫困村民与扶贫产业的有效链接，增强贫困村民对脱贫产业的认可。

村民的积极参与可以构成坚实的村庄基础，成为韧性化产业扶贫有效实现的内生动力和重要推力。因此，除了在乡村扶贫过程中提升贫困者的权力地位和扩大参与空间外，在乡村集聚区（点）的建设中更要重视与村民的沟通，即在现状调研过程中深入了解村民需求以进行精准的产业筛选，在方案编制时充分考虑村民意见并进行多环节的方案征询，在成果实施中提高村民对市场动向及治理结构的把握程度，使村民广泛地参与到项目实施、管理运营、收益分配等多个环节（见图12），推进产业脱贫工作的精准落实。

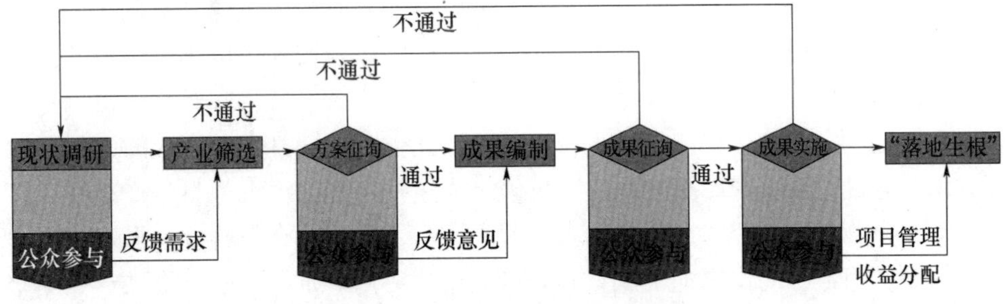

图12　公众参与产业扶贫全过程示意图

资料来源：作者自绘

4.4 刚柔并济下配套服务的层级完善

任何产业的长远发展都离不开优质设施配套的支撑，推动自上而下的资金支持和自下而上的动力激发、硬件基础设施和柔性科技服务相结合，刚柔并济下配套服务的完善有助于推动韧性化产业扶贫工作的长效开展。

4.4.1 资金带动，分类推进，硬件配套互联互通

产业扶贫韧性化发展下的设施配套既重视交通、通信等普惠民生的基础型产业设施的完善优化和互联互通，又强调遵循产业价值链演化规律，结合特色产业发展进行特殊设施的建设。

河南省的乡村产业多呈散点分布、独立运行，设施配套落后、生产能力低下等问题长期存在。将基础设施配套完善与产业集聚高效运作相协调，有助于地区生产力的提升和产业稳定发展。在产业集聚区（点）建设层面，首先要坚持资金带动，通过对道路交通、电力电信和给水排水等设施配套的完善，尤其是交通条件的改善，为集聚区（点）形成和发展奠定基础条件；其次要注重分类推进，根据集聚区（点）产业发展规划的实际需要对特色产业所需的相关设施进行配套建设，为其提供专业支撑；最后要立足于区域视角，加大贫困村与集聚区（点）及各集聚区（点）间各类基础设施的连接，实现乡（镇）、县（市）无缝对接，使贫困村在区域经济发展中获得强大支撑，推动集聚区（点）的链式发展。

4.4.2 科技引领，内在激发，柔性服务治穷治愚

产业的长远发展不仅需要完善的硬件配套设施支撑，还需要科技创新推动。科技引领下的技术引入、新技术开发和技术消化等柔性服务对产业扶贫至关重要。

针对当前河南省乡村科技服务设施配套不完善问题，扶贫工作者在扶贫过程中应将科技创新与产业扶贫相结合，在发展农业的同时引入成熟、适用、先进的科学技术，提高资源开发水平和劳动生产率；以农业为依托，应用物联网、云计算、大数据等现代信息技术，推进农产品上行和工业品下行，联系全国市场与本地精准匹配，拓展销售渠道，完善营销体系。此外，可通过专题座谈激发村民主体意识，通过宣传教育彰显乡土文化价值，通过技术培训提升人口生产技能，多措并举，充分增强贫困村民脱贫动力（见图 13）。产业治穷，科技治愚，二者协作将提高贫困地区的生产加工能力和人口的科学文化素质，有助于推动产业集聚区（点）的落地实施及产业可持续发展。

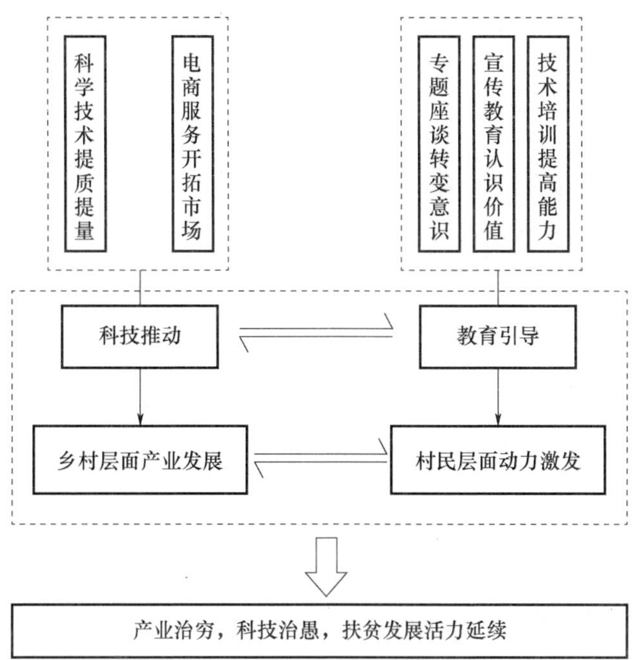

图 13　柔性服务体系示意图

资料来源：作者自绘

5. 结语

自上而下刚性的“靶向施治，对症下药”和自下而上柔性的“内在激发、自我生长”之间双向互动，紧密结合，推动了贫困乡村产业的韧性化发展，为可持续的精准扶贫和乡村振兴提供了理论指导和解析思路。但本研究目前注重对宏观层面乡村产业扶贫韧性化发展策略的研究，较少涉及单个村庄的产业扶贫措施。虽然宏观层面的产业扶贫策略可以为单个村庄的扶贫产业发展提供引导，但是具体到每个村庄，因其基础条件和价值禀赋的不同，韧性化发展策略也会有所差异。因此，在对河南省贫困乡村进行产业扶贫的实际操作中，扶贫工作者需要在此次研究的基础上，进一步与村庄自身情况相结合，以实现自身脱贫产业韧性发展，落实精准扶贫。

参考文献请见原文。

（撰稿人：王雨村，苏州科技大学，建筑与城市规划学院党委；李月月，苏州科技大学建筑与城市规划学院；潘斌，苏州科技大学城乡规划系）

旅游精准扶贫背景下的村庄“内涵式”再生规划策略

1. 引言

精准扶贫概念是我国长期的扶贫实践对理论的反馈提升，自 2013 年习近平总书记到湖南湘西考察时首次提出该概念后，其理论阐述和实施路径不断深化和完善。按照王思铁的界定，精准扶贫是指针对不同贫困区域环境、不同贫困农户状况，运用科学有效的程序对扶贫对象实施精确识别、精确帮扶、精确管理的治贫方式，是对我国 20 世纪 80 年代以来的低质、低效的粗放式扶贫体制机制的修补和完善。相较于粗放式扶贫，精准扶贫体现了更多的人本思想，首次提出了贫困人口的建档和识别，再根据各人情况不同因户施策，分类指导，强调了从“授人以鱼”到“授人以渔”的转变。

2018 年 9 月由中共中央、国务院印发的《乡村振兴战略规划（2018—2022 年）》对精准扶贫提出了“探索多渠道、多样化路径”的要求。当前的精准扶贫工作针对贫困地区的不同基础和特征，已经形成了旅游扶贫、产业扶贫、电子商务扶贫、对口帮扶、异地搬迁扶贫和生态保护扶贫等不同的模式，其中旅游精准扶贫因其注重挖掘优势，盘活产业，以市场经济的办法融资扶贫，并能够激活村庄的内生动力，推动村庄“内涵式”再生和自我良性发展，具有很大的适用面。

2. 旅游精准扶贫的概念辨析和现状特征

2.1 旅游精准扶贫的概念辨析

旅游精准扶贫是精准扶贫的重要分支，国内外学者对精准扶贫和旅游扶贫的概念剖析较深，阐述比较清晰，“旅游精准扶贫”概念则是在 2014 年 8 月国务院出台的《关于促进旅游产业改革的若干意见》中被首次完整提出，针对“大力发展乡村旅游”明确要求“加强乡村旅游精准扶贫，扎实推进乡村旅游富民工程，带动贫困地区脱贫致富”。其后，国务院和各部委相继出台了一系列政策和文件（见表1），进一步明确了旅游精准扶贫模式的高效性和可持续性。

表1　近年围绕旅游精准扶贫的相关扶持政策和文件一览表

主导机构	发布时间	文件名称	相关思想和内容
国务院	2015年1月	《国务院关于促进旅游业改革发展的若干意见》	大力发展乡村旅游，加强乡村旅游精准扶贫
国务院	2015年8月	《关于进一步促进旅游投资和消费的若干意见》	实施乡村旅游提升计划，大力推进乡村旅游扶贫
国家发展改革委等7部门	2016年3月	《关于金融助推脱贫攻坚的实施意见》	精准对接特色产业、重点项目和重点地区等领域金融服务需求
国家旅游局、国家发展改革委等12部门	2016年9月	《乡村旅游扶贫工程行动方案》	确定了乡村旅游扶贫工程的五大任务和提出了将实施乡村旅游扶贫八大行动
国务院	2016年12月	《“十三五”脱贫攻坚规划》	在产业发展脱贫的规划中提出旅游扶贫的详细措施
国家发展改革委、国家旅游局	2016年12月	关于实施《旅游休闲重大工程》的通知	积极推动乡村旅游和旅游扶贫，开展“三改一整”重点建设项目
国家财政部、农业部	2017年5月	关于《深入推进农业领域政府和社会资本合作》的实施意见	将农业田园综合体作为聚焦重点，推进农业领域PPP工作
农业部办公厅	2017年5月	《关于推动落实休闲农业和乡村旅游发展政策的通知》	促进引导休闲农业和乡村旅游持续健康发展，加快培育农业农村经济发展新动能
国家发展改革委	2017年7月	关于印发《促进乡村旅游发展提质升级行动方案(2017年)》的通知	全面提升乡村旅游发展质量和服务水平，推动乡村旅游发展
国家旅游局	2018年3月	《关于进一步做好当前旅游扶贫工作的通知》	全面推进贫困地区旅游产业发展，有效带动贫困人口脱贫增收

2.1.1　精准扶贫与旅游精准扶贫

旅游精准扶贫是精准扶贫与乡村旅游的再融合，也是精准扶贫理念在传统旅游领域的具体实践。旅游精准扶贫是产业扶贫比较有代表性的一种形式，相较于对口帮扶、异地搬迁扶贫和生态保护扶贫等形式，更强调提升贫困人口以及贫困地区自身能力，是一种“造血式”的扶贫；区别于电子商务扶贫等形式，更强调识别贫困人口及贫困地区的个人特点和资源禀赋，是一种“针对性”的扶贫。

2.1.2 旅游精准扶贫与传统旅游扶贫

旅游扶贫在全球范围内为消除贫困问题做出了巨大贡献，英国国家发展局提出的扶贫旅游（PPT）战略旨在通过促进旅游的发展帮扶贫困人口脱贫，世界旅游组织提出的贫困地区旅游可持续发展战略模式（ST－EP）将扶贫作为旅游业发展的目标，我国旅游市场在经历快速发展逐渐成熟后，旅游扶贫也成为了农村地区扶贫脱贫的重要手段。

从传统旅游扶贫升华为旅游精准扶贫代表着扶贫思维的转变，传统旅游扶贫是一种“以面带点”的扶贫思维模式，关注点在区域旅游发展条件以及提升贫困地区经济发展水平；旅游精准扶贫则是“由点及面”的扶贫思维模式，关注点在精准识别需帮扶对象，提高旅游扶贫的指向性和针对性，并帮助贫困人口脱贫致富，避免出现“本末倒置”的问题。

2.2 旅游精准扶贫的现状特征

2.2.1 阶段性特征

旅游精准扶贫是一个动态扶贫的过程，贫困人口向旅游产业系统的融入呈现出渐变式的特征，扶贫过程中各要素的表征、诉求以及相互联系会随着阶段推进而产生变化。旅游精准扶贫的阶段性体现在两个方面，一是扶贫人口的扩大化，在旅游精准扶贫初期，更多表现为个体指向性，受益覆盖人群主要为建档立卡的贫困人口，产业参与也较为低级。随着扶贫进入深水区，贫困地区的旅游发展环境发生变化，受益覆盖面不断扩大，更多表现为区域指向性，除了重点帮扶贫困人口，并不排斥非贫困人口获益。二是贫困人口的更替性，部分精准扶贫对象随着生活水平和自身能力的提升，会逐步脱离贫困的范畴，非贫困人口也可能因不可预期的原因成为新的帮扶对象。

2.2.2 非普适性特征

旅游精准扶贫本身是基于开发的开放型扶贫方式，具备一定的门槛和适用性条件。首先，旅游精准扶贫无法通过行政命令在所有贫困地区全面铺开，对帮扶地区的选择需要基于旅游资源和旅游市场两个方面考量，判断是否具备旅游开发条件和发展优势，强调因地制宜、特色挖掘；其次，对帮扶对象需要考虑其身体与技能条件有所选择，不能将贫困人口随意地安插到各类就业岗位上，而对于部分没有能力或意愿提供旅游产品或服务的贫困人口需要提出其他有效帮扶措施。

2.2.3　市场主导性特征

旅游精准扶贫涉及的利益主体包括贫困人口（村民）、政府、企业、旅客和非政府组织。其中，贫困人口（村民）是精准扶贫工作的核心要素，同时也是主要受益群体和受影响群体；政府是精准扶贫工作的直接发起者和推动者，主要表现在从上而下的政策传导和实施推进；企业是最具活力的旅游市场执行主体，主要为贫困人口和村民提供更好的就业机会，并为贫困地区发展提供技术与资金支持；旅客是旅游产品的直接消费群体和市场的重要推动力；非政府组织能够提供旅游精准扶贫所需的专业人才、知识和技能。在精准扶贫的不同模式，甚至旅游精准扶贫的不同开发类型之下，各利益主体扮演着轻重不同的角色，主体作用和效力也会有所异同，旅游精准扶贫的可持续发展是以产业的健康运行为前提的，由此决定了企业的决定性作用，而政府则应遵循有限主导、有所侧重的原则。处理好各利益主体之间的关系，能更好地释放旅游业的带动作用，从而构建“五位一体，协同推进”的格局，提高旅游精准扶贫开发合力。

2.2.4　内生性特征

从传统扶贫到旅游精准扶贫是一个从“粗放”走向“内涵”的过程。对贫困人口，从简单粗暴的经济资助走向关注其自我觉醒、生存和提升。让民众在思想上有所觉醒，积极参与村庄事务的决策，树立参与市场和自力更生的意识，通过教育培训提升生产和服务技能，形成可持续发展能力，从而实现就业和创业。对贫困地区，从政策层面的“扣帽子”走向关注其潜力挖掘、资源整合和内涵再生。

3. 旅游精准扶贫背景下村庄规划与发展需求的偏差

3.1　城镇规划思维，无法匹配村庄发展实际需求

2008 年颁布的《中华人民共和国城乡规划法》首次将村庄规划列入法定规划体系，相较于此前《村镇规划编制办法》，村庄规划的法定地位大幅提升，村庄规划在法律层面实现了与城市规划的统一，但是仍然无法摆脱以城镇为出发点的规划思维。在实际的规划编制过程中，自上而下的规划模式使得村庄本身处于被动接受的地位，无法深入全面地考虑其自身的发展条件和主观意愿；将村庄作

为城镇发展附属空间的规划思维，使村庄规划最终反映的仍然是城镇的发展需求；村庄公共服务设施和市政公用设施配套标准的缺失，以及粗放式理解城乡设施均等化的规划方法，让村庄规划不具备良性复制推广的条件。

3.2 囿于行政区划，缺乏区域资源的统筹和整合

我国农村地区往往呈现村域幅员辽阔，村湾零散布局的格局，规划一般针对单个村庄按照村域和村湾两个层面开展规划编制。而旅游资源本身并没有界限，富有吸引力的特色旅游资源经常跨越多个村庄、乡镇乃至更大范围，以单个村庄为单位开展规划编制无法发挥旅游资源的整体优势。

3.3 政府管理导向，造成产业项目运营的不可持续

村庄规划由乡、镇人民政府组织编制，受制于地方政府的重视程度和经费投入，规划深度往往有所欠缺，其作用也限于满足上级政府管理的基本需要。旅游精准扶贫具有市场主导性特征，其产业策划、功能布局和近远期安排等需要结合企业战略布局、地方资源特色和市场产品需求进行综合考量，旅游精准扶贫规划的编制应统筹好规划、建设和管理的关系，在政府管理需求基础上，充分考虑市场主体的诉求，以激发市场资源配置的优越性。

3.4 重外扩轻内涵，村庄既有空间和内生动力挖掘不足

从旅游发展的固有逻辑来看，旅游消费是依托空间转换带来的新体验形成的，旅游经济的发展会受到村庄扩展空间不足的掣肘，从多年来村庄规划调研的实际情况来看，增加建设用地规模一直都是村民的首要需求。土地利用规划对建设用地指标实行刚性管控，并以量的约束和图斑的空间约束进行双重管控，在此约束条件下，经济发展较快的沿海地区村庄出现大量的违章建设，而以武汉为代表的中部地区通常对部分村庄进行迁村并点以实现其他村镇的集中布局。

在生态优先、绿色发展的大背景下，依托于建设用地进行外延式发展显然不是科学的村庄规划模式，这也倒逼我们去反思，通过挖掘村庄既有空间和内生动力去寻找村庄“内涵式”发展的新路径，积极地推动旅游空间形态变化。

4. 旅游精准扶贫背景下的村庄“内涵式”再生策略

旅游精准扶贫背景下的村庄“内涵式”再生模式示意图如图 1 所示。

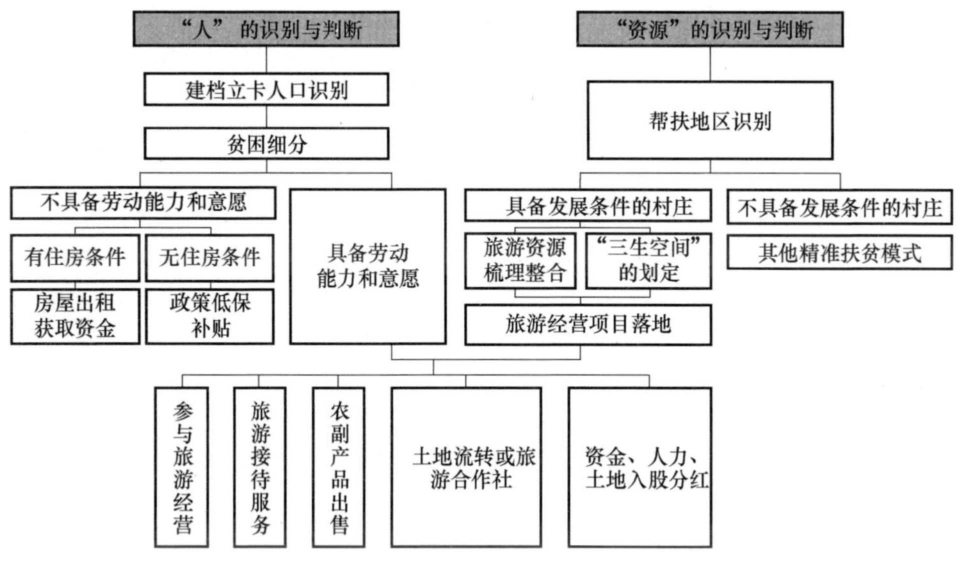

图1　旅游精准扶贫背景下的村庄“内涵式”再生模式示意图

4.1　人口识别与贫困细分

科学的旅游精准扶贫观念应随着扶贫阶段的变化，不断甄别和确定帮扶对象以及其所处的状态，在产业策划中布局更具针对性的就业机会，从而达到精准扶贫精准脱贫的目标。一是基于贫困人口建档立卡资料，精准识别初期帮扶对象，并按其致贫原因进行分类。二是依托驻村工作队，实时更新贫困人口生存状况和技能，动态调整重点帮扶对象，以便因户施策。三是着眼未来，在贫困人口整体脱贫后的“奔小康”阶段，对脱贫人口适当倾斜避免返贫的同时，将全体村民的就业创业纳入整体考量。

4.2　资源评价与价值整合

针对村庄、农田、河塘及树丛等乡村要素以及特色优势资源进行评价，深入发掘其空间、产业、文化、景观等多元价值，并结合旅游活动的需要对各类价值进行遴选，寻找两者契合点，以开发适宜而多样化的旅游产品并进行空间匹配。在此基础上适当扩大规划研究范围至乡镇或区县层面，对区域资源进行统筹和整合，形成区域联动的规模经济，以便打造具有竞争力的旅游品牌，创造更多优质的就业创业岗位，惠及更多贫困人口。

4.3　规模管控与空间划定

规模管控的本质是用地效益的提升以及乡村价值的重塑，通过对村庄各类用地空间的优化提升、合理划定来实现发展模式的转型。规模管控以土地利用规划的整体指标管控以及生态底线的严格落实为基础，充分考虑稀有旅游资源可能涉及的相关保护和管控要求，同时结合地方法规条例，合理划定生态、生产和生活空间。

4.4 项目策划与活动创造

旅游项目的策划必须依托社会潮流中对旅游活动的多元化需求，结合村庄原生的资源进行合理安排，从而将乡村游从一次性消费转变为针对定向人群的多次消费。规划首先需要客观分析市场，确定村庄的潜在客群，并根据客群需求有选择地突出特色、特殊和特质，形成差异化旅游项目，并合理确定项目的规模、空间及组合构成，同时还需要在明晰相关利益主体权责的基础上，构建近远期项目库。

4.5 空间流动与精准投入

在生态优先原则和土地利用指标整体管控的背景下，利用好国家关于“鼓励承包农户依法采取转包、出租、互换、转让及入股等方式流转承包地”，以及“探索农村集体组织以出租、合作等方式，盘活利用空闲农房及宅基地”的政策，活化既有农田和民宅空间，通过土地的流转和闲置房屋的租赁，挖掘村庄既有空间和内生动力。

此外，还需结合帮扶对象的劳动力状态、个人技能特长、所有房屋使用状况，对接具体产业项目，引导贫困人口充分参与旅游经营，部分贫困户成为公司员工，参与现代农业生产、旅游服务、手工业和民间艺术表演，部分开办农家乐、民宿、出租物业等获取收益，如表 2 所示。

表 2　贫困人口参与旅游经营的多种方式

劳动力情况	有住房条件的	有个人特长的	无住房条件或无特长的
有劳动力	可经营农家乐收益	可经营旅游商品收益	可加入合作社收益
无劳动力	出租房屋获得资金	可参与旅游服务收入	政策低保补贴

5. 武汉市七壕村“内涵式”再生实践

七壕村位于武汉市蔡甸区西南部，江汉平原东部，占地总面积约 7.18km^2，集体建设用地面积约 7.94hm^2，共 223 户 686 人。村庄水资源丰富，西北部紧邻“国际重要湿地”——沉湖湿地自然保护区，东南部紧邻汉江支流通顺河。作为典型的江汉平原“鱼米之乡”，七壕村以玉米、黄豆、油菜等为主的农作物种植，以青鱼、草鱼、鲢鱼等为主的水产养殖均有较好的基础。近年来村庄积极转型，引入了桃树、枣树和柿子树等果树种植，但仍然存在农业生产方式落后、特色资源挖潜不够、旅游模式低端化、基础设施建设落后以及企业带动不足等问题。

规划依据七壕村建档立卡数据，对七壕村贫困户和致贫原因进行动态追踪，最终精准识别帮扶贫困户 45 户 100 人，占总户数的 20.2%，并按照致贫原因进行细分，明确大病致贫为主因，共 36 户家庭 77 人；残疾致贫为次因，共 5 户家庭 12 人；因就学导致家庭无法负担的家庭共 4 户 11 人。在此基础上，以七壕村整体“内涵式”提升为导向，在“大沉湖”生态旅游圈框架下对七壕村及周边区域开展资源评价与价值整合，按照严格的生态管控与空间划定，进行合理可持续开发的项目策划与活动创造，并充分发挥流动性空间的积极作用，针对贫困人口和贫困地区进行精准投入与建设，将七壕村打造成“生态、宜居、宜业、宜游”湿地生态旅游区。

5.1　梳理旅游资源，识别核心价值，整合构建大沉湖生态旅游圈

5.1.1　旅游资源构成和核心价值识别

结合旅游资源分布状况，将其旅游资源分为水域风光、生物景观、遗址遗迹、建筑与设施、旅游商品 5 大类型，如表 3 所示。其中，以沉湖为代表的湿地景观资源和依托沉湖湿地衍生形成的珍稀水禽资源，未来可作为候鸟及湿地科普教育基地，也可满足游客旅游踏青、摄影留念、亲子体验等活动需求；以东荆河为代表的河流景观和依托河流孕育的精耕细作劳动方式，能够生动地再现中国传统农业生产景象。以上两项构成七壕村旅游资源的核心价值。

表 3　七壕村旅游资源构成

主要类型	主要内容
水域风光	东荆河大湾、东荆河七壕段、沉湖湿地
生物景观	桃树林、枣树林、栾树林、意杨林、沉湖芦苇荡、荷花、沉湖渔场
遗址遗迹	七壕村水塔
建筑与设施	沉湖候鸟保护站、沉湖观鸟长廊、沉湖观鸟站、沉湖景观栈道、七壕村村委会广场、瓜菜大棚、藕塘、鱼塘、农田
旅游商品	莲藕汤、红烧鱼、炸小虾、烤红薯、野鸭烹菱角、炒莲子等菜品饮食；鸡、鸭、鹅、桃、冬枣等农林畜产品及制品；鱼、甲鱼、泥鳅等水产品及制品

5.1.2 区域资源整合与旅游产业集群化

规划在七壕村所处的蔡甸区全域旅游基础上，统筹沉湖周边 5 个旅游资源优势村庄，围绕沉湖湿地自然保护核心区，形成环沉湖生态旅游产业带，并构建七壕湿地生态旅游区、港洲民俗文化展示区、洪南油菜花海观赏区、挖沟现代农业观光区、王家涉芦苇花海体验区等五大功能区，同时结合渔樵村和七壕村打造东西两处生态旅游服务中心，共同打造“大沉湖”生态旅游圈，发挥区域联动优势，如图 2 所示。

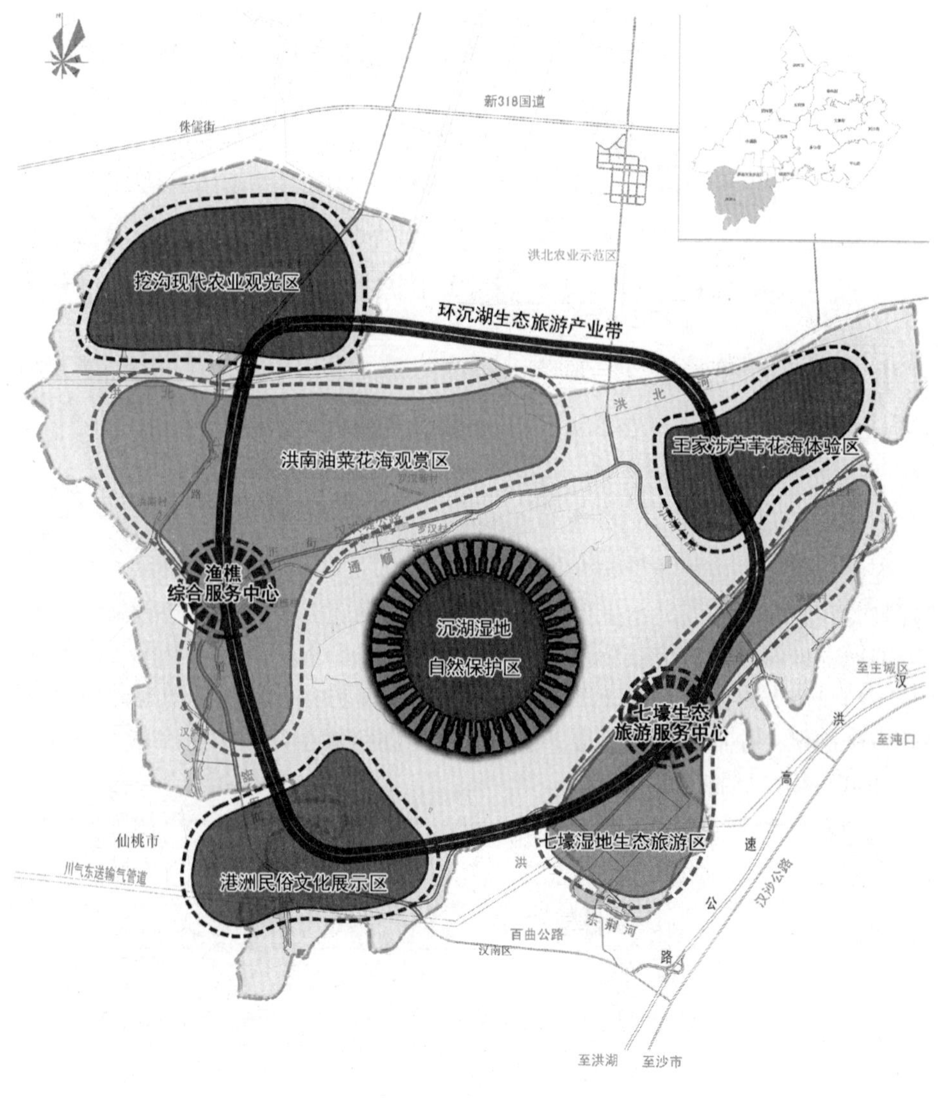

图 2　七壕村区域旅游资源整合结构

5.2　严格生态管控，开展多规衔接，明确“内涵式”再生的约束条件

充分对接土地利用规划、生态框架保护规划以及自然保护区总体规划等相关规划，针对农林用地和村集体建设用地分类提出严格管控要求。

在农林用地方面，考虑到沉湖作为“国际重要湿地”不具有可进入性，规划按照“核心区、缓冲区、实验区”进行圈层式分级管控。对核心区采取封闭式管理，严格保护，减少人为活动的干扰。对缓冲区采用半封闭式管理，使核心区免受干扰和破坏，同时开展必要的基础设施建设，满足保护、科研、宣教、观测及社区共管等工作的需要。对实验区内的湿地资源可以合理利用，开展科学试验、生产经营和生态旅游活动。在村集体建设用地方面，武汉市全域生态框架保护规划对“生态底线区内”农村居民点规划的控制要求，遵循用地规模不增加、建筑总量有控制的原则，严格控制绿地率、清洁能源使用率、污水处理率以及建筑的高度、风格和色彩，注重与周边自然景观相协调。同时结合土地利用规划对村集体建设用地的指标控制要求，合理划定生态、生活、生产空间。

5.3　基于多元主体，落地旅游产品，打造“内涵式”再生的实施载体

5.3.1　依托核心价值，构建特色化而可持续的旅游产业体系

基于七壕村各类旅游资源的吸引力指数，结合历年游客构成特征，将客群旅游类型分为4种，即以休闲度假为主题的家庭亲子游、以鸟类科普和户外摄影为主题的科普摄影游、以同事朋友聚会和拓展为主题的团队综合游、以婚恋为主题的情侣浪漫游，如图3所示。针对不同客群的需求，规划按照“旅游+农业”“旅游+文化”两种不同的思路，塑造多种不同活动空间，为村庄的“内涵式”再生和可持续发展打造实施载体。

规划在“大沉湖”生态旅游圈框架下，贯穿“自然—生产—休闲—康乐—教育”，形成旅游度假和观光农业为主导，科普教育、农业体验和户外运动为辅助的特色产业体系。同时为满足四季可玩可赏的要求，突出七壕村的湿地、候鸟、花和乡村游四大主题，提出了“春赏桃花”“夏观荷”“秋游芦花”“冬探鸟”的分时旅游模式，如图4所示，最终形成“鸟渔花乡，四季徜徉”的村庄旅游意向。

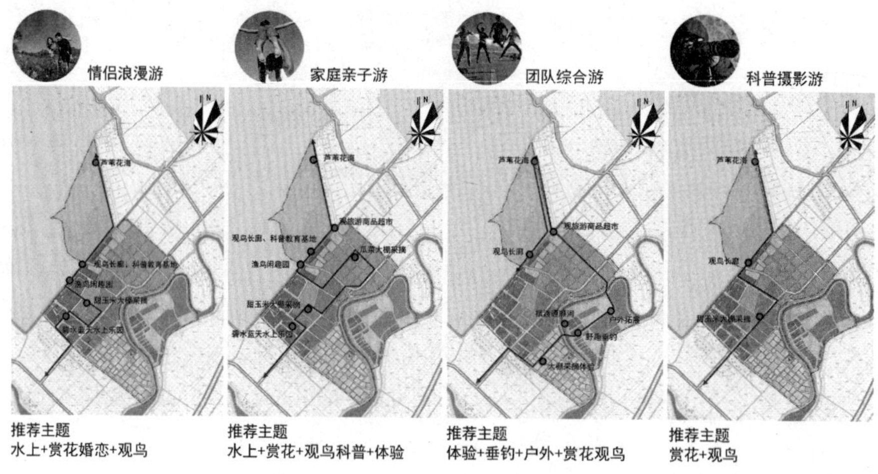

图 3　分类旅游线路策划

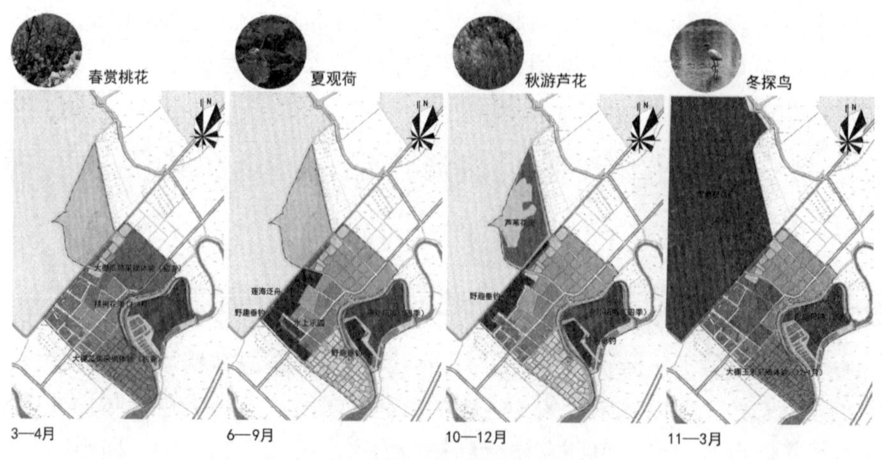

图 4　分时旅游线路策划

5.3.2　市场与政府各有侧重，分期分类设置旅游运营项目

七壕村基本明确了“政府带动、企业发力、村民共建”的运营模式，共同参与旅游运营项目的建设。其中政府的核心介入阶段在前期，主要负责公厕、污水处理设施、垃圾收集设施、村庄道路等具有公益属性设施类项目的建设以及初步的立面整治和环境提升；中后期对企业的引入采用“运营 + 推广”的思路，一家企业以农业观光体验和现代农业生产等综合性农旅项目的打造，以及餐饮、酒店、商业、民宿等市场属性项目的运营和改造为主，一家企业以产品销售和品牌推广为主；村民则以农田和宅基地等资产的形式参与项目建设。

在分析多元投资主体的基础上，规划结合七壕村的实际发展诉求，在项目中明确了涵盖农业体验、花鸟观赏、农家乐、民宿、旅游商店、水上游乐等多种形式共20余个经营性项目，如图5所示，明确了涵盖市民广场、卫生室、公厕、污水处理站、垃圾箱、堤防、村庄道路等在内的十余项公益性工程项目。

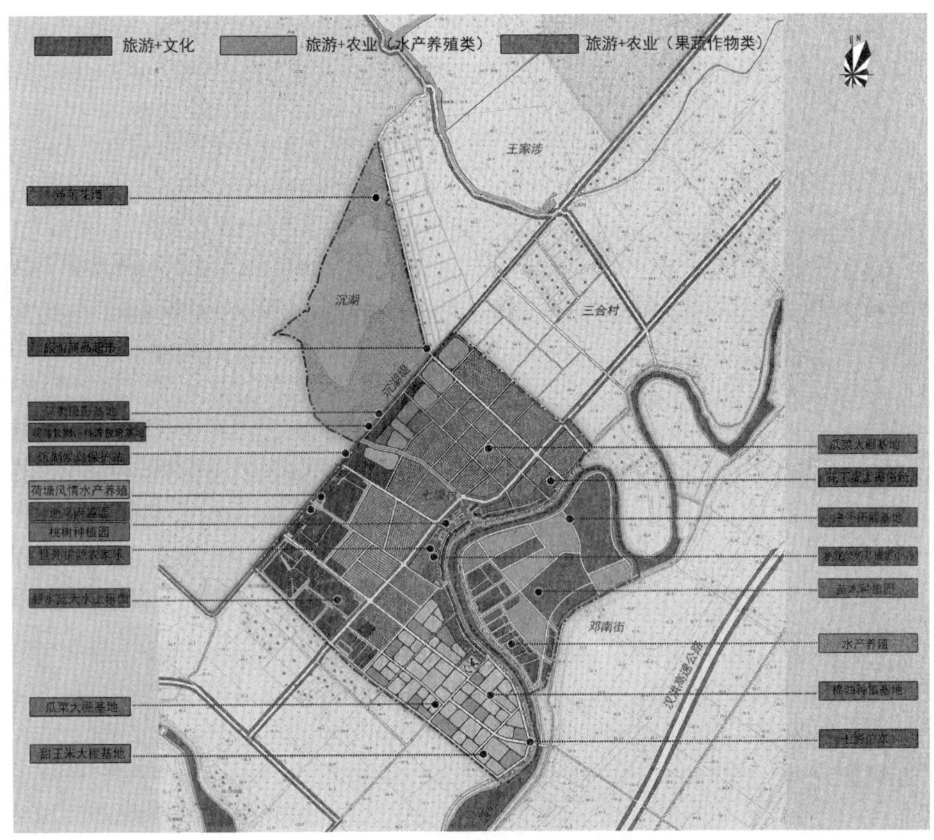

图5　经营性旅游项目策划示意图

5.4　优先贫困人口，盘活流动空间，以点带面推动村庄再生

七壕村的精准扶贫工作分为两个阶段，其中2017年前为“脱贫”阶段，2017年后为“奔小康”阶段。在脱贫阶段，对贫困人口进行动态识别和调整，由最初的29户77人最终确定为45户100人，并有针对性地分别提出就业创业措施，一是直接从事乡村旅游经营增加收入，二是在乡村旅游经营中参与接待服务获得报酬，三是通过发展乡村旅游出售自家的农副土特产品获得收益，四是通过参加乡村旅游合作社和土地流转获取租金，五是通过资金、人力、土地参与乡村旅游经营获取入股分红。2017年底，旅游精准扶贫助力45户贫困户全部脱贫出列。在奔小康阶段，对于已经脱贫的贫困户按照成功的经验继续执行，对于有意愿提高生活、进一步改善生活的情况，可根据自身特点选择以房屋、宅基地、

土地承包使用权、技术等形式，按照“景区＋农户”“景区＋协会＋农户”“协会＋农户”“以大带小”、独立经营等不同方案，继续投入旅游开发。

6. 结语

以“内涵式”再生为导向的村庄规划符合当前城乡规划发展趋势，旅游精准扶贫则提供了村庄“内涵式”再生所需的政策和动力保障，在规划和政策双重动力助推下，通过帮扶贫困人口继而惠及全体村民，带动村庄再生。在此过程中，城乡规划在统筹生产、生活与生态，统筹空间、规模与产业等方面有着很大的发挥空间，这也对城乡规划工作提出了更多的要求。武汉市针对旅游精准扶贫规划做了很多有益的探索，而对于规划编制的动态式跟踪反馈，以及“宏观—中观—微观”规划编制体系的完善，将是未来更需要关注的重点。

参考文献请见原文。

（撰稿人：杨正光，武汉市规划研究院；王智勇，华中科技大学建筑与城市规划学院；张毅，武汉市规划研究院）

面向村民自治的精准扶贫规划机制与引导模式

1. 引言

贫困问题是我国“十三五”时期全面建成小康社会进程中需要解决的重大现实问题。2013 年 11 月，习近平总书记到湖南湘西考察时首次提出了“精准扶贫”这一概念。在 2015 年减贫与发展高层论坛的主旨演讲中，习近平总书记将精准扶贫作为中国扶贫的基本方略。精准扶贫成为指导中国农村扶贫的基本方针，学界和业界开始探索精准扶贫的规划理论与实践。

由于农村的自组织特性，村民自治组织作为贫困地区最基本的组成单元，以村民的视角进行扶贫规划，能够更加贴近村民生活、了解村民情况、精确把握农村发展的人地关系，将农村的发展与村民紧密结合起来。由此，这种村民的自治组织成为扶贫规划的良好载体。然而，在传统由政府主导的自上而下的扶贫规划中，规划师作为技术人员参与规划，缺少沟通协调式的实施过程。同时，村民受制于知情途径和规划知识而被动参与扶贫规划。因此，在精准扶贫的基层实践过程中，出现了村民自治组织能力和权利不足等问题，严重影响了村民自治在精准扶贫过程中的组织成果。如何高效地把握扶贫规划的精准性，协调政府、基层自治组织与村民之间的相互作用关系，增强村民的主动性，强化村民作为受益主体的身份，成为精准扶贫规划的难点。基于此，笔者从村民自治的角度出发，探求以村民为主体地位、面向村民自治的扶贫规划机制和引导模式，以期为我国的精准扶贫规划提供有效的参考建议，丰富我国精准扶贫规划的理论研究。

2. 背景解析：精准扶贫、村民自治与城乡规划

扶贫规划是解决民生问题、打赢扶贫攻坚战的基本保证，涉及生态环境建设、基础设施服务保障、产业升级利用和科学的监督管理等内容。改革开放以

来，中国的扶贫规划取得了很大的突破，扶贫规划的思路、主体以及各扶贫主体的权力也在不断调整，城乡规划和规划师在其中的地位和作用发生了转变。

2.1 国家扶贫思路发生转变

改革开放以来，中国经历了长达 40 年的扶贫规划历程。从 1978 年底中央工作会议和中共十一届三中全会提出“让一部分人、一部分地区先富裕起来，最终达到共同富裕”的共同富裕宣言，到党的“十八大”以来，精准扶贫、精准脱贫成为扶贫开发的基本方略，我国的扶贫规划思路经历了从区域扶贫向精准扶贫的转变。现阶段剩余的贫困人口呈现出分散布局的特点，这些贫困人口没有从以往的区域扶贫规划中获得与其他人一样的利益，使得初期以贫困区域为单元进行的扶贫规划难以覆盖全部贫困人口，难以实现 2020 年所有贫困人口全部脱贫的目标。相关学者也指出，在没有精确地瞄准贫困户的情况下，区域扶贫开发会加剧贫困区域内富人收益多、穷人收益少的不平等现象，加剧收入的差距。从区域扶贫转向精准扶贫，瞄准真正贫困的个体进行有针对性的扶贫规划成为现阶段扶贫攻坚与规划统筹的必然选择。在此背景下，针对贫困户个体，习近平总书记提出了“扶贫先扶志”“扶贫必扶智”的扶贫新论断，致力于改“输血”为“造血”，培养贫困村民的自主自治能力，发挥村民在扶贫规划中的主体力量，形成永续的发展模式。

2.2 村民自治在精准扶贫规划中的深化探索

不同于城市，农村社会是一种基于熟人关系的社会结构，其治理方式、生产生活、文化教育等方面都与城镇有着很大的不同。农村规划更应该以村民为主体，鼓励村民的参与。而农村自治组织作为其中最基层的组织，是村民参与规划、表达意愿的最直接途径。2017 年党的“十九大”提出，要加强农村的基础工作，健全自治、法治、德治相结合的乡村治理体系。村民自治成为基层民众在进行有效治理过程中探索出来的最有效模式。精准扶贫规划是在乡村治理基础上进行的更加精细、更加有针对性的规划方式。需要深入贫困户的内部，了解和掌控贫困个体、家庭的基本情况，精准把握贫困原因和贫困对象，以期做到扶持的精和准。可以看出，在这个过程中，村民的参与至关重要，村民自治作为一种以村民为主体的治理方式，能够立足于村民生活，发现问题并寻求原因，成为精准扶贫规划发展的内生动力。在此背景下，村民自治组织应从“选人”功能转变为“议事”功能，充分发挥村民内在的主动力量，使精准扶贫规划更有效地进行。

然而，由于村民在文化教育与专业领域上的差异，往往会导致村民对于精准扶贫规划的认识不足，出现了自治组织扶贫动力和规划能力不足等问题，不能有效实施精准扶贫规划。换句话说，村民的态度和能力决定了村民自治的质量。城乡规划如何面向村民自治，引导精准扶贫规划，提升自治组织的内在能力，实现精准扶贫规划，成为扶贫攻坚规划的重要议题。

2.3　城乡规划在村民自治规划中的特点转变

面对扶贫攻坚的重大任务，城乡规划作为综合指导地区建设的公共政策，应充分发挥其对贫困地区建设的引领作用，根据实际情况做出相应的转变。首先，在精准扶贫的开发中，由于村民和自治组织的非专业性特点，城乡规划应具有很强的综合指导作用以带动扶贫规划的进行。新版的《城市规划编制办法》指出“城市规划是政府调控城市空间资源、指导城乡发展与建设、维护社会公平、保障公共安全和公众利益的重要公共政策之一”，这表明我国城市规划所关注的问题不应该单单只限于物质形态方面，更要向综合的公共政策的统筹发展方向转变。其次，实现从项目推动向规划引导的规划模式转变。表现为城乡规划与自治组织进行直接对接，提供定制服务，突出过程化服务，建立从规划编制、规划调研到规划实施全程跟踪引导的规划机制，发挥城乡规划在精准扶贫中的引导作用。最后，由政府主导的自上而下的扶贫规划方式向以村民视角为基础的自下而上的扶贫规划方式转变。由政府进行控制发展的自上而下的意志表达难以契合基层的实际情况，导致一些主体对象对其产生负面影响，扶贫工作就不能顺利展开，扶贫规划的模式开始发生转变。基于村民自治的精准扶贫规划是以村民视角为基础的自下而上的扶贫规划方式，是基于村民本身意愿和利益需求进行的自我改善、自我发展与自我提升，有助于从深层次了解村民的实际需求和期望，解决自上而下规划中可能出现的问题，推动精准扶贫规划的顺利进行。

3. 理论构建：面向村民自治的精准扶贫规划的机制

3.1　相关理论与实践研究及存在问题

3.1.1　村民自治规划的理论与实践进展

村民自治是一种以农民为主体的治理方式，是中国农村的一项基本的管理制度。其概念缘起于改革开放后，民主意识的崛起促使其从乡绅、族长等主导向基层村民主导转变。针对政府等精英主导的规划出现的弊端，城乡规划由规划师主导的专业化模式向社区和民众共同参与的模式转变，认为公众应当在城市规划过程中处于主导地位。同时，提出了以公众参与为核心，推动社区自治发展的“共同缔造工作坊”新模式。在农村规划中，公众参与的最高要求就是村民自治。在这一领域，不同国家和地区的学者与实践家进行了探索。在国内，王鹰翅等人提出了政府服务引导、村民参与决策、规划师从村民意愿出发制定和实施方案的村民自治规划路径，并在广州市开展乡村示范村庄的规划实践，形成了村民全程参与决策的乡村规划过程。此外，河北省曲周县小弟八村的村庄整治、福建省厦门市海沧区美丽乡村规划、曹家村灾后重建项目等规划实践也初步表明本地村民参与自治的乡村规划建设有利于降低规划风险，提升规划的有效性。20 世纪 90 年代，我国台湾地区形成了多种村民参与的规划模式。其多以村民为主，政府作为协调机构平衡多方主体的利益，社会组织共同参与规划决策，并在规划制定过程中引导村民建立自主发展的意识，这种规划形式取得了很大的成效。韩国推行政府引导、专家学者参与的方式来激发乡村社区的自主性，注重居民自主改造的乡村社会治理过程，通过对资源的挖掘、创建各主体之间的协作关系来调动居民的积极性，促进社区更好的发展；在此基础上倡导终身学习型的社区改造措施，用以提升村民自治的意识与能力，将乡村社区规划由政府主导的村民动员型转变为协同发展的村民主导型。日本谷中地区强调社区规划中的基层性与自发性，注重社区居民参与意识与参与兴趣的培养，并建立教育工坊，形成可持续的传承机制。

3.1.2 国内村民自治的扶贫规划实践与问题

近年来，随着扶贫规划的深入，各地出现了诸多乡村村民自治导向的扶贫规划实践，如广东省连南县连水镇三排村扶贫规划、贵州毕节地区扶贫规划等。上述实践都强化了村民在扶贫规划过程中的参与强度和自治能力，也取得了初步成效。但是，从 2011 年苏南常熟地区进行的一项村民参与农村规划认知与意愿的调查发现，“认为规划是村委会的事”和“看不懂规划的图件和文字”是村民不愿意参与农村规划的最主要原因。另一项针对浙江省某村庄的调查显示，村干部认为规划只是挂在墙上的图纸，“村民什么都不懂，不能听他们的”。此外，规划师在扶贫规划中大多站在主导地位对村民进行俯视观察，对村民了解不够，给予村民的决定权较少。概括来讲，当前面向村民自治的扶贫规划还存在以下问题：①村民自我的组织建设能力不足；②村民规划自治的权利较弱；③村民在规划参与中仍然处在被动参与的阶段，村民参与规划的热情不足；④村干部领导的自治组织形式单一、能力不足、对村民需求了解不够；⑤规划工作者的扶贫制度不完善，没有真正融入村民。由此可见，政府等上层机构引导的村民自治不能适应当前农村发展的现状，需规划师等能够更加深入村民内部的组织团队进行直接的沟通与引导。

3.2　面向村民自治的精准扶贫规划的阶段过程

在上文分析的基础上，笔者将面向村民自治的精准扶贫规划过程进一步归纳为三个阶段（见图1），“启发”——改变村民的思想，提高村民参与积极性；“同步”——与村民一起，发现在地问题并探究原因，引导村民进行扶贫规划；“自治”——村民独立发现问题并解决问题，实现终身学习受益的规划终极目标。这三个阶段的本质都是以村民为主体，站在村民的视角深入引导扶贫规划的实施。

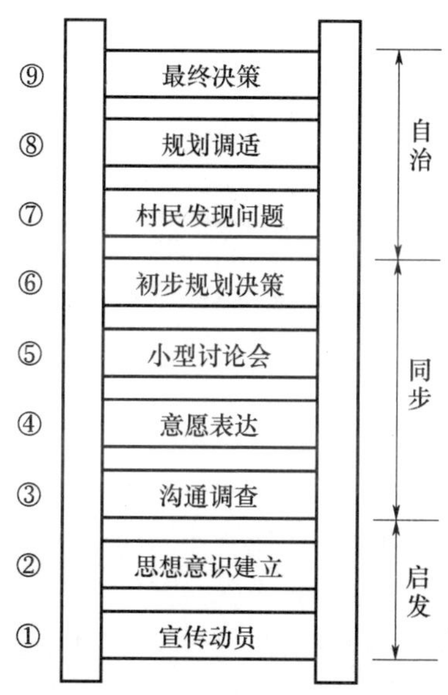

图1　面向村民自治的精准扶贫规划阶段示意图

（1）“启发”阶段。对农村而言，落后的经济条件限制了村民社会、文化和生活水平的发展。加之城镇化和工业化的快速发展，我国农村的“空心化”问题日益严重，青壮年人才大量流失，导致农村的常住民文化素质水平低、思想观念保守，他们更关心如何在短期内获取更实际的经济补助，对扶贫规划的参与积极性不高、参与能力不足，使得自治组织的民主参与沦为一种单纯的“形式”参与，没有实际的实践效果。这种情况导致扶贫规划从制定到落地实施都与真正的扶贫需求有很大的差距。基于此，精准扶贫规划的第一阶段应从改变村民的态度出发，从思想上发生转变，向村民传递新的发展理念，帮助村民树立精准扶贫的信心，让村民能够自发地进行合作，积极地参与到扶贫规划中来。

（2）“同步”阶段。由于村民没有相关的专业知识与扶贫规划的经验，村民自治的精准扶贫规划的第二阶段需要专业人员与村民一起合作策划。由规划师等专业人员深入村民内部，运用沟通交流的方式与村民建立伙伴关系，了解村庄的资源特征，与村民一起寻找扶贫规划的切入点，引导村民参与规划，提出规划建议，帮助地方村民寻找落实扶贫规划的手段。“同步”阶段也是整个扶贫规划最主要的阶段，其耗时最长，是能否成功进行精准扶贫的关键。同时，这一阶段也起到承上启下的作用，是实现“授人以渔”的关键一步。良好的陪伴引导能够帮助村民建立自信心并积累经验，培育自主能力，有利于第三阶段的发展。

（3）“自治”阶段。这一阶段强调的是农村精准扶贫规划的自主性价值。在专业人员长时间的引导带领作用下，村民积累了很多经验，锻炼出了自己解决问题的能力。故能够依靠这种经验和能力独立解决问题，是村民参与精准扶贫规划的最高追求。主要过程为：村民自己主动发现问题，并成立讨论小组进行决策商议；将扶贫改进意见反馈给自治组织及专业技术人员；由专业人员进行可行性评估并与村民进行互动沟通交流，由村委会等自治组织实施。这种“自治”的扶贫阶段能够有效适应扶贫规划的动态发展，缩短策略制定的过程，使扶贫规划更有效率、更有针对性，成为真正的指向持续的规划。

3.3 面向村民自治的精准扶贫规划的作用机制

根据上文分析可以看出，有效地面向村民自治的精准扶贫规划应从传统的以村委会等自治组织为主体的规划，转向以村民为主体进行的扶贫规划，规划师等专家团队深入村民内部，陪伴引导村民参与规划决策，其他自治组织作为为村民服务的机构或中坚力量，共同组成扶贫规划的作用体系。其作用机制从扶贫规划的参与主体、规划过程和预期结果 3 个角度来分析（见图 2）。参与主体包括政府、自治组织、规划师、村民和贫困户。首先，政府应提供政策和资金支持；其次，多种乡村自治组织应给予村民更多的自主权，并提供支撑手段。这里的自治组织是基于村民利益形成的组织机构，来源于村民和贫困户，是整个扶贫规划的中坚力量。在扶贫规划前期，他们获得政府在扶贫方面的政策支持，并帮助政府搭建沟通平台，为贫困村民争取最大利益的政策支持；向规划师反馈政府的意见并介绍村民情况，使规划师能够更有针对性地进行后期的沟通规划；同时，对村民进行宣传和协调，提供形式与政策分析。在扶贫规划设计阶段，规划师协助自治组织进行专业性的介入参与，通过与村民进行解释、沟通、陪伴，取得扶持对象的信任并深入了解其行为特征，收集需求意见，协调多元诉求，提高村民的参与意识与参与度；在汇总规划诉求问题后，将规划意见和村民意愿反馈给自治组织；自治组织接受方案解析并根据自身情况进一步反馈建议，形成循序渐进的、有针对性的扶贫规划设计过程。总体而言，就是在村民、规划师、自治组织三者的不断沟通中明确村民的需求与贫困原因，合理利用现有的资源条件，有针对性地制订扶贫规划方案，进行物质空间、公共政策等综合规划。

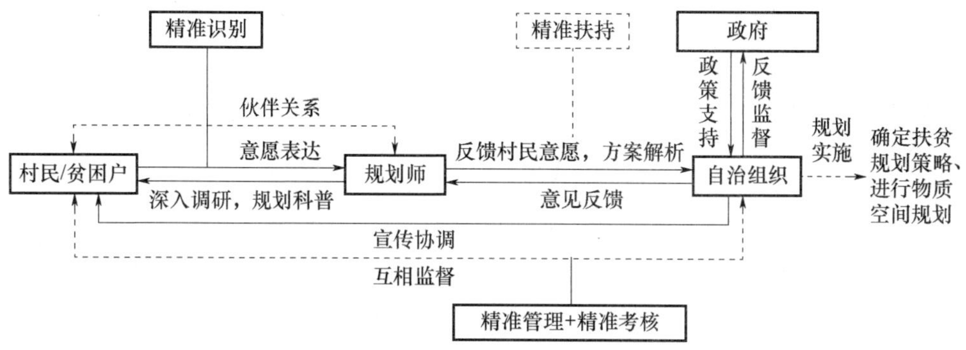

图 2　面向村民自治的精准扶贫规划机制示意图

4. 规划策略：面向村民自治的精准引导模式

基于以上阶段过程与作用机制的分析，面向村民自治的扶贫规划应以引导与陪伴的方式展开，遵循“需求—资源—平台”的精准引导模式（见图 3），强调村民在规划过程中的参与性；通过规划师全方位陪伴村民的生产生活，挖掘村民的需求，确定资源与扶贫模式类型，适当引入多元组织协助扶贫规划的制定与实施，主要包括以陪伴为主的规划方式、资源的精准引导及多元组织的综合参与。

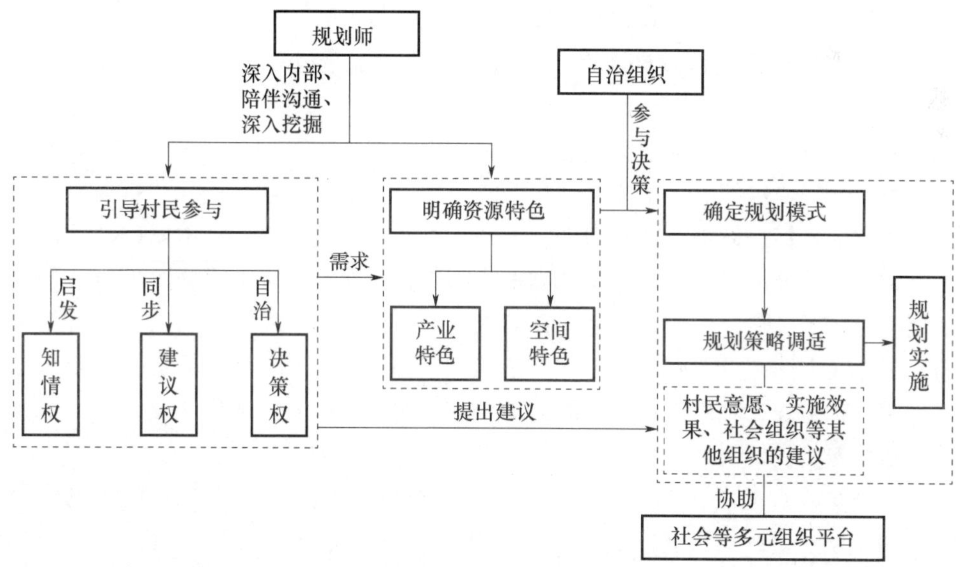

图 3　面向村民自治的“需求—资源—平台”精准引导模式示意图

4.1 以陪伴为主的规划方式精准引导需求定位

面向村民自治的精准扶贫规划应以村民的需求为出发点，通过陪伴方式挖掘村民真正的需求，用以指导扶贫规划策略的制定。在传统的规划设计实施过程中，规划师站在较高的层面进行规划设计，难以解决基层的根本问题。而成立村民规划咨询小组等村民自治组织，加强专业人员与村民的沟通，能够增强村民参与规划的意识和能力。所以，以村民自治为主的扶贫规划，要求将规划师的参与转变为一种沟通、协调的过程。规划师作为整个过程的协调者，引导人们进行提议、讨论与协商，并通过真诚地倾听村民的诉求、生动地讲解政策规划，制定出易于理解的扶贫规划策略。在此现实背景下，规划师作为技术帮扶主体和农村外来人员，应从“主导”的规划方式转向“陪伴”的规划方式，将陪伴的理念渗透到扶贫规划的各个阶段，引导村民参与扶贫规划，准确定位贫困原因和需求，为后期的规划策略的制定打下基础。

具体而言，在“启发”阶段，以陪伴为主的规划应达到转变村民思想、鼓励村民积极参与的目标。这首先就需要规划师主动融入农村生活，将自己看作新的村民，换位思考村民生活中存在的贫困问题。在切身体会过程中与村民进行深入的沟通与交流，培植出一种村民信任的伙伴关系。其次，赋予村民规划初期的知情权，让村民了解更多相关的政策和可获取的利益。经过两种规划方式的转变，有助于村民敞开心扉，积极主动地配合扶贫规划的实施，为后期扶贫规划的需求定位及策略制定打下基础。

在“同步”阶段，以自治为本的精准扶贫规划是村民与规划师达成共识并同心协力实施规划的过程。这一阶段强调“以智扶志”，改“输血”为“造血”，培育村民的自主能力。在扶贫规划设计过程中，规划师要融入村民中，搭建规划师、村民与自治组织等多主体之间相互交流的平台，在相互交流的过程中对农村需要扶持的目标主体进行精准识别与定位，在与村民的良好互动中明确扶贫的真正需求。在精准的扶贫需求定位基础上，赋予村民建议权，鼓励村民发声，促进规划师与村民及自治组织彼此之间在需求差异上的沟通、讨论，进而在精准扶贫的发展路径上达成共识。这个阶段也是整个“陪伴式”规划的重点，需要规划师发挥技术专长，利用生动易懂的图示语言与村民进行直接的沟通交流，这也关系到整个扶贫规划的成败，是村民和规划师共同决策的过程。

在“自治”阶段，以陪伴为主的规划主要体现在规划师作为村民意见的倾听者和存在问题的提出者。经历了“同步”阶段的陪伴过程后，村民已经具备了一定的规划经验和基本的规划专业知识，具备自己发现问题并提出解决措施的能力。所以在进行扶贫规划时，应赋予村民相应的决策权和监督权，在陪伴的过程中规划师由规划方案的讲述者转变为规划策略的倾听者，倾听村民的想法并提出更加专业的建议。规划师要在倾听的过程中掌握当前阶段扶贫需要解决的根本问题和村民的根本需求，在村民自治组织讨论得出的规划意愿的基础上，帮助村民分析讨论问题，给予村民最优的扶贫规划方式。

4.2　资源精准引导规划实施

在确定村民扶贫需求的基础上，扶贫模式与资源类型是否能有效解决问题，对于扶贫规划的成功与否起到很大作用。只有采取适当的规划模式、设置符合乡村发展现状与发展特色的资源项目，才能最有效地实施扶贫规划。基于此，笔者归纳梳理了近年来各地的精准扶贫规划模式（见表1），试图探索空间资源与扶贫规划模式的发展规律。具体可以将其归纳为基本保障型、产业提升型和技术创新型三大类型（见图4）。基本保障型包括基础设施扶贫、教育扶贫中的基本素质教育、搬迁扶贫、就业扶贫及金融扶贫，保证村民的基本发展能力，是村民生活的基础；产业提升型包括产业扶贫和旅游扶贫，体现了扶贫规划的地域特色与独特性，是村民自主生产获益的根本保障；技术创新型包括电子商务扶贫、教育扶贫中的专业技能培训和科技扶贫，是实现“授人以渔”的重要方式，能够提升村民获益的效率。

表1　全国各地精准扶贫规划模式汇总

案例	产业扶贫				旅游业	基础设施扶贫	电子商务扶贫	教育扶贫		科技扶贫	搬迁扶贫	就业扶贫	金融扶贫
	种植业	养殖业	工业	加工业				基础素质教育	技能培训				
福建省建宁县	√				√		√		√	√	√		√
广东省连南县连水镇三排村	√	√				√	√	√	√		√		
贵州省习水县	√						√					√	
贵州省纳雍县	√			√	√		√		√			√	
贵州省兴仁县	√				√		√						
湖南省花垣县排碧乡十八洞村	√	√		√	√	√							
甘肃省陇南市	√				√	√	√		√				√
四川省秦巴山区	√						√						
甘肃省田家河乡元古堆村	√				√	√						√	
陕西省丹凤县	√	√	√	√	√				√		√	√	
宁夏回族自治区盐池县		√				√							√

续表

案例	产业扶贫				旅游业	基础设施扶贫	电子商务扶贫	教育扶贫		科技扶贫	搬迁扶贫	就业扶贫	金融扶贫
	种植业	养殖业	工业	加工业				基础素质教育	技能培训				
云南省镇西地区	√			√	√	√			√	√			√
四川省简阳平泉镇黄岭村	√				√	√	√		√		√		

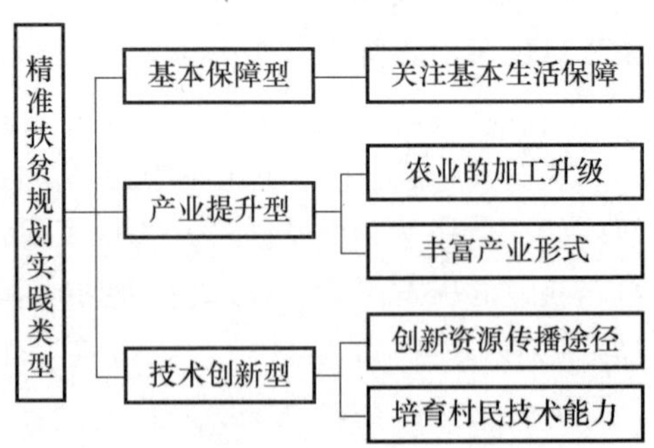

图 4　精准扶贫规划实践类型示意图

从实践可以看出，除了基本的保障外，农村的扶贫规划主要以产业扶贫为基础，以产业带动整个村庄的发展，并运用其他扶贫方式，提升扶贫的质量与效率。故面向村民自治的精准扶贫规划应在保障村民基本生活条件的基础上，根据村民需求与地区特色，精准挖掘当地的发展资源，带动产业的发展，并融合运用多种扶贫模式，实现扶贫效率的最大化。具体包括以下规划策略。

（1）扶贫资源的精准挖掘与利用。乡村的产业发展只有结合原生的特色资源才能具有强大的生命力与持久性，才能使贫困户得到永久可持续的利益保证。只有精准把握当地的资源特色，才能制订出最适合贫困户脱贫发展的规划方式。因此，在确定贫困需求的基础上，首先扶贫规划应依托规划师的深入沟通、了解与观察，精确把握农村的空间与资源特征，瞄准并激活特色资源要素，将其进行分门别类，寻找最佳的发展方式。其次，以农业为基础建立产业链系统，在保障基本农业生产的基础上，拓展农业功能、培育农业特色品牌，生成新的产业模式和贫困户的发展功能。最后，培育新型的产业经营体系，发展家庭农场、农业发展合作社及旅游发展合作社等新型的经营主体，强化农户与各产业收益之间的联系，实现脱贫致富。

（2）多种扶贫模式的精准融合。不同的扶贫模式可能衍生出不同的规划方式与引导途径，单一的模式很难发挥出最优的效果。在资源的精准定位与利用的基础上，还应该统筹把握符合资源发展传播的最有效途径，做到多种扶贫模式的融合发展，包括产业、资源、政策和技术。农村是以产业生产为基础的自治团体，应依托产业资源，实行产业扶贫模式，强调三次产业的融合，推动农业与旅游业发展的深度融合；突出资源的整合，避免造成资源的浪费，集中打造农村教育、医疗等基础保障设施，实施基本保障扶贫模式；强化政策的结合，整合异地搬迁、就业、投融资等新的扶贫政策；提供技术的支持，顺应“互联网+”的新型发展趋势，实行电商扶贫模式，将其与产业扶贫模式相结合，解决因交通不便等带来的产业发展困难等问题，增加宣传、传播和销售的途径，并开展技术培训等提升村民自治生存的能力。有效的精准扶贫规划应结合自身的特点与需求，精准地选择多种扶贫模式，实现产业、资源、政策和技术方面的要求。

4.3　搭建平台引导多元组织参与

当今社会正趋于形成多元组织参与的协作规划形式，社会多元组织的参与有利于解决多种诉求，丰富民众参与形式，是基层社区治理的关键一步。如何提高多元协作规划的质量与效率是社区发展的重点。农村扶贫规划中的村民自治也不是说只有村民自己参与。村民是整个规划的主要参与者和决策者，但是还需要社会多元组织的协作参与，帮助当地村民掌握专业技术，提出发展建议等，使规划策略更加全面，实施过程更加顺利。基于此，在明确扶贫需求、开发资源与扶贫模式的基础上，倡导多元组织参与，加入社会组织、地方自愿团体等，以推进扶贫规划的最优实施（见图5）。

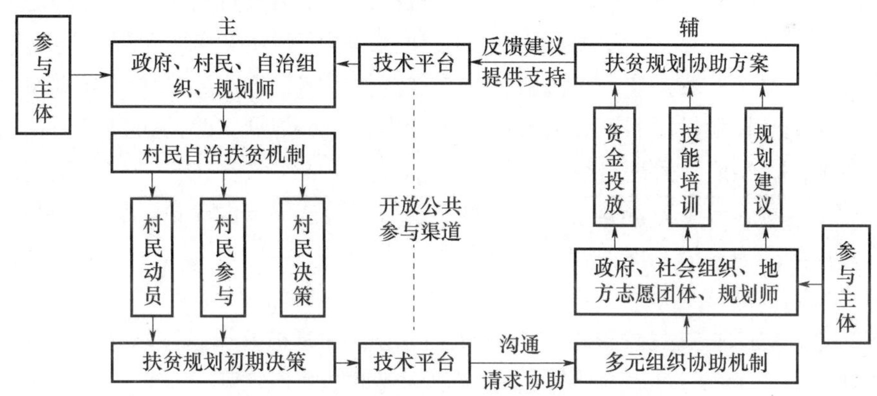

图5　多元组织参与的综合自治模式示意图

（1）搭建多方协作的技术平台，引导多元组织参与。城乡规划统筹各方，有针对性地搭建技术平台，精准投放项目资金，建立其他组织与村民自治组织的协调共建机制。将精准扶贫的城乡规划转换成一个沟通村民、政府、社会多元组织的协作平台。在村民自治参与决策的基础上，以多方协作的技术平台开放公众参与渠道，号召社会人才团队组成规划决策研讨会、技术培训工作坊、爱心基金供给社等社会多元组织，对村民的决策进行建议或给予村民资金和技术方面的帮助，并将这种组织力量或组织建议反馈给村民，根据其意愿进行选择并提出新一轮的建议，再一次借助技术平台将新的实施方案传达给社会多元组织并进行反馈与帮助。在这种动态的循环参与过程中确定最终的规划决策和实施方案。

（2）强化管理机制，保证村民的主体地位。多元组织参与过程中，参与主体仍是村民，由村民选择决定多元组织的反馈建议与帮扶措施。故应实行长效的管理机制，在增强农村扶贫社会多元组织参与的同时，明确划分多元组织的参与边界和参与权利，避免出现社会组织等其他组织赋权过大、侵占村民权利的现象。落实动态的管理系统，对各个参与组织的权利管辖范围进行实时监控，并建立动态考核制度，用以考察扶贫效果和村民的参与程度，保证村民的主体地位。

5. 结语

当前中国正处于扶贫攻坚的关键时期，发挥村民主体作用是保证扶贫工作精准进行的关键。但现阶段，该领域的规划理论不足以支撑实践的进行，如何提升村民的参与质量和参与效率是面向村民自治的精准扶贫规划急需解决的问题。基于此，本文从村民自治的视角对精准扶贫规划理论及方法进行了研究补充：一是从精准扶贫、村民自治和城乡规划的相互关系出发，明确城乡规划在这一领域发挥的作用；二是基于村民自治规划的理论实践与问题，对面向村民自治的扶贫规划理论进行构建，明确其阶段过程与作用机制；三是为实现所构建出的理论框架提出相应的规划策略。三者相互衔接，共同形成了新的扶贫规划理论与实践框架。然而，本文虽然搭建了村民自治的扶贫规划框架，但主要集中在规划设计实施过程，探讨鼓励村民积极参与并协调多元组织完善规划策略的机制，尚未对后期的实施评价和监督管理进行深入研究。未来应重点关注村民自治的扶贫规划机制的优化、实施效果评价等方面，逐步丰富与完善该领域的理论，并进一步推广到城镇社区层面，为其提供相关理论参考。

[注释]

① 实行“双到”（“规划到户、责任到人”）的扶贫瞄准机制，运用“参与式”的方法，结合贫困村发展计划，帮扶单位的负责人与贫困户共同制定脱贫计划。

② 毕节市是近年来贵州省扶贫攻坚工作的主战场，其开发工作逐渐转向“造血式”和“参与式”，积极推进产业扶持等“六个到村到户”的扶贫方案。

参考文献请见原文。

（撰稿人：董慰，哈尔滨工业大学建筑学院；陈莹，哈尔滨工业大学建筑学院；董禹，哈尔滨工业大学建筑学院）

贫困地区乡村治理中组织振兴的逻辑与路径探析

——基于恩施“尖刀班”创新模式调查的启示

1. 问题的提出

基层治理困境是这几年学术界奋力研究和探讨的重点，自改革开放以来，传统的城乡二元结构不断变化调整，广大农村，尤其是在贫困的内陆、边陲及山区乡村，在承接国家税费改革、资源下乡、扶贫攻坚以至乡村振兴等一系列惠农政策基本红利之外，也不断受制于“公地悲剧”“集体行动困境”“囚徒困境”等治理困局，基层治理实践者与理论界对于三十多年来村民自治在制度变迁和社会发展中事实的走向式微纷纷发出哀叹，冯仁等学者对于“村民自治已死”的论断也许过于偏颇，但各地行政村出现的行政抑制自治、他治替代自治、自治流于形式而无法有效扭转是不争的事实。村级治理效能弱化前景堪忧的现象背后有着相互勾连的层层因果及多重视角，本文归纳出四个方面的主客体分析。

1.1　村落无主体化

基层政府与乡村社会之间的互动有两个联结点：资源下乡与涉农政策执行。广大农民在封闭式小农经济不断瓦解的时代变迁中，面对农耕文明中常态化的熟人社会格局、村落家族文化及传统规范的逐渐消解，其长久遵循的内生价值也一并打碎，村庄的经济结构连同社会结构一同趋向“原子化”，传统宗族文化及集体经济模式下的服从意识不断消解，个人行为受个人利益导向明显，导致了集体行动的困境。表现在基层治理上，农民意志分散，集体黏合乏力，集体性与组织性的生长空间不足，对公共政治生活的参与低下甚至冷漠。尤其在不发达地区，税费改革，资源下乡，扶贫政策下的依赖型心理一定程度上强化了无主体性，村民在制度变迁下应对无措，被动等待以输血为生，而治理规则的不成熟及机制运行的不健全也成为村落无主体化的外在因素。

1.2 乡村治理异化

乡镇政府处于整个压力型体制末端，作为涉农政策直接执行者，他们直接面对政策对象，同时承受组织体系自上而下的逐级增压。但村干部的非体制内属性导致与乡镇政府之间并不构成体制内压力的上下级疏导，于是压力便堆积在乡镇这一级而不能再通过行政命令或其他制度路径实现向下的转移疏散。正因为没有惯常的做法和合法性机制保障，基层权力又不能代替村干部权威推进政策执行或约束其权力行使，只能进行软性帮扶、指导和适当监督。而村治权力的自治色彩及基层政府在层层加码的政策执行压力下催生的“硬任务捆绑软资源”的做法促成了乡镇与村级利益共同体的再缔造，形成村干部在对下负责与对上负责之间的角色混乱与冲突，导致部分地区村治不注重乡村内生性需求，形成所谓的“私人化治理”。

1.3 基层治理内卷化

在国家税费改革之后基层政权陷入财政困境而面临治理危机，国家随后做出应对，惠农政策下乡，各种资源往基层注入。但这种制度变迁却未能使基层有效承接，大部分村民因能力不足消极无措，而另一部分地方宗族派系、灰黑势力强势进入，呈现出所谓“摆平式”的治理路子，地方势力进入乡村治理与基层政府结盟，进行权力寻租、排除村民，蚕食乡村利益，“使得国家向农村输送的资源在乡村社会滋养了一个地方利益分食的链条”，乡村在向技术治理转型过程中公共规则未能有效建立和运行，加之无主体化导致的监督乏力无法彻底刨除村干部与基层政权的利益勾连而陷入不断侵蚀其自身合法性的“基层治理内卷化”困境。

1.4 两委矛盾常态化

村级治理权力一般由村民委员会和村党支部共同行使，由于两委无论从权力来源、职责使命、组织性质看皆有明显区别和差异，因而各成班子、各行分工。但村级治理最大的特殊性是农民在政治、经济、社会生活上的混同性，使两委在具体事务上很难做精准的职能区分，导致党的“核心领导力”与村民委员会“绝对自治权”之间在村级治理权威上的矛盾，党支部“向上负责”与村委会“向下负责”之间权力逻辑上的冲突，使两委矛盾常态化成为村级治理“先天不足”下的“顽疾”。而在基层自治背景下，基层党组织长期以来面临的组织队伍人力不够、后继补充乏力、组织功能失灵、自我建设能力不足甚至腐败等问题造成的工作缺位、领导号召力下降等助推了党组织在村治权威中的“边缘化”，导致两委在基层治理中相互制约互相补充的平衡之势被打破而潜藏着社会风险及对党的执政能力的挑战。

广大农村是中国实现国家富强、民族复兴的大后方，基层治理的稳定有序是“乡村振兴”的根基和关键，但乡村治理能力的弱化，尤其是基层组织力量长期空缺与式微的贫困地区，由于资源匮乏，农民自治能力低，村治权力与灰黑势力相互捆绑勾连，构成了与基层政府之间极为排他的内部共生关系，维系和分割着权力闭环内部的各自利益，成为乡村组织建设与组织振兴的关键壁垒。因而如何有效地建立党组织在基层的组织体系、强化其在基层的组织能力，以组织振兴助推乡村振兴成为基层治理的重要探索路径。

2. 乡村治理与组织振兴的相关性

治理理论在东西方理论界多有探讨，虽然对其内涵界定莫衷一是，但可以根本上理解为“治理就是公共的或者私人的机构管理其共同事务诸多方面的总和”。而中国乡村，尤其是贫困地区的乡村，在公共治理理论甚嚣尘上的当代，其治理结构依然是一元主导的，以乡镇政府权威作为治理核心的体制机制在乡村自治能力萎缩和退化的过程中未能做出有效的适应性改变，其治理思维的僵化及疲于应对绩效压力的客观事实反而抑制了乡村社会组织化程度的提高，加速了乡村的失序与失范。

民主、多元和共治的治理结构并不一定能促进治理优化，但缺乏组织体系和规范领导的治理结构必然导致社会组织、公共组织与村民群众个体无法被带入规范化运行，而基层政府作为管理者又抽离在外，“这种制度环境造成的直接后果是，以往的权威管制关系不能改变，其他个体或社会组织又不能整合进入一种组织化秩序当中”。当前贫困地区基层党政组织所呈现的一元化单中心管理结构及方式除了无法自上而下有效整合农村不断丰富的多元主体和利益诉求之外，也无法破除地方势力的屏障下沉到村治的最后一公里发挥组织领导力。

“对政党而言，有一个自上而下的健全稳定的组织体系是现代政党与近代政党的一个显著区别；正是由于建立了比较广泛的地方组织，活跃于庙堂之上的近代朋党与权贵党才实现了向现代政党的转变，才能去广泛联系民众、赢得大众支持、建立大众基础。”

而在共产党的组织运行中，正是自上而下地逐级建立党的组织，在广大群众中广泛建立基层组织，在党组织体系之外建立党小组，以细密的层级网络组建成具有系统功能性的严密组织，这种组织体系，被认为是“共产党与资产阶级政党、大众型政党与精英型政党的一个显著区别”。

中央在乡村振兴的战略指导下提出组织振兴这一重要着力点，正是强调了基层组织体系建立与组织领导力的提升对于理顺乡村权力关系、优化乡村利益分配、密切联系群众的现实价值，组织振兴对于推进乡村治理现代化和乡村振兴战略，除了能提供组织领导力强化下的内生聚合力之外，本身就是对乡村治理体系的改革和重塑。

3. 组织振兴的政策逻辑

务农重本，国之根本。在传统的中国社会，农业是国家重心，但农民却完全分散于政治的外沿。在经济和技术条件限制下，传统的治理结构中中央权力并不能直达乡间田野，形成两个极端情形：纵向政治权力聚拢于中央，构成绝对统治；而横向权力又分散于各个村落共同体，成为乡绅族长等“小主权者”处理一方事务的权利来源。“县官治县，乡绅治乡”权利格局下的广大乡村社会缺乏统一的组织架构和权利规范，各村各样，皇权统治下官僚体系与农村的长期脱离加剧着小农经济的“一盘散沙”状，所以自古以来，中国农村和农民在组织性规范性上先天不足，土壤贫瘠，即使经历了人民公社时期国家强力行政化干预的特殊培育，也不过以矫枉过正的形式疾风骤雨般洗礼了一番，“农民”以其抽象的政治化概念获得政治中心地位，但作为分散化的具体农户与个体农民依然因缺乏认知水平与参与能力以边沿化形象沦落于支配性地位。

迈入新时代，虽然国家各个产业都兴旺发展，但以农耕为生、以厚土为根的传统是天然所成，粮食的安全、广大农村的稳定依然是国家安全与稳定的根本所在。所以党中央指出“农业农村农民问题是关系国计民生的根本性问题，必须始终把解决好‘三农’问题作为全党工作重中之重，实施乡村振兴战略”。要全面建成小康社会、推动乡村振兴、实现中华民族伟大复兴，不能有效地在广大农村建立组织体系、创新组织模式、进行政治整合，就难以打通农村与国家的政治联系，发挥党组织在基层的战斗堡垒作用，难以有效贯彻落实国家乡村振兴的方针政策及中央精神。

从建党之初共产党就致力于“建设一个全国范围的、广大群众性的、思想上政治上组织上完全巩固的布尔什维克化的中国共产党”。政党作为一种为了实现一定的政治目的而按一定组织形式建立起来的复杂组织，为了获得广泛的支持而需要亲近群众、联系群众并且一定程度地代表群众的利益。

党章最新修改的部分对基层组织给出了新的定位：“要求街道、乡、镇党的基层委员会和村、社区党组织，不仅要领导本地区的工作，还要领导基层社会治理，突出强调基层党组织对基层社会治理的领导作用。”

而 2019 年 3 月，习近平总书记在全国人大山东代表团参加审议时提出了乡村产业振兴、乡村人才振兴、乡村文化振兴、乡村生态振兴、乡村组织振兴的科学论断。上述“五个振兴”相互助力，既有着逻辑上的层层递进，又有着现实中的相互依托，以乡村为主体为场域与国家“五位一体”的总布局遥相呼应。而组织振兴作为乡村振兴在政治基础上的根本保障，是基层领导核心的来源与权力保障，振兴科学高效的基层组织体系，理顺乡村权力关系逻辑，疏通原有压力型体制下基层执行阻滞，保证党在农村的政治效能，都是组织振兴在乡村振兴战略图中的行进路线与目标任务所在。

4. 恩施“尖刀班”组织模式创新

湖北省恩施州作为内陆少数民族聚居的山区自治州，自中央于2013年精准扶贫思想落地后，恩施州政府对州内337万农民进行全面摸底和界定，通过40多项问卷调查，最终确定108万贫困人口，自此开始了恩施州艰巨的扶贫攻坚之战。2013年摸底调查的时候，整个恩施州农村的贫困发生率高于13%，深山里四散分布的重点贫困村水、电、路、气、通信皆不通，除了基础设施的严重滞后，村治的混乱无序是造血困难、扶贫后续乏力的重要因素。贫困地区农民思想守旧落后，既缺乏自我改造的能力，又集体意识淡漠，农村的组织动员极难开展，反而趁着资源下乡政策下乡的时机养成了等、靠、要的依赖思想。而与扶贫的政策优势下基层资金注入、项目入驻、压力升级相伴而来的基层治理异化、治理内卷化问题也逐一呈现。针对习近平总书记提出的2020年全面脱贫的攻坚目标，恩施州政府2018年“一号令”的发布与施行，以组织体系调整为重要突破口在扶贫工作部署上做了全新升级，在我们调研组深入了解各个村庄的扶贫工作进度过程中，总结“一号令”下的恩施经验为：以“尖刀班”为创新组织形式，以精准扶贫任务为项目导向，集结州内有执行力的优质人才进行重新组合优化配置，下沉基层连同群众形成战略性群体，并以快节奏、强压力、硬任务的作战模式推动扶贫工作进程，在目前来看，“尖刀班”组织模式创新的成效已有明显显现，其组织创新模式对组织振兴研究也颇有借鉴价值。

4.1　项目导向的作战式攻坚

“尖刀班”一词来源于电影《尖刀班》，寓意为战争中红军先遣部队当中一支枪法最好、战斗力最强的先锋小分队。恩施州政府以完成中央下达的关于2020年之前全部脱贫的指示为根本任务，明确领导机制，成立扶贫开发领导小组，其州长、书记任组长和常务副组长，由扶贫办统筹扶贫事宜，并加了“脱贫攻坚指挥部”这块牌子，下设11个工作组，以分管的州领导担任组长一职指挥开展工作。2018 年州政府发布恩施扶贫“一号令”成为推进恩施精准扶贫工程的强心剂，此文件下令组建临时组织尖刀班，由州扶贫办联合省级、市级各机关单位层层分派任务指标到州县、到乡镇，再具体到村，由具体人员跟进执行具体任务，“人”“事”协同，职责明晰。除此之外，在动员方式上也颇具创新色彩，自州政府往下逐级建立作战指挥部，要求绘制精准任务部署及阶段路线作战图，设立严格考评机制和目标任务，使得整个恩施州的领导班子从上至下都时刻弥散着工作紧、任务重的紧张节奏。

4.2 干部下沉机制创新

恩施州建立驻村扶贫机制，调动了州内近 50%、约 2 万名干部下到乡村以个人身份与当地两委、村医村教等人员组成临时队伍“尖刀班”，集中资源与精力投注到 108 万贫困村人口，729 个重点贫困村。驻村帮扶落实到恩施州的尖刀班成员，从中央司局级干部、州干部到乡镇级干部，皆带着各自任务指标下乡，听从两委安排，虽然自有原职务级别的高低关系着所携资源的区别，但在地方上以配合两委安排完成任务为主，在组织领导上以“尖刀班”的主体形式服从县里统一管理调配，以条块结构与网状结构相结合，做到存量与增量的打通。

针对驻村干部实行特殊激励机制，除了任职尖刀班班长、第一书记的标杆典型，州、县、乡三级 2 万余名干部，全部奉行“吃住在村、工作在村、岗位在村”的工作规范，而各级各单位则对驻村干部提供较为完善的生活保障，解决住房问题，进行食宿补贴，购买人身意外保险，并且驻村干部依据驻村期间的工作表现及绩效成绩在保留原单位原级别职务的基础上享有干部选拔上的优先权。在驻村干部的职业衔接、工作能力、干群关系问题上，首先做到的是责任明确，各级党委政府负资源整合统筹上下的主体责任，而驻村干部派驻乡村承接的是帮扶责任，带着自身资源和能力配合村级领导班子执行任务，而老百姓才是脱贫主体和服务对象，各主体找到自身在整个脱贫攻坚战中的准确位置，找准各方关系中的自我定位是恩施“尖刀班”制度创新在开展工作中遇到基层矛盾和阻力较小的重要因素，而这又与第二大重点：宣传工作做到位非常有关系。充分做足精准扶贫政策的宣传和解读，解读中央基本精神及政府执行思路，各个贫困村定期公示战略路线、步骤、负责人员名单等，“尖刀班”成员就贫困户挨家询访，分析利弊、讲解难处，才在思想上扭转了群众的许多误区，避免了很多摩擦和阻抗的发生。

4.3 能人治村模式创新

“尖刀班”组织模式的另一个特点在于除了班长和第一书记通常由党员担任，其他部分班组成员选拔于当地的村医、村教、乡绅乡贤等知识能人，一方面他们具备地方经验和熟识度，能够为“尖刀班”的工作带来便利及与其他班组成员的优势互补；另一方面，在能人不足或地域偏远的乡村，村医村教进“尖刀班”，进“两委”的变通举措除了意在提高人力资源利用率之外，也在得到工作锻炼的同时为组织队伍储配了后备力量，这种非常态模式虽然存在一定的制度性缺陷，在个人意愿、岗位间协调、薪资管理及身份归属上也有所分歧，但以能人治村为基层干部能力建设的一种思路在恩施扶贫经验来看是有所助益的。

5. 乡村组织振兴的路径思考

5.1 下沉组织队伍，以人才振兴助推组织振兴

之前很多学术讨论都关注农村扶贫攻坚中党组织带头人的作用，因为带头人扮演着深入扶贫一线的“指挥官”“策划组织者”“调度执行者”等多重角色，从“农村富不富，关键在支部；支部强不强，关键看班长”这样的口号就不难看出基层的很多治理问题依托于组织内部的能人身上，但在真正的区域性贫困地区，原本就资源匮乏交通闭塞，人才流失常态化，如湖北省建始县店子坪村靠个人能力挑大梁开山通路为民致富的王光国书记毕竟是少数，但“尖刀班”模式下组织队伍下沉基层的做法有立竿见影的效果值得借鉴。首先，应对乡村振兴过程中具体治理环节的需要，确立有专业相关性或经验相关性的各级政府机关单位党组织作为人才输送单位，一定程度解决了知识职能的匹配度问题；其次，驻乡镇或驻村党员进入当地党组织队伍，以任务为导向配合原组织队伍开展工作，带资源下乡，严格遵循吃住在乡、工作在乡、岗位在乡的组织纪律以提高下乡人员的环境适应性和工作熟悉度，提升工作效率；再次，责任制和期限制并举，按目标要求设定阶段性工作任务和时间期限，定期接受审查和考核；最后，地方政府通过财政转移支付等方式为下沉组织的工作人员、驻村干部提供必要的酬劳、保险及其他生活工作上的便利和保障，对于工作出色的人才，地方应该出台更多的政策倾斜给予重要职位和好的待遇鼓励人才留用，以激励更多的人自愿下乡下村建设基层，以人才振兴反哺组织振兴，再以组织振兴保障乡村振兴。

5.2 村企村社联建，推进城乡组织建设一体化

贫困地区农村在改革开放的过程中，一方面，许多青壮年抱着较大的市民化意愿进行跨区域流动，甚至举家迁往城市打工，只剩老弱病残的“空心化”村落没有足够的党员数量做组织建设；另一方面，快速的体制改革变迁打破了乡村传统文化格局下地缘、亲缘为基础的社会关系，导致公共事务的治理冷漠，农村

的集体行动被认为面临着“政府失灵、社会失灵、市场失灵”的严峻形式，在基层整体治理资源都呈现萎缩的状态下，需要以输送组织资源为入口，自上而下在城乡一体化的道路上整合并综合运用城乡党建要素资源重新组建基层组织体系。除了运行组织队伍下沉，城乡互通互动的党员工作体系之外，适当地打破行政区划的固有治理界限，以省、市级领导担任牵头督办人，以各级政府部门、组织建设良好的企事业单位为帮扶主体，与需要帮扶的村落建立以企业带村、以社区带村的共建制新型支部形式，一对一帮扶、一对一监督，展开资源、人员、体系、经验上的多层次多领域互联，从而强化城市组织体系对乡村组织体系的带动作用，扶助农村的基础党组织建设。

5.3 确立目标导向，发挥内源性作用

基层党组织除了基本的政治引领、思想引领功能之外，贫困地区的党组织还需要肩负和发挥致富引领的作用，承担着新道路、新产业、新项目的“先锋带头人”“先行者”角色，基层党组织需要承担“多种角色扮演”的复合型人才功能，可是这种苛刻的要求与基层党组织成员的受教育程度较低、知识储备有限、战斗凝聚力不足等基本面素质形成正向矛盾，这种人力资源储备乏力的环境下，只能一定程度上舍弃资源配置的科学优化性，以明确的目标要求为导向，设定清晰精准的目标准则、任务分配、职位权责和时间期限，就如精准扶贫攻坚战略的实行一样，借助既有的压力型体制，以苛刻的任务形式和奖惩机制约束职务行为，最大限度调动起基层组织和党员的能力和精力。发挥战斗堡垒作用是改革开放以来基层党组织的根本功能，党组织的功能发挥就需要具备应时应需的组织弹性和应变张力，以促使组织内部战略性群体的形成。

5.4 创新党建机制，多形式嵌入基层社会组织

改革开放以来农村整体经济形势虽然赶不上城镇，但资源下乡政策利好的大环境还是鼓励了非常多农民“靠山吃山、靠水吃水”进行产业致富，农村的人际依赖形式也从血亲家族关系变成了主要以经济利益联结的各种小团体，如农学会、种植协会、电商协会、志愿者组织等，这些非政府自治组织往往能吸纳基层较多的村医村教、乡绅乡贤、致富能人、农民企业家、毕业回乡的大学生等，在其逐渐成长为支撑村落生产生活的重要载体的过程中借助着利益趋同性和行属一致性的优势形成一定的向心力，但农村公共治理意识稀缺的生态下，借助基层组织原生的凝聚力嵌入党组织进行基层社会的领导和整合不乏为乡村组织振兴的通路之一。自 2006 年起，广东、上海几个大城市等地就陆续展开了社会组织当中党组织扩大工作覆盖、加强制度落实和党员管理的多项举措，取得了客观的实践经验。虽然目前来看，农村基层，尤其是贫困地区村落的社会组织，离人数多、

严密高效的组织化目标还较远，但跳脱出单个村单个乡的地域局限，与地理位置就近的乡镇组织共建支部、共享制度体系和活动内容同样具有可行性，它可以是不同层级同行业协会的联结，也可以是村落间同行业组织的联结，同样可以是地域范围内不同性质组织进行共建，因为“社会组织党建的有效开展对引导社会组织有序参与公共服务和社会治理具有全局性的战略意义”，它把离散于政治外延的组织力召回、整合于党的领导力当中，等于在突破覆盖面的方式中构建了社会—国家之间新的通道，而它的组合形式可以灵活调整。而国家党组织多形式嵌入社会组织本身就能够“为社会组织成长提供资源支撑、发展战略、机制保障、体制结构与制度安排等”，对于落后乡村的社会组织建设具备现实价值。

5.5 强化价值导向，建立党的基层话语体系

思想的认同才能保障组织形态的稳定和长效发展，经济利益冲击和传统村落家族文化解体下的中国农村正缺乏系统的文化价值为农民的意识形态形成做支撑和引导，所以基层党组织首先要加强党员自身的思想建设，开展有效的教育学习活动，并变更以往单调刻板的灌输方式，结合地方特色运用新的工具平台力求与时俱进地创新思想教育模式和途径来宣传和弘扬社会主义核心价值观，树立起基层党员有组织有纪律有信念的正面形象以培育群众心中的公信力和思想文化的话语权；其次，提升基层党员的服务意识，时常深入群众，倾听群众诉求、了解群众疾苦，在与群众共同进退的工作信条中锻炼提升党员的基层工作能力，重建村治权力格局中的组织权威，以身体力行的方式引导基层意识形态的价值导向和社会主义文化建设方向，促进党支部组织能力的振兴。

参考文献请见原文。

（撰稿人：高佳红，厦门大学马克思主义学院，厦门大学中国特色社会主义研究中心）

第三篇　特色小镇和特色小城镇建设

特色小镇和特色小城镇是新型城镇化与乡村振兴的重要结合点，也是促进我国经济高质量发展的重要平台。特色小镇概念产生于浙江经济实践，并推动了全国小城镇向特色小城镇的转型。作为两种不同的发展形态，特色小镇主要指聚焦特色产业和新兴产业，集聚发展要素，不同于行政建制镇和产业园区的创新创业平台；特色小城镇是指以传统行政区划为单元，特色产业鲜明、具有一定人口和经济规模的建制镇。特色小镇和小城镇相得益彰、互为支持。

针对2016年培育工作以来出现的概念不清、盲目发展、特色不明及房地产化苗头，2018年8月国家发展改革委印发《关于建立特色小镇和特色小城镇高质量发展机制的通知》，对特色小镇和特色小城镇发展从界定条件、指标体系、产业引领、严控风险、长效机制、清理纠偏、金融创新等方面进行了明确规范。通过比对指标，可发现产业发展思路清晰、低负债、高创新的小镇和产业健康、财政健康、产城融合、城镇带动乡村发展的建制镇是未来特色小镇和特色小城镇的主要发展趋势。

本篇章选取了《基于“农业+”的传统农业城镇特色化发展路径探索——以广东茂名林头镇为例》《特色小（城）镇社会融合状况评估——以杭州市为例》《江西省建制镇类特色小镇建设评价体系构建》《京津冀特色小镇的特征对比与展望》《客家特色小镇的乡土文化及其景观建设路径探析》5篇文章，从发展路径、发展水平评价、产业规划和建设实例等角度对特色小镇和特色小城镇的发展进行探索，以期为我国特色镇发展建设理论研究和实践指引提供借鉴。

基于“农业 +”的传统农业城镇特色化发展路径探索

——以广东茂名林头镇为例

1. 引言

当前，我国在经历了城市化带来的种种挑战之后，着眼特色小（城）镇发展已成为我国新型城镇建设的工作重点。而截至 2016 年末，我国建制镇共有 20883 个，已批的特色小镇只有 127 个。大多数的小城镇没有特色资源，只是普通的小城镇。

特色是发展之道，特色是竞争力所在。那么，普通的小城镇应如何发展？其特色发展路径何在？我国作为一个农业大国，广东省作为农业大省，大多数普通小城镇就是传统的农业城镇。这些传统的农业城镇该如何特色化发展，是本次研究的问题出发点。

广东省茂名市林头镇是全国大多数农业城镇中的一个普通城镇，其现状的产业与空间问题具有典型的代表意义。目前林头镇立足“农业 +”的发展思路，打造农业特色小城镇，已取得了一定的成效。本文以广东省茂名市林头镇为实例，分析其在产业与空间方面存在的问题与原因，提出以农业为线索，串联上下游产业链，以“农业 +”为思路的农业城镇产业发展新路径，并从生态绿地、人文景观、道路交通、市政设施、村居与公共服务等不同方面，提出以“全域田园”为思路的农业城镇特色化空间布局体系，总结出适合新时期农业城镇特色化发展的方法，为我国大部分普通传统农业城镇的发展提供新思路，推动新型城镇化的深入发展。

2. 林头镇发展与建设的现状和存在问题

林头镇位于广东省茂名市电白区中西部，其交通便利，东西方向有沈海高速横穿而过，南北方向在西部有包茂高速贯穿。林头镇山水田林、自然保底保存良好，是广东省农业科技创新专业镇，养殖业发达，是茂名产粮区和菜篮子基地、电白中部商品集散中心，是典型的传统农业城镇。林头镇总面积 173km^2，人口约 14.9 万人，下辖 33 个行政村和 2 个居民社区。

在总结林头镇的现状发展建设情况中，发现其具有普通农业城镇普遍存在的一些问题。

2.1　产业无重点

第一产业粮、果、蔬、畜、渔全面开花，但缺亮点。林头镇拥有大面积的农田、园地，农用地面积占全镇 84.64%；各村庄基本以农业和果业生产为主，所种经济作物与周边区镇大同小异，并无突出亮点；农业种植采用传统的农耕方法，并无突出的种植技术提高产能、塑造拳头产品（见图 1）。

第二产业引不进来，发展不下去，基础弱。产业化程度低，依旧是低附加值的生产业占据主导；第二产业多数为转移来的，本地的根植性弱，与本地大宗农业产业关联性不凸显；现状产业园建设处于起步阶段，缺乏具备带动效应的龙头企业；工业企业规模小，个体产业分布零散，且多以小型家庭式作坊为主。

第三产业服务能力不足，等级低，无吸引力。商业服务业用地面积占镇建设用地 9.8%，用地效率低下，多为低效用地；现状缺乏成规模、上档次的商业，多为零售小商铺；只有一个相对有规模的荔枝批发市场，与农业相关配套服务设施亟待提升。

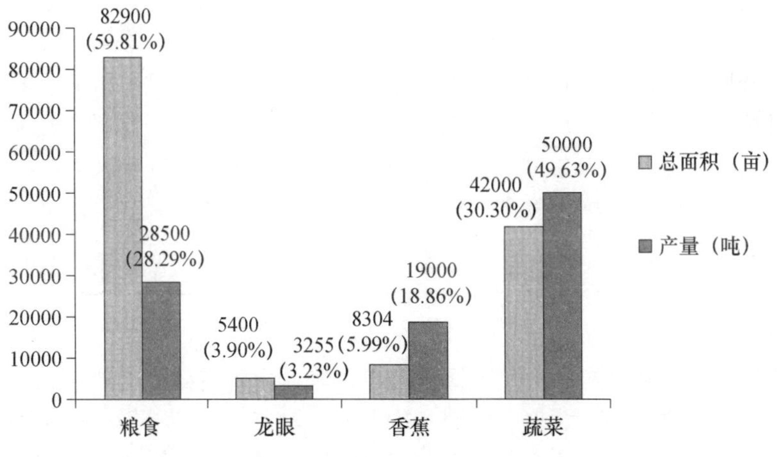

图 1　2014 年林头镇第一产业统计

资料来源：茂名市电白区林头镇 2015 年统计年鉴

2.2 空间无特色

山水田园与城镇未能融合，无法体现整体山水格局。林头镇境内生态自然资源保存良好，大片农田、荔枝林、河流等形成优美的山水田园，但山水田园远离城镇，未能与城镇融合，达不到宜人的居住环境。

新旧交错，功能混杂，城镇风貌较差。林头镇大部分村民都新建了装修完好的房子，用于居住或者商业活动，但也有较多破旧的建筑，有些已经荒废不用，没有拆除；有些还在使用，造成城镇风貌新旧交错，功能混杂。

外部未能有效衔接区域性交通，内部交通不成系统。境内主要道路基本实现硬底化，但由于以前建设道路在村里原有的道路上直接建设，没有进行系统的规划，造成现在内部交通不成系统，部分道路宽度较小，弯路多，交通不顺畅。村内道路没有全部实现硬底化。

设施供给不足，配套设施建设品质较低。镇区商业沿街分布，商业设施缺乏，只有少量商业设施满足村民基本需求，村内部基本没有商业设施；没有环卫设施，镇区沿街没有设置垃圾桶，垃圾裸露堆放，村内垃圾随意丢放，严重影响城镇风貌；没有污水处理厂，污水流入河流，造成河流水污染，水质变差。

3. 以“农业 +”为思路的产业发展路径

研究立足林头镇作为传统农业城镇的农业基础，结合城镇在区域发展要求、交通区位、自然人文资源、公共服务设施等各方面的发展条件，在“互联网 + 传统产业”思路的基础上，延伸出“农业 + 新型产业”的发展思路，即以农业为线索，整合原先各自为政的产业资源，通过产业“成片连线”模式，将农业与旅游、科技、工业、商贸、文化、教育等产业组合，形成如“农业 + 工业 + 商贸 + 文化 + 教育 + 旅游”、“农业 + 工业 + 科技 + 冷链物流 + 科普教育”等不同组合的一二三产业融合发展的长产业链。

3.1 建设“农业 + 工业 + 商贸 + 文化 + 教育 + 旅游”的特色农业长产业链

利用林头镇各片区已有自然资源优势，因地制宜打造各片区特色农业生产种植基地，着力推进水稻、荔枝、蔬菜、中草药、花卉、渔业等特色农业的全产业链建设（见图 2、图 3），形成以一种特色农业为主导，带动工业、商贸、文化、教育、旅游等一系列上下游产业联动发展，生产、生活与生态三位一体的产业链条。

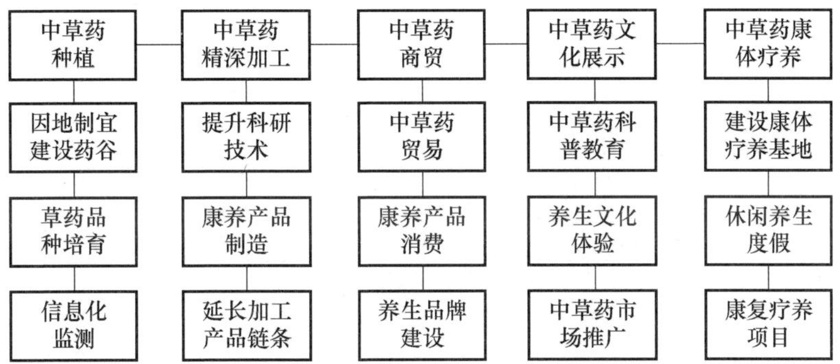

图2　中草药特色长产业链

来源：作者自绘

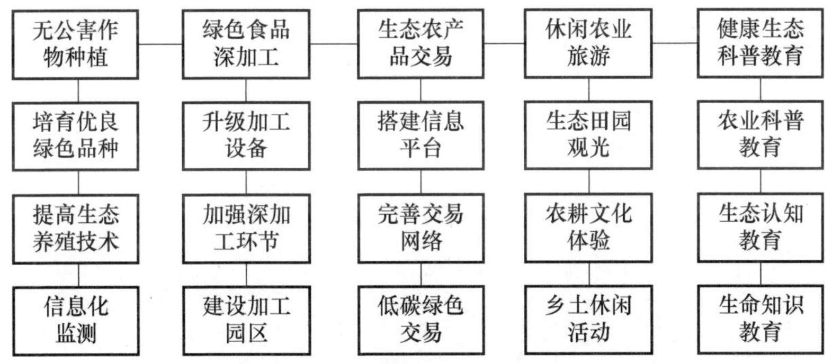

图3　粮果蔬特色长产业链

来源：作者自绘

3.2　建设“农业＋工业＋科技＋冷链物流＋科普教育”的农业信息化长产业链

依托各类农业发展优势，完善已有工业体系，发展下游农产品加工制造工业，着力培育区域特色品牌，提高区内农产品加工业整体竞争力。未来将农业生产往产业链微笑曲线两端发展，一方面以农作物育种、绿色农业培育等科技研发为支撑，另一方面结合农业生产打造重点冷链物流基地，使各类农作物在生产、运输、包装、销售等环节都处于低温保鲜状态，开展高流通的农产品商贸批发活动，同时开拓科普教育、休闲农业等末端旅游市场（见图4）。目前已引入的农业科技生产项目见表1。

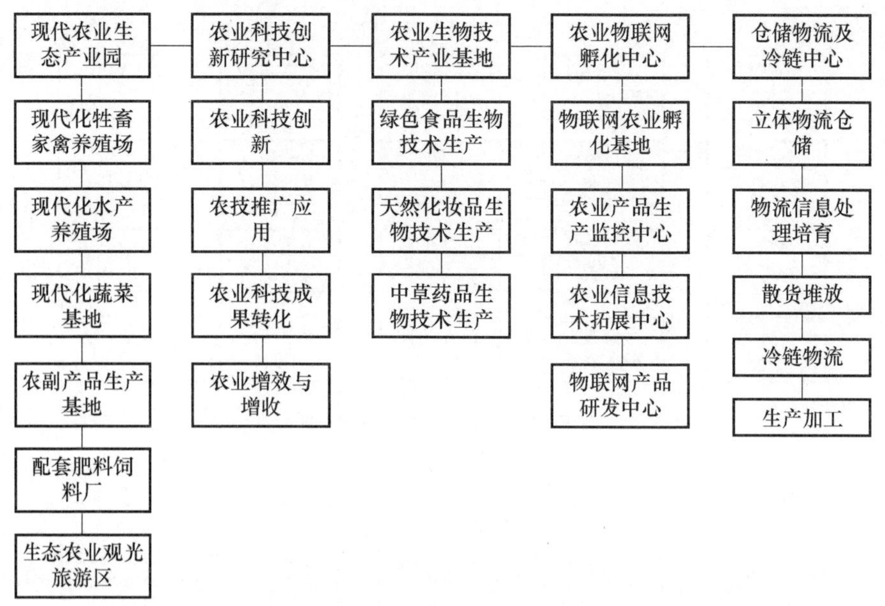

图4　农业信息化特色产业项目链条

来源：作者自绘

表1　目前已引入的农业科技生产项目

序号	项目名称	项目内容	建设目的	地点	建设规模	投资额	投资主体
1	现代农业生态产业园	现代化供港澳养猪场、养鸡场，农副产品冷链物流园区	进一步深化电白区与珠海农控集团战略合作，推进现代农业发展，转变农业增长方式，发挥农业产业特色镇带动作用，带动周边贫困村经济发展	章班村华楼村	900 亩	5 亿元	珠海市农业控股集团有限公司
2	普天仓储物流及冷链中心	集仓储物流、冷链、加工、商务信息等功能为一体的物流及冷链中心	推动物流产业发展，支撑现代农业产业发展	中部产业新区	200 亩	3.6 亿元	茂名普天商贸发展有限公司
3	农业生物技术产业基地	包括 CO_2 - SFE 萃取香精香料自动化生产基础建设、F-55 果葡糖垂立式自动化生产基地	优化产业机构，拓深拓长农产品产业链	中部产业新区	160 亩	3.6 亿元	四国控股集团

续表

序号	项目名称	项目内容	建设目的	地点	建设规模	投资额	投资主体
4	物联网孵化中心	建成物联网产业公共服务平台、技术创新中心以及产业孵化器	拓深拓长农产品产业链，推动互联网+农业“发展”，推动创新性产业聚焦	中部产业新区	3亩	6000万元	广东亿锋物联网科技有限公司
5	现代农业科技创新研究中心	建设农畜渔作业可视化移动管理平台、以RFID系统与各传感技术结合、农产品O2O、信息职能化管理系统	强化农业科技成果转化应用，农业增效，农民增收，完善农业产业链，全面提高果蔬、产品加工、水稻、种养殖等品类的收成，对打造现代农业生态产业特色小镇提供技术支撑	中部产业新区	3亩	3000万元	企业主导

4. 以“全域田园”为思路的空间布局体系

空间布局是产业发展的载体。农业特色城镇的空间布局将改变传统城镇功能分区的方法，拟将农业产业链细分作为组团进行功能分区，形成不同“农业+”产业门类的主题区。以“全域田园”为思路，将农业元素贯穿在道路交通、生态人文景观、市政基础设施、居住与公共服务等不同层面的空间布局内容中，形成既有传统农业城镇风貌特色、又有现代城镇功能的“新田园城镇”布局方法（见图5）。

4.1　塑造田园景观化与主题田园区结合的生态景观体系

农业城镇生态景观体系以特色农业景观为主体，形成原生态的大地花园。通过成片种植的农田作物、果林花卉，形成自然生态的稻田成景、果蔬成景、花卉成景、滴灌成景、渔畜成景等特色的主题田园景观，同时将乡土野趣与可体验的活动场地相结合，把乡村中的各项元素变成可体验、可欣赏、可游玩的资源。

从人的视觉尺度与活动范围对田园景观区进行分层控制引导（见图6），适地适田。近景（20m以内）作为道路景观营造带，设置低矮灌木及生态化绿植侧坡；中景（20~200m）是田园景观控制带，作为中尺度的主题农业体验区，设置有经济、观赏与体验价值的农作物与相关服务设施、景观设施，既是农业经济区，也是农田景观区，也作为休闲农业体验区。远景（200~1000m）是田园景观开敞面，作为大尺度的主题农业种植区，主要是规模化种植大片的农田作物，呈现出开阔的农田大地景观。最远处是村庄及其周边小块的自留农地，乡田林相映，与山体一起形成和谐的自然生态景观背景。

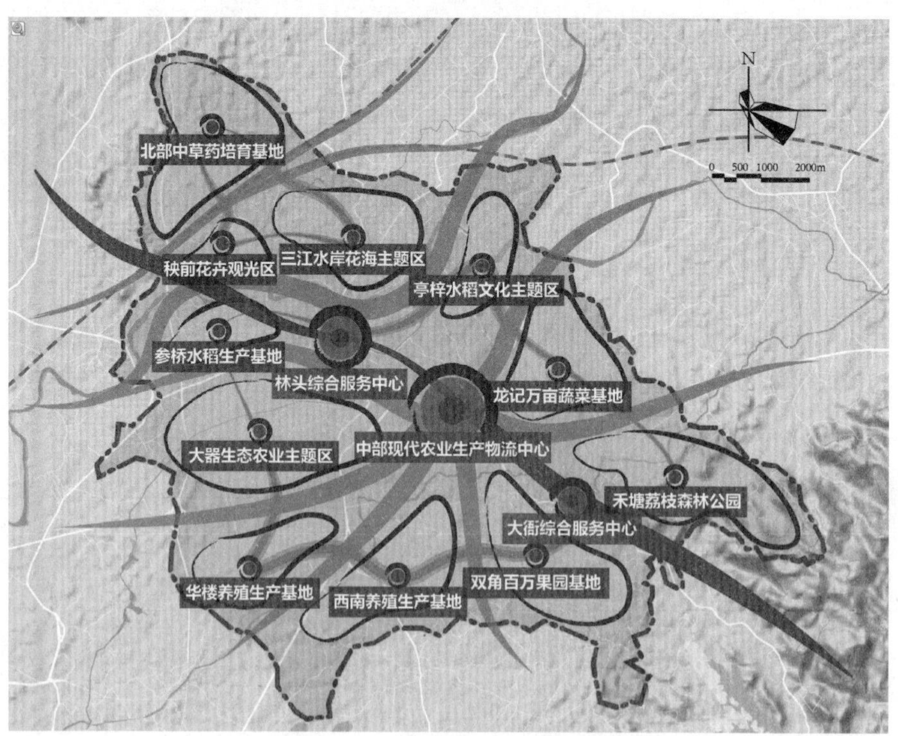

图 5 “全域田园”空间结构图

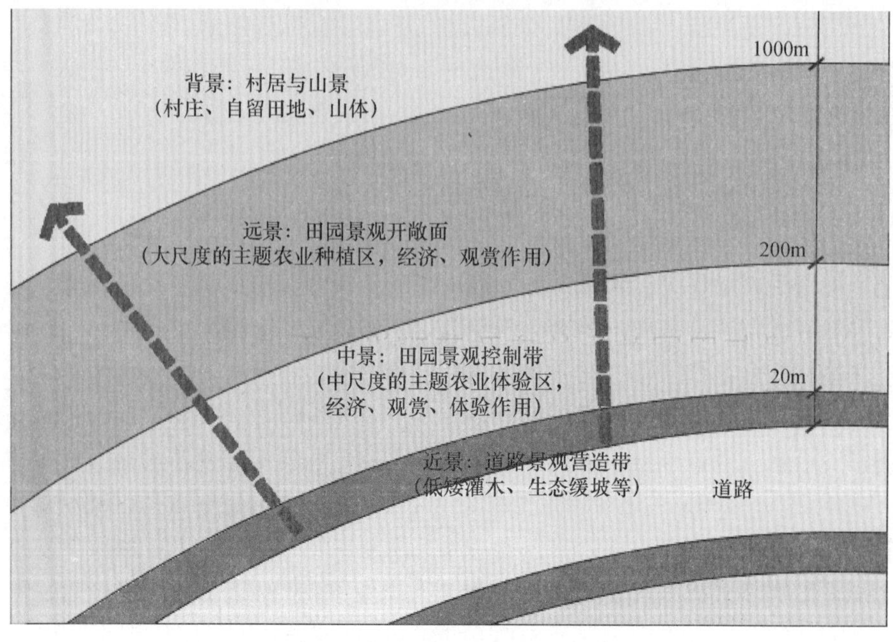

图 6 田园景观分层控制示意图

4.2　构建田耕慢行道与田园风景道结合的道路交通系统

农业特色城镇的道路应该依托全域田园的基地，因地制宜地构建适合不同功能的道路系统。田水林路，相伴成景，不仅串联内部重要的功能设施和景观节点，还能成为特色游览路线。依托农田上的田耕路，构建适合人、自行车、马车等多方式的慢行道，形成随时可驻留、可观赏、可亲近的田景融合网络（见图7）。建设不同等级的适宜尺度的机动车道路，与两侧的田园大地景观结合，合理配置道路两边树种植物，形成既可便捷通行又可游览观赏的田园风景线（见图8）。

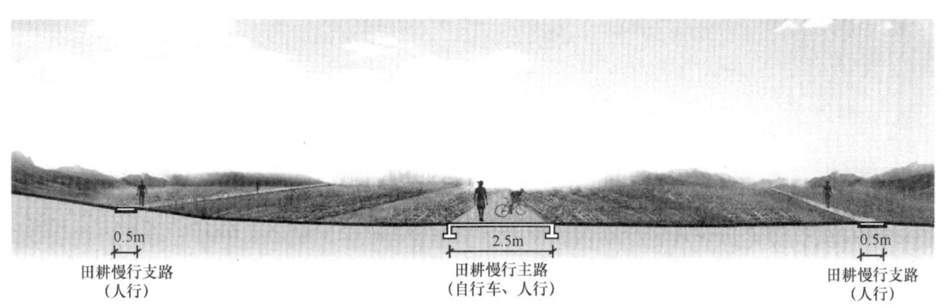

图7　田耕慢行道剖透图

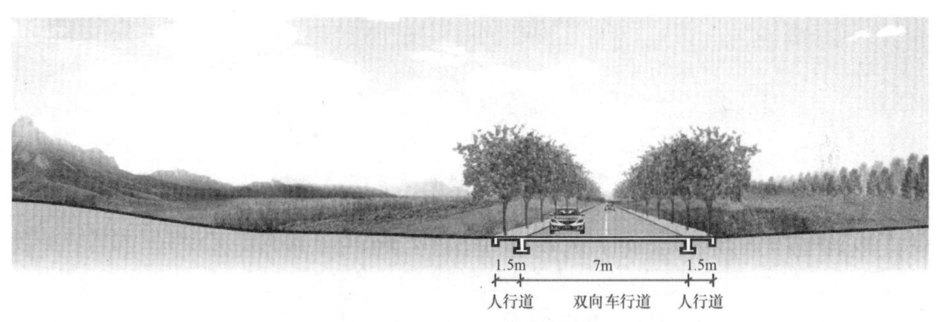

图8　田园风景道剖透图

4.3　建设与田园共生的市政基础设施系统

农田自身就是一个完整的复合生态系统。农田生态系统存在的多样化生物群落结构与物种关系，构成了“作物—微生物”的一系列链式结构。农业城镇中因为人类活动增加的各项市政基础设施，需要利用农田生态系统来建设一套与田园共生的基础设施，如垃圾微利用、雨水微循环、污水微处理，从而使资源与能耗减少到最低程度，使乡村与田野共生，人类与自然共生。

如可以利用当地较起伏的地形和植被，结合区域灌溉引排系统，运用雨水花园处理模式，保护现有水文环境，建立雨水微循环处理点，恢复废弃水渠，修复生物栖息廊道，构建海绵体的神经末梢，提高农业生产与灌溉的水利用。在污水处理方面，通过人工湿地对村庄生活污水的初步净化与特定环境的再次净化，处理后的污水能引入景观农业的农田灌溉系统，惠泽周边农民与农业生产（见图 9）。

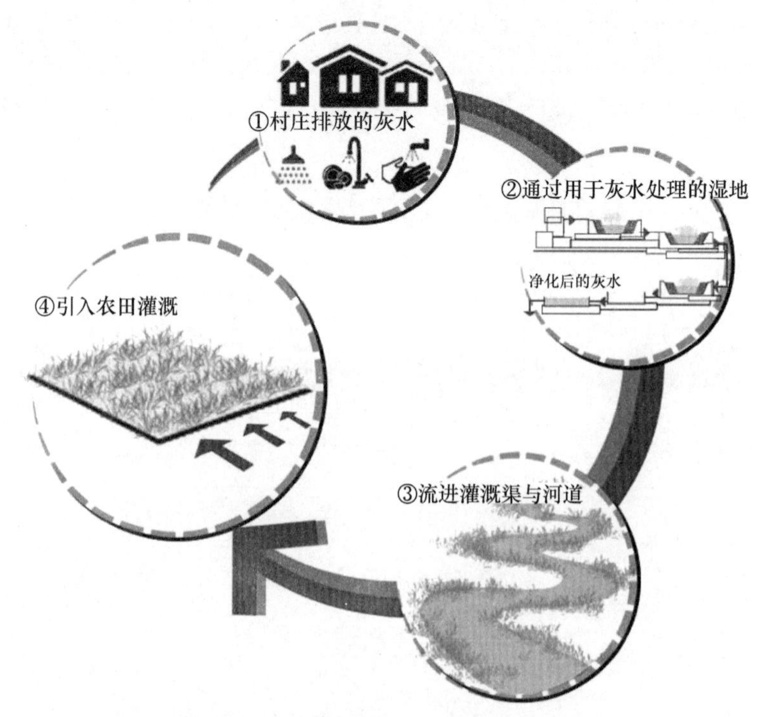

图 9　田园生态化污水处理系统示意图

4.4　形成主题村居生活区的居住与服务体系

以标准化与特色化结合，对村庄产业发展、人居环境与景观特色进行整体建设，应用“小规模、组团式、微田园、生态化”建设模式，建设各具特色的主题村居片。

对有农田资源的村庄，建设稻、果、蔬、花等主题田园区（见图 10），村居与服务配套设施也结合周边主题农田的特色进行建筑外饰与村落景观设计，包括拾边地的微田园景观设计等，都是统一协调的一个主题，形成遍布全域的稻田主题片、中草药培育基地、花卉主题片、荔枝主题片、果园主题片、蔬菜主题片等田园主题村居。对有集中鱼塘水塘资源的村庄，依托鱼塘与水系，建设临水而建、依水而居的村落民居，与渔业养殖、水上游览、湿地景观结合，形成小桥流水、水乡渔歌的渔业主题村居片（见图 11）。

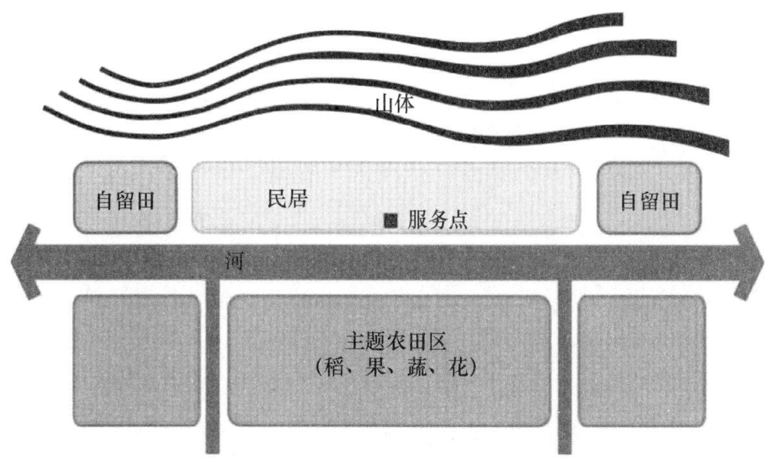

图 10　田园主题村居片空间示意图

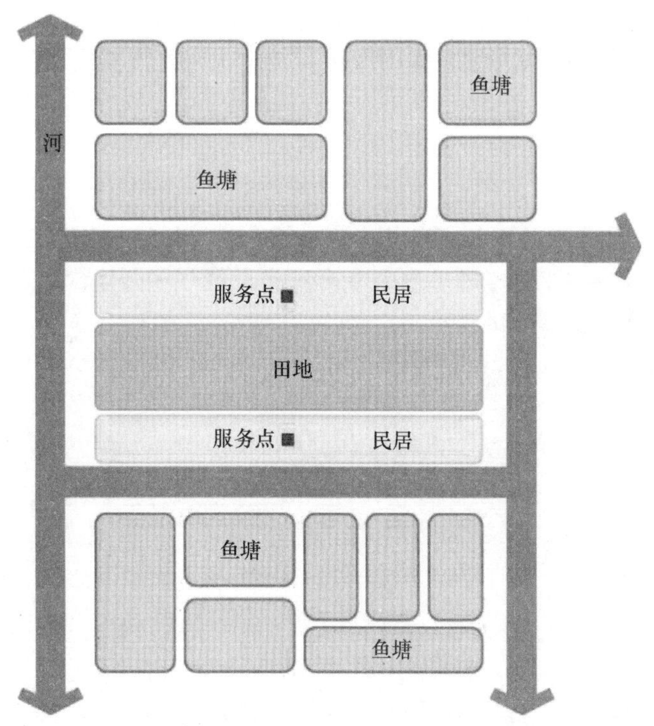

图 11　渔业主题村居片空间示意图

5. 结语

本次研究结合当前特色小城镇发展热点，立足解决数量最多、发展动力最弱的普通农业城镇的特色化发展问题，林头镇只是全国众多普通农业城镇的其中一员，选择其研究具有普遍代表意义。研究将“互联网 + 传统产业”的理念延伸到“农业 + 新型产业”，提出符合城镇发展实际情况的发展定位与产业发展策略，形成农业组合其他产业的特色产业链条。

同时在“农业 +”的城镇产业分类基础上，将农业发展思路落到普通城镇空间布局方法上，以田园来整合城镇总体空间布局内容，结合城镇现状地形地貌、道路交通、资源条件、产业基础等因素，将不同的产业落到空间上，形成具有不同农业产业主题与景观特色的全域化农业公园，构建了全覆盖田园景观与产业功能的现代化“新田园城镇”的空间布局理论体系，丰富了目前小城镇发展与建设理论体系，为新型城镇化的深入推进提供了新思路。

参考文献请见原文。

（撰稿人：卢丹梅，华南农业大学林学与风景园林学院；赵建华，华南农业大学林学与风景园林学院；陈思颖，华南农业大学林学与风景园林学院；谢楠，华南农业大学林学与风景园林学院）

特色小（城）镇社会融合状况评估

——以杭州市为例

1. 引言

近年来，从中央到地方掀起了一股特色小（城）镇的建设热潮。截至 2017 年底，国务院有关部门已公布两批全国特色小城镇共计有 403 个，全国运动休闲特色小镇共计 96 个。2017 年 12 月 4 日，国家发展改革委、国土资源部、环境保护部、住房城乡建设部四部委联合发布的《关于规范推进特色小镇和特色小城镇建设的若干意见》指出，该项建设是推进经济转型升级和新型城镇化建设的重要抓手，应“科学把握浙江经验的可复制和不可复制的内容”。

本文将对浙江省杭州市的玉皇山南基金小镇以及余杭区梦想小镇进行考察。它们都是当前各地方政府与企业蜂拥前往学习的样板小镇。考察视角来自作者们基于日常观察所引发的一项疑问，即当前的特色小镇建设是否存在过于倾向经济维度目标，从而偏离其初衷（缓解大城市病、实现就地城镇化以及城乡统筹发展）的危险。特色小镇的确在产业经济方面取得了显著的成绩，然而这种经济上的成功，并探讨是否会以其在社会维度发展的失衡为代价。

这项担忧并非空穴来风。尽管中央提出了“生产、生活、生态”三生融合的新型城镇化指导意见，但特色小镇的公共话语中心却始终围绕产业经济与物质环境建设，生活维度处于“不在场”的状态。有部分学者表述了对特色小镇建设的反思。赵佩佩等认为，目前政策设计中存在考核指标较为单一、考核周期短、部分考核要求与现实不符等问题。何俊栋认为当前特色小镇主要存在以下误区：盲目创建，跟风现象明显；缺乏科学规划，特色小镇“特色不够”；政府干预过多，未体现“企业为主体，市场为主导”的原则。冯新刚指出当前浙江特色小镇规划建设存在以下问题：投资规模过大、社区功能服务过弱、核心区建设不足以支撑小镇发展、“非镇非区”做法在考核的时候容易让地方作假、过分强调特色小镇要聚集高端要素。

为了系统性地回答研究问题，本文将回顾相关理论，把重点放在社会融合、社会隔离以及社会共同体概念的学术讨论上。接着，在这些理论的指导下，以环境行为学的实地调查方法，对两个小镇的实际使用行为模式、本地人与外来人员两个群体的认知与意愿进行资料收集与分析解读。

需要特别说明的是，特色小（城）镇的定义在当前的实践过程中一直存在概念不清的问题。在最新四部委联合发文中，刚刚对两者的定义进行了明确区分——特色小镇是在几平方公里土地上集聚特色产业、生产生活生态空间相融合、不同于行政建制镇和产业园区的创新创业平台；特色小城镇是拥有几十平方公里以上土地和一定人口经济规模、特色产业鲜明的行政建制镇。从这个定义看，本研究的两个案例对象都属于特色小镇。然而，就理想的社会维度价值而言，特色小镇与特色小城镇理应遵照统一的标准。

2. 相关理论文献

我国对小城镇建设的学术关注始于费孝通的“小城镇，大问题”。由于特色小镇的“新”，聚焦于它的研究成果还在涌现中。从已发表文献看，视角主要聚焦于规划设计、产业研究等方面。

《浙江四镇：社会学视野下的中心镇建设》一书是社会学视角下小城镇研究的重要专著。该书对小城镇建设三十多年的研究进行了详尽综述，提出随着中心镇向小城市的快速发展，中心镇的社会结构、社会秩序将会发生急剧变动，社会异质性将会迅速放大，不同于小城镇的新的社会问题、社会矛盾将会大量涌现出来。该书从社会共同体的视野出发，以建设的具体问题入手，展开对具体中心镇的深描式研究。然而在它之后，却少有学者进行类似深度的社会学视角实证研究。

我国政府致力于特色小（城）镇建设，其主要目的之一是吸纳新的城市人口，推动人的城镇化。从这项要求看，社会维度价值的实现存在一个关键性的挑战，即处理好原住民与外来者的关系。与它相关的概念包括社会融合、社会隔离以及社会共同体。

2.1 社会融合

在社会学研究中，“社会融合”是在讨论外来群体与迁入地居民的社会互动关系时应用最广泛的概念。20 世纪 90 年代，经济全球化带来了一系列新的社会问题，可持续发展社会的建构与维系成为很多国家的挑战，社会融合逐渐成为解决问题的关注焦点之一。Park 将社会融合定义为“个体或群体互相渗透、相互融合的过程；在这个过程中，通过共享历史和经验，相互获得对方的记忆、情感、态度，最终整合于一个共同的文化生活之中”。

社会融合的测度可以被概括为两个维度。首先分为主观与客观两类指标。主观感受包括对社会行动者的情感、认同感和信任感等；客观指标包括社会活动的参与、某种正向社会关系是否发生、发生的数量和强度等。其次，根据研究对象的不同，分为微观和宏观两个层次。个体微观层次的参数基于对相应社会群体成员的态度与行为测度获得，如留在群体中的意愿、对社会群体的身份认同和归属感、忠诚度等。整体宏观层次的参数则会考察某个社会群体内成员某些行为与态度的总体分布情况，如对社会群体认可的平均水平等。

2.2　社会隔离

在城市规划学科基础理论中，对社会隔离现象的研究是重要方向。该领域与社会融合领域可以被理解为对一个主题的两种叙述方式，因此其研究也存在一定的交叉。在20世纪后半期，随着全球化进程的不断推进、新自由主义兴盛以及福利国家势衰，社会分化的加剧带来了更为分异乃至极化的社会空间结构。社会分化使城市变得“分化”“碎化”“双城化”。英国学者Madanipour指出，空间资源的不平等分配会造成严重的社会排斥，由此带来一系列文化、经济与空间排斥，引发大规模的社会危机。我国相关的实证研究主要集中在大城市，包括：李志刚等对广州城中村的研究，发现基于地缘、血缘的“差序格局”仍是新移民界定网络成员身份的重要准则，外来群体并没有融入到本地社区；袁媛对重庆市的研究，发现历史空间继承、早期住房政策与分配制度、城市规划对保障住房的布局引导等体制因素，以及区域经济发展差异、基础设施投资建设、房地产开发和内城选择性更新等市场因素的系统作用，是重庆市贫困空间特征形成的主要原因；宋伟轩等对中国城市封闭社区社会效应的研究，发现封闭社区在一定程度上会造成不同阶层的居民在空间资源利用上的悬殊差异，同时也会进一步造成阶层差异的扩大与阶层矛盾的激化。

尽管以上研究聚焦于大城市，但其发现对小城镇建设仍有警示作用。当前官方与社会言论一味强调特色小镇建设应该吸引人才、技术、资金等高端要素的集聚。然而，特色小镇所在地依然是经济发展水平较为普通的乡镇，这是不能回避的现实，也是与国家推进特色小镇建设初衷所匹配的定位。如果仅仅通过经济与政治措施把属于不同阶层的外来群体与迁入地居民简单聚集在同一空间中，而不采取增进社会融合、缓和社会隔离的措施，容易引发负面的社会后果，甚至带来潜在的严重社会冲突。

2.3　面向社会共同体的城镇建设

在回顾了社会融合与社会隔离两个概念后，还值得审视的是“社会共同体”

这个重要概念。需要指出的是，它所对应的英文“community”在城市规划学科的译名为“社区”，该译名侧重于物质形态和边界，是对这个概念意涵的简化。

在社会学中，社会共同体指的是：由若干社会个人、群体和组织在社会互动的基础上，依据一定的方式和社会规范结合而成的一个生活上相互关联的大集体，其成员之间具有共同的价值认同和生活方式、共同的利益和需求，以及强烈的认同意识。社会共同体具有经济性、社会化、心理支持与影响、社会控制和社会参与等多种功能。

西方在城镇建设中十分注重社会共同体概念的实践。早在1982年，建筑师雷恩·克利尔就意识到了现代主义建筑观念对社区共同体的冲击，呼吁应该发展紧密相扣的共同体，对小城镇以妥善维护。英国的新城建设始于20世纪40年代，一直持续到20世纪80年代。翟健对英国新城历年来的主要政策进行了整理，认为其主要政策目标是建设一个“既能生活又能工作的、平衡和独立自足的新城”。“平衡”具体体现在三个方面：①总人口中有相当数量的本地就业者；②新城的工作岗位要有多样性，防止经济上的过分依赖性和单一企业的垄断；③新城的阶层应该是混合的，要能吸收不同阶级的居住和就业者。“独立自足”是指新城配套有商业、学校、影院、公交、教堂等生活设施，能给居民提供工作机会。以米尔顿·凯恩斯新城为例，在社会平衡和多样化方面，该新城从居民充分、就近就业和提高生活质量出发，通过混合居住消除社会隔离，实现规划的既定目标。

英国在大规模新城建设后，把重心转移到内城的城市更新任务中。首相办公厅颁布的文件把城市更新的综合目标定义为经济、环境与社会三个方面。其中，对社会维度的具体要求是，通过促进社会融合、邻里更新、建构社会资本，促进更强的社区，更加健康、完善的服务、设施与休闲娱乐来满足人们的社会需求。2005年，又进一步提出了“可持续社区”的概念，同样对社会维度的价值与目标有具体规定。

从以上英国城镇建设的经验显示，经济维度仅是“健全”小城镇建设中的一个组成部分。社会维度的价值“能够”也“必须”以针对性定义与具体措施予以贯彻。在特色小城镇建设成为风潮的今天，中国当前的建设在生长速度与体制上均与其希望仿效的西方样本存在较大差异。那么，我国特色小城镇建设社会维度的目标是什么？逐渐培育当地的社会共同体，减少社会隔离，促进社会融合，这些社会议程（social agenda）应该列入当前建设的总目标吗？

3. 实证案例：玉皇山南基金小镇与余杭区梦想小镇

3.1 案例基本情况与调查方法概述

本文的调研对象为杭州市玉皇山南基金小镇以及余杭区梦想小镇。这两个小镇无论在政府官方话语还是公共舆论中，均具有较高的认可度。

基金小镇位于杭州市主城区，北边紧邻西湖风景区，南靠钱塘江北岸，属于上城区南宋皇城遗址核心区。20 世纪 90 年代，这里建立起陶瓷制品生产和集散地，环境质量不佳。之后杭州市启动西湖综合保护工程，多种类型文化创意产业入驻，逐渐形成山南文创产业园，近年才逐渐形成基金企业的集聚地。2015 年 5 月，玉皇山南基金小镇正式揭牌。

梦想小镇位于杭州市余杭区未来科技城的仓前区域，距离杭州绕城公路约 6km。它采用“有核心、无边界”的空间布局，其核心区东至杭州师范大学，西至东西大道，南至余杭塘河，北至宣杭铁路，规划范围约 $3km^2$。2014 年 9 月正式启动建设，2015 年 3 月包括互联网村、天使村和创业集市在内的 17 万平方米先导区块投入运营。2016 年 10 月，创业大街 4.3 万平方米建筑建成投用。

本文通过三个方面的资料搜集来回答问题：特色小镇在产业经济方面所取得的显著成就，是否会以其在社会维度发展的失衡为代价？首先收集政府与新闻媒体公开发表的报道、宣传资料以及国家和浙江省发布的相关政策。其次是从各种渠道获得的小镇规划设计文本与资料。最后是以环境行为学方法进行的田野调查，时间为 2017 年 5 月到 9 月，用以揭示外来者与小镇周边原住民的相互关系。

3.2　官方与公共话语：社会维度价值处于认知盲区

从公开资料看，两个小镇都备受关注。然而，几乎所有报道都聚焦于它们在短期取得的经济建设成果、产业发展前景以及人才素质，社会以及社区层面的内容鲜有提及。

基金小镇的成绩单包括：截至 2017 年 6 月，小镇入驻企业 1667 家，资产管理规模达到 8700 亿元，其中引进“国”字头背景的基金项目超过 10 个。2017 年 1 ~5 月实现税收 9.79 亿元，同比增长 90%。上城区区委书记缪承潮对基金小镇发展蓝图这样介绍：“在未来五年，小镇将……实现主动管理资产规模超过 5000 亿元，总管理规模超 1 万亿元的中国第一流私募（对冲）基金小镇。”

梦想小镇的成绩单包括：截至 2017 年 2 月底，累计引进孵化平台 35 个、互联网创业项目 910 余个、创业人才近 8700 名，其中 90 余个项目获得百万元以上融资，融资总额达 34.5 亿元；集聚金融机构 620 余家、管理资本 1350 亿元。网易新闻对其这样描述：“梦想生长的速度有多快？……从 9000 万到几十亿的爆发式增长，只用了不到两年的时间。”

为什么这些公共话语聚焦于产业与经济维度的成就，而甚少提及社会维度的价值？笔者就这个现象访谈了梦想小镇海龟科技运营中心负责人宋岚，她表示一个可能的原因为：对社会维度价值的追求并不是没有，而是排位根据任务的紧急程度，优先级别往往不那么容易靠前。在很多社会投资群体看来，特色小镇就是一种新型的产业园区。

3.3 规划设计：空间隔离现象较为显著

结合实地调查，笔者对收集到的规划文本进行了分析，关注以下三个方面：①规划目标与功能定位；②空间格局，尤其是新改造区与周边社区的空间联系；③公共服务设施的布局，其服务是否能兼顾外来者与本地居民。

3.3.1 功能定位

在小镇的规划目标上，两个小镇均具有较为高端的定位。玉皇山南基金小镇以美国的格林威治小镇为标板，试图建立一种国际化形象。梦想小镇则以科技为导向，以创业为核心，通过吸引高素质人才，带动杭州未来科技城打造浙江省的现代创新基地。从目标设定中，找不到小镇更新区功能定位与周边临近社区关系的描述，更谈不到对其互补性的考虑。从特色小镇的功能定位看，有空降飞地（enclave）之嫌。而“飞地”在社会融合与社会隔离的研究中，都直接指向负面的社会影响。

3.3.2 空间格局

基金小镇共有四期，包括一期八卦田区块、二期核心和代表区块、三期三角地仓库区块以及四期机务段区块（见图 1）。值得注意的是各期相互独立，呈碎片化分布。当前比较成熟的一期区块八卦田片区与二期核心白塔片区被东西方向的铁路线切割开来。

图 1　基金小镇四期分布图

资料来源：浙江在线新闻网站 http：//hangzhou. zjol. com. cn/system/2014/09/30/020284765. shtml

梦想小镇在功能分区上以圈层结构划分为居住区、农田村庄区、创意办公区、教育区和公共中心区。当前运行成熟的三个区块为互联网村、创业大街以及天使村。从步行系统看，它们的碎片化分布现象也较为严重（见图2）。交通干道良睦路把互联网村与创业大街、天使村切割开来，而后两者被河流分割，仅有一条桥梁相连。从公共新闻得知，梦想小镇在产业布局方面有具体构思：对小镇孵化出的项目，积极推介到周边科技园和存量空间中去加速和产业化；小镇空出来的空间继续引入新项目孵化，形成滚动开发。

图2　梦想小镇已经建成运营的三个片区

资料来源：作者在百度鸟瞰图的基础上改绘

结合实地调查与规划图纸，以西方小城镇普遍空间组织模式作为参照，两个案例的空间布局存在一个显著的问题，即现有的小镇运营区都采用了内向型的街道设计，并不存在一条有活力的主街能以直接的空间联系辐射到周边区域。在英国，这种小镇主街常被称为“high street”。无论是居民还是访客都可以在其中感受到区别于城市的慢生活节奏，面包店、咖啡吧、花店、菜摊、居民排屋前的小花园等元素共同构成了这种主街的意象。从两个特色小镇的总图看，也没有为这样一条主街做出特别的设计或培育。从当前设计的动机看，可能这种内向型的街道设计是刻意为之的。一旦片面聚焦于经济维度价值，把更新区与周边既存普通居民点拉开距离，是节约建设与管理成本的做法。

3.3.3　公共服务设施配置

在公共服务设施上，基金小镇建立了邵逸夫医院杭州玉皇山南基金小镇国际医疗中心、人才公寓、金融图书馆、国际幼儿园等高层次空间，且“对玉皇山南二期现有规划中的公建设施进行适度调整，把与私募基金机构需求不配套的公共设施移出区外”。梦想小镇也是以外来创业者需求为项目设计导向的。在已建成片区，笔者发现原有居民使用的菜场（位于桥头）被移到东北面，使沿河建筑群能获得一致的高端商务品质。由此可以推断出，小镇的公共服务设施仍是以精英工作者为目标人群，并没有与本地居民共享的明确意愿。

总之，从两个小镇的功能定位、空间格局以及公共设施配置方式可以看出，两个小镇与其周边环境均存在一定程度的空间隔离。在高端产业定位下，小镇以一种高层次空间形象被展示，而临近的普通居民点则被隐藏起来。规划设计对社会融合目标的重要性缺乏理解，其打造的公共空间是内向型的，与西方自然小镇的空间组织特征差异大，反而与产业园区的空间结构有相似度。

3.4 田野调查：社会共同体的培育尚在萌芽期

田野调查分两个阶段进行，采用结构式观察法与结构式访谈法对本地居民、外来就业者、游客的行为轨迹、空间使用模式，以及不同群体之间社会交往意愿进行了记录与分析。

3.4.1 第一阶段的定性调查

第一阶段主要通过观察与访谈进行，选取工作日与休息日的清晨、白天、傍晚三个时间段进行多次采样。现场观察发现，两个小镇被更新区块的公共空间与建筑品质远高于其周边地区。以梦想小镇为例，小镇内部的景观与建筑室内场景无异于大城市，而紧邻区域的公共广场与建筑的使用情况却露了馅，直接跌回国内普通小镇的水平（见图3、图4）。

图3 梦想小镇更新片区周边场景与小镇内北欧风格书店内景

资料来源：作者自摄

图4　梦想小镇更新片区原住民使用的广场与售卖商品的小店铺
资料来源：作者自摄

通过居民访谈与使用者追踪，我们发现在基金小镇，本地居民与外来就业者的隔离现象较为严重。尽管其附近是较为稠密的居住区，然而周边居民极少去小镇片区活动。在更新改造区，只有在两种情况下才能看见周边居民：一是上午8点前，能遇到一些前来享受白塔片区湖景的居民，二是在安家塘历史地段的甘水巷水井边有一些原住民的社会交往活动［见图5（a）］。不少居民反映，“特色小镇和我们没有关系”。定性分析发现，有两个因素妨碍了周边居民对小镇的利用。首先，在空间设计布局上，小镇是内向型的，有意拉开与周边社区的联系［图5（b）］。其次，巡查保安等管理方式起到了隔离的效果。基金小镇一期采用封闭式管理，毗邻八卦田景区，却与本地居民以及游客的活动轨迹几乎没有交集。二期虽然是开放的，但内部配备了巡逻人员与闭路监视系统，容易造成“非小镇人员不被允许进入”的印象。当调研人员进入时，也时常受到盘问。无怪乎大部分临近的居民满足于自己小区内部的公共空间［图5（c）］，而不去享受小镇更新区的高品质景观。

(a) 安家塘历史地段

(b) 基金小镇二期入口

(c) 周边社区公共生活

图5　基金小镇更新片区原住民活动情况
资料来源：作者自摄

3.4.2　第二阶段的定量调查

第一阶段的调查发现，基金小镇的社会隔离现象十分明显，而梦想小镇更新区的情况相对乐观。因此第二阶段的调查仅针对梦想小镇展开，对两个群体设计了有一定区别的问卷。一共收集到 27 位当地居民与 16 位外来工作者的有效样本。

分析结果显示，梦想小镇对当地居民生活品质的提高有明显促进作用。有 2/3 的居民表示梦想小镇的建设为其生活带来了积极影响。几乎所有被访者都表示，会前往梦想小镇进行休闲活动，而选择每天前往的被访者比例高达 60%。

为了测评两个群体的社会融合程度，笔者为本地居民设计了三个递进的问题。一是对特色小镇中工作者的印象。14 人选择“我觉得他们挺好的”，13 人选择“我对他们没什么印象”，无人选择“我不喜欢他们”。第二个问题询问“你认为是否能和小镇中的工作者成为朋友，如果不可能请告知原因”。有接近一半的居民认为不能成为朋友，最主要的原因分别是：“没有机会遇到他们”（7 人次）、“没有共同话题”（7 人次）、“不是同一阶层”（6 人次）。第三个问题请被访者评价“本地居民跟外来工作者关系是否融洽”。其中 11 人选择“比较融洽”，15 人选择“关系一般”，仅有 1 人选择“不太融洽”，无人选择“很不融洽”。

对外来工作者融入本地社团的意愿，一共设计了 9 个问题。总体看来，外来工作者对融入本地居民群体持有更为乐观的态度。绝大部分外来工作者均表示愿意在附近定居、参加当地社区组织的活动、与当地居民成为朋友。所有受访者均表示，“小镇工作者长期定居能提升当地社区的层次”。在“对当地居民印象”这一题上，12 人表示“我觉得他们挺好”，4 人表示“我对他们没什么印象”。不和本地居民交朋友的原因是多项选择，选择“不是同一阶层”“没有共同话题”的仅有 1 人，4 人表示“生活习惯不一样”，最多的选择是“没有机会遇到他们”（7 人），这也表明公共空间设计的重要性。最后一个问题请被访者评价“本地居民跟外来工作者关系是否融洽”，其中 8 人选择“比较融洽”，8 人选择“关系一般”，无人选择“不太融洽”“很不融洽”。

3.4.3 讨论

从田野调研结果看，特色小镇与周边社区存在一定程度的社会隔离。由于基金小镇的产业定位更为高端，其隔离程度远高于梦想小镇。

这种隔离不仅体现在物质空间上，还表现在人群差异上。小镇周边社区大部分人的教育程度都比较低，以较为低端的小商品与餐饮服务业为主要收入来源。而两个特色小镇入驻的工作者均以受到较高教育程度的人才为主。正如基金小镇周边社区的一位被访者所言：“我和他们（基金小镇的工作者）不是同类人，平时也没有交流，我只是打工仔，我也不想去了解他们。”梦想小镇的一位被访者也表达了类似的顾虑：“我们本地的跟外来人不打交道。他们是高素质的人，我们是大老粗，他们来上班的都是大学生，来创业的，我们和他们不会接触的，跟他们不是同一个层次。”

而对小镇的就业者而言，他们也追求与相同层次人群的交流，“之前担心来到这边能不能融入大家，但是真正工作后发现身边有很多清华的校友，也有很多出身知名高校的同事，大家有很多共同的话题。”同时，梦想小镇的工作者也反映：“他们（本地居民）也有自己的生活圈子……我觉得这个不算是人际间的冷漠，主要是一种区域的隔阂和年龄的隔阂，不是一个地方的人，不是同一个年龄层，各种经济也不是相同的……人和人交往是需要一个交集的。”可以看出，观念上的阶层级差也是造成两个群体隔离的主要原因。

从梦想小镇的访谈结果看，社会共同体还是有可能形成的，只是尚在萌芽期，并且缺少物质空间条件的支持。与西方小镇最明显的差异是缺少一条充满活力、为所有人共享的主要生活性街道。当前我们拥有的，是被保安所监控、内向型、缺少生活内容的“伪公共”街道。

4. 从现实问题到成因剖析

4.1　现实问题总结

两个实证案例表明，当前我国特色小（城）镇建设在社会维度的发展上确实存在失衡现象。从公共话语看，过度关注经济维度价值，社会维度则处于认知盲区。从规划设计看，有意无意间形成了更新片区与周边社区空间隔离的局面。从对原住民与外来就业者的行为观察与意愿访谈看，两个群体的社会融合度不高，小镇社会共同体的培育尚处于萌芽期。

4.2　问题成因剖析

为什么在实际建设中，特色小镇社会维度的价值实现处于无人过问的状态？本文梳理了三方面的原因。

首先，从政绩视角看，地方官员重视经济指标而把难以量化的社会性目标后置，是符合当前行政逻辑的选择。在实践中，特色小镇的监测与验收考核，通常采用经济数据报告结合大量具有视觉冲击的照片，以及打造参观路线进行走马观花式考察的方式。因此在短时期内，物质空间与社会阶层隔离的问题并不会被暴露出来，但会给当地的长期发展带来隐患。

其次，短周期是特色小镇建设的普遍现状。在急于求成的心态下，“可操作性”成为确定小镇各期更新范围的主要判断标准。孙施文指出：“在规划实施中，项目以及项目的可实施性作为唯一的关注点，甚至其最直接的外部关系都不在其考虑范围内。”本文的案例调查印证了这个判断，更新区往往呈现为内向植入型的飞地。如何通过多个片区的更新，使小镇从整体上建构一个具有活力的空间结构似乎并不在考虑范畴之内。这种做法会极大地损害特色小城镇建设对周边老镇区本应产生的带动作用。

最后，我国城乡不平衡发展，不同收入阶层的生活习惯差别大，这使得高端要素在小镇的植入成为极大挑战。如果过分强调经济成就，小镇所吸引人群的社会阶层将远高于周边社区居民的层级。而要在一个普通社区周边创造吸引精英的环境，最简单的就是依靠内向式设计、与周边社区保持距离所获得，并以伪公共空间的做法节约管理成本。这样，特色小镇与周边社区、外来精英人群与本地原住民之间就容易出现较大程度的空间与社会阶层的隔离。

5. 结语：呼吁包含社会维度价值评价的指标体系

2017 年 3 月，住房城乡建设部在浙江省德清县召开全国特色小镇培训会。会上为县市及建制镇政府管理者和规划编制人员进行了最新的小城镇规划建设理念与技术参考的培训。然而，从 4. 2 节的问题成因剖析看，仅仅依靠规划设计师的职业道德与能力，是不能化解现有的问题困境的。

在国家政策中，特色小镇的社会文化价值、整体发展的公正和公平这些价值，都有条文进行强调。然而，健全的特色小城镇建设需要从顶层设计一直贯彻到基层工作的政策体系。从当前浙江省的特色小镇规划建设统计监测指标体系看，经济层面的产业指标是主导，而社会层面的“生产生活生态与社会治理”指标，仍以功能性的公共设施指标体系“公共文化设施建筑面积、公园绿地面积、特色小镇景区等级、地表水水质达标率、公共 WIFI 覆盖率、公共服务 APP 建设情况、数字化管理覆盖面积比例”进行量化。社会交往等情感性、真正反映社会生活层面的指标并不存在。

是否可能借鉴西方经验，在特色小城镇评估体系中强化社会维度的综合指标，通过细则使其具体化，从而避免尴尬的现状：社会价值仅仅停留在抽象口号的阶段？一些可能的社会维度定性判断指标包括：①考察更新区域选址是否能增强该区域既有空间格局的活力，特别是在步行体系与公共设施方面是否对小城镇整体进行有效提升。②考察“就地城镇化”目标的具体实现方式，如考察鼓励原住民在更新区就业的比例。③考察外来人员定居本地的意愿，对小镇的认同和归属感、忠诚度等。④使原住民对小镇的发展有一定的发言权，增加他们对外来居民的接受度。

从当前实践看，有三种现象应列入“负面清单”进行管理。①与西方自然生长的小镇相比，当前某些特色小镇可以被视为“飞地”，与产业园区的建设逻辑没有本质区别。②现有特色小镇更新区功能定位过于高端，对实现国家就地城镇化目标并无助益，反而会引发社会隔离，有激发社会矛盾的风险。③现有一部分特色小镇对人口结构的改善以及区域产业层级的提升仅停留在表面数据指标上，与西方历史上出现的贫民窟清除运动有类似之处，应引起警惕。

大城市与小城镇之间并非竞争关系，而是两个相互联系的环节。在特色小镇建设大热的当下，本文把隐藏于后台的社会维度价值拉到前台，目的是在考虑“该如何做”之前，冷静回顾国家政策设定的初衷：“为什么做”。特色小镇与特色小城镇，不仅仅是推进经济转型升级的重要措施，也是新型城镇化建设的重要抓手。通过改善小城镇的基础设施与就业环境，实现本地居民的就地城镇化，促进人的城镇化，从而使城乡居民拥有均等的机会参与现代经济与社会生活，分享现代物质和精神文明成果。在这个建设过程中，“促进社会融合、创建社会共同体”的社会议程不可或缺。

最后要说明的是，中央文件已经明确了特色小镇与特色小城镇的定义区别。在下一步的研究中，应选取有代表性的建制镇案例做进一步的研究。

参考文献请见原文。

（撰稿人：戴晓玲，浙江工业大学建筑工程学院；陈前虎，浙江工业大学建筑工程学院；谢晓如，中国美术学院风景建筑设计研究院）

江西省建制镇类特色小镇建设评价体系构建

1. 引言

2016 年 7 月，住房城乡建设部、国家发展改革委员会、财政部联合下发《关于开展特色小镇培育工作的通知》，要求培育“特色鲜明的产业形态，和谐宜居的美丽环境，彰显特色的传统文化，便捷完善的设施服务，充满活力的体制机制”的特色小镇；同年 10 月，国家发展改革委员会发布《关于加快美丽特色小（城）镇建设的指导意见》，要求特色小镇建设要创新探索、因地制宜、产业建镇、以人为本。可见，特色小镇建设是新时期推动产业转型升级和优化空间布局的重要空间载体。近年来，江西省积极部署特色小镇培育创建工作，各地高度重视，积极开展了各具特色的小镇培育工作，建设工作初显成效，但也存在亟待引起重视和解决的问题。笔者通过分析江西省内特色小镇存在的问题，采用层次分析法构建评价体系，提出政策建议，用以引导特色小镇建设。

2. 江西省特色小镇发展现状及问题

2.1 现状特征

江西省生态环境良好，文化底蕴深厚，自然资源丰富，交通便利，为特色小镇的建设提供了良好的基础。江西省特色小镇主要包括以传统行政区划为单元的建制镇和产业园区创新创业平台两种形态。目前，江西省已将 12 个特色小镇列入全国特色小镇培育名单，并计划创建 54 个省级特色小镇（见图 1）。

江西省特色小镇新格局初具形态，阶段性成效逐步显现，并呈现出以下特点：高位推进强劲有力，如政府重视并出台相关政策措施；规划引领清晰见力，如创建的特色小镇名单中多数特色小镇十分重视前期规划工作，并聘请名家进行

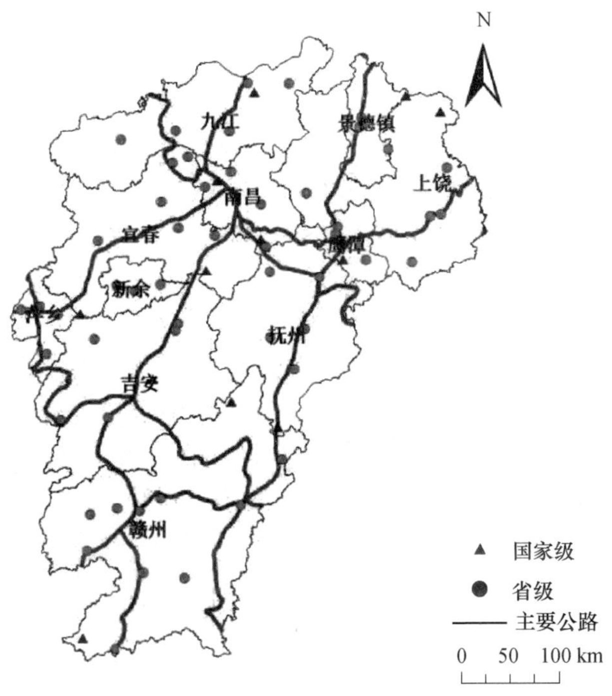

图1　江西省特色小镇分布图

规划编制；产业特色鲜明助力，如各特色小镇发展优势产业并精心打造产业品牌；措施保障扎实给力，如用地保障、奖补资金项目扶持、融资支持等措施扎实有力。

2.2　存在问题

（1）建设特色小镇思想认识存在偏差。在特色小镇建设过程中把特色小镇建设仅仅看作秀美乡村建设或是单纯当作产业来对待，或是过于依赖上级的政策支持，或是对特色小镇建设主体认识不足，管理方式、创建模式和服务手段还比较落后。

（2）规划定位不够精准。在特色小镇规划设计中存在定位同质化、忽视产业联动及挖掘地域特色不够等问题，如上饶市上饶县罗桥镇灵山旅游小镇的产业关联度较低、产业同质化竞争激烈；同时，还存在规划理念不够清晰、内容不够科学和体系不够完善，顶层设计站位不高，对自身产业、文化、生态、区位、地貌及建筑等资源研究不透等问题，特色小镇的特色不够明显。

（3）产业支撑力度不强。部分企业在业内有一定影响力和知名度，但没有形成品牌辐射及带动效应，产业特色没有得到很好的挖掘，如樟树市阁山镇作为樟树市药都药业的源头，却缺少与药相关的产业和设施；吉安市吉安县永和镇吉州窑陶艺小镇缺乏知名的陶瓷企业和商标品牌；上饶市高铁经济试验区数字经济小镇大数据产业相关项目建设还处于推进阶段，尚未形成集聚效应。

（4）保障措施不够有力。在特色小镇建设中，存在专业技术人才奇缺且难以引进、资金投入不足、融资受限及土地缺口较大且调规难以到位的问题，如樟树市阁山镇规划建设用地需 4000 亩左右，但现能报批的土地仅有 1000 余亩；上饶市高铁经济试验区数字经济小镇所需的高端复合型人才及技术人才均较为匮乏，同时数据采集、分析、清洗和服务工作所需的大量“大数据蓝领”也无着落。

（5）规划布局与上位规划衔接不够。部分特色小镇规划中盲目扩展用地，远远超出原总体规划中用地规模，如鹰潭市余江县中童眼镜小镇规划布局与余江县中童镇总体规划衔接不够，只注重特色小镇概念性规划编制，对镇总体规划却没做好相应调整。

（6）产业用地比例偏低，房地产用地比例过高。在特色小镇规划布局中对产业用地研究不够，往往更注重房地产用地，如赣州市全南县南迳镇依托独特的森林芳香资源打造芳香小镇，在该特色小镇规划编制中，房地产用地过多，而产业用地不足，特色业态不够丰实，未能形成集聚效应。

3. 动态监管机制建立及评价指标内涵

3.1 动态监管机制建立

为促进特色小镇科学合理、健康有序发展，由江西省特色小镇建设工作联席会议办公室牵头对特色小镇建设采取动态监管的方式，以年度统计数据、项目推进情况为依据，评出年度优秀、合格、不合格的特色小镇。对年度考核优秀的特色小镇，落实省级财政、土地扶持政策并予以适当奖励，推荐上报全国特色小镇培育名单；对年度考核合格的特色小镇，落实省级财政扶持政策；对年度考核不合格的特色小镇，次年取消其省级财政扶持政策，调整进入观察名单，并向设区市政府发函督促问责。对进入观察名单的镇，一年后由省特色小镇建设工作联席会议办公室对其整改情况进行实地复核，对整改不到位的，终止观察并通报全省。

为科学合理、公开公正、公平评价考核特色小镇的建设，迫切需要制定一套特色小镇建设评价体系。鉴于江西省特色小镇创建中存在的规划定位不准、产业支撑力不强及保障措施不力等问题，本文按照“产业发展、和谐宜居、文化传承、设施服务”的创建要求，选取特色产业、宜居环境、传统文化、设施服务和体制机制 5 个类别指标建立动态监管机制。

3.2　评价指标内涵

3.2.1　特色鲜明的产业形态

产业是特色小镇经济发展的支撑。特色小镇建设区别于传统城镇规划的关键在于强调产业规划的核心地位，需根据区域产业基础明确特色产业定位，强化产业特色。因此，本文选取的指标有产业特色、产业规模和产业环境。产业特色表现在传统产业转型升级、依托新技术及挖掘当地特色资源，培育出有比较优势、有影响力的新兴产业；产业规模表现为吸纳当地务工人员数量、带动当地经济发展规模、主导产业企业数量增加情况及年营业收入数据等；产业环境表现为投资环境良好、产业投资保持持续增长及政府出台产业发展的相关鼓励政策。

3.2.2　和谐宜居的美丽环境

人是特色小镇建设的核心。特色小镇建设需要整治生活环境，提升生活品质，构建舒适的生态宜居体系，建设规划科学、布局合理、环境优美的城镇风貌。因此，本文选取的指标有空间格局、城镇风貌、美丽乡村建设。空间格局指整体布局契合山水地貌，整体空间格局符合当地营造特色，小镇交通便利；城镇风貌表现为整体风貌和谐统一，能彰显小镇文化内涵与文化特色，且小镇环境优良，布局合理有序；美丽乡村建设表现为小镇基础设施完善，镇域内乡村获得国家、省级相关称号。

3.2.3　彰显特色的传统文化

文化内涵是特色小镇发展的重要基础。特色小镇的底蕴和可持续性在于历史人文内涵，因为通过挖掘历史人文内涵可以避免特色小镇成为单一物质产品的生产加工基地。可见，特色小镇建设中在体现传统特色文化产业可观性、可娱性、可参与性的基础上，也需要保护、传承好乡村饮食文化、民俗文化和建筑文化。因此，本文选取的指标有文化传承、文化传播和文化标识。文化传承是指小镇拥有独特的传统文化，且非物质文化遗产的传承较好；文化传播是指利用传统、新媒体文化传播方式宣传特色文化，并积极举办群众性的文化活动；文化标识指物质文化遗存保存完好，且拥有独特的小镇文化标识。

3.2.4　便捷完善的设施服务

优质的公共服务设施是特色小镇可持续的突破点。优质的基本公共服务设施可以增强特色小镇的吸引力和支撑力，其合理布局对推动健康城市化有着积极的作用。因此，本文选取的指标有道路交通、基础设施及公共服务设施。道路交通是指交通便捷、路面良好、停车需求得到满足，附属设施及绿化配置完善；基础设施表现在饮用水符合卫生标准、污水达标排放、生活垃圾无害化处理及综合防灾设施符合标准；公共服务设施是指建成区中小学建设规模、标准、配置数量达标，医院建设规模、标准符合《乡镇卫生院建设标准》，建有养老设施且设备齐全、护理水平良好，商业服务设施完善且建成的农贸市场符合要求。

3.2.5 充满活力的体制机制

良好的体制机制是提升特色小镇竞争力的关键，这要求制度创新与制度供给要融为一体，按照市场需求趋势去选择产业方向，顺应市场规律，让市场机制决定资源配置，做到政府引导、企业主导。因此，本文选取的指标有规划建设管理、社会管理、体制机制创新及投融资机制创新。规划建设管理表现为规划创新、建设管理创新，编制“多规合一”或“多规协调”的城镇规划，项目建设按规划有序实施；社会管理是指管理有创新，综合执法能力强，实现“一站式”综合行政服务；体制机制创新指在新型城镇化发展、土地流转、公共服务改革等方面有突破性创新，并设立专门机构，高效推进特色小镇建设；投融资机制创新指每年能吸引社会资金用于特色小镇建设。

4. 评价考核体系的构建

4.1 评价体系的建构

在建制镇类特色小镇建设评价体系中，每一项指标的相对重要性不同。建制镇类特色小镇建设评价体系由目标层、准则层和子准则层构成。①目标层（A）为江西省建制镇类特色小镇建设评价体系；②准则层（B）由5个部分组成，具体为特色鲜明的产业形态（B1）、和谐宜居的美丽环境（B2）、彰显特色的传统文化（B3）、便捷完善的设施服务（B4）及充满活力的体制机制（B5）；③子准则层（C）具体为产业特色（C1）、产业规模（C2）、产业环境（C3）、空间格局（C4）、城镇风貌（C5）、美丽乡村建设（C6）、文化传承（C7）、文化传播（C8）、文化标识（C9）、道路交通（C10）、基础设施（C11）、公共服务设施（C12）、规划建设管理（C13）、社会管理（C14）、体制机制创新（C15）及投融资机制创新（C16）。

4.2 指标权重的确定

首先构造评价体系比较矩阵。通过专家对各指标的打分结果，形成江西省建制镇类特色小镇建设评价体系（A）及准则层（B）的相对重要性比较矩阵。其次根据相对权重计算出各项指标的综合权重（见表1）。

表1　各项指标的相对权重与综合权重

<table>
<tr><th>目标层 A</th><th>准则层 B</th><th>相对权重</th><th>综合权重</th><th>子准则层 C</th><th>相对权重</th><th>综合权重</th></tr>
<tr><td rowspan="16">江西省建制镇类特色小镇建设评价体系（100分）</td><td rowspan="3">特色鲜明的产业形态</td><td rowspan="3">0.25</td><td rowspan="3">25</td><td>产业特色</td><td>0.40</td><td>10</td></tr>
<tr><td>产业规模</td><td>0.40</td><td>10</td></tr>
<tr><td>产业环境</td><td>0.20</td><td>5</td></tr>
<tr><td rowspan="3">和谐宜居的美丽环境</td><td rowspan="3">0.25</td><td rowspan="3">25</td><td>空间格局</td><td>0.24</td><td>6</td></tr>
<tr><td>城镇风貌</td><td>0.56</td><td>14</td></tr>
<tr><td>美丽乡村建设</td><td>0.20</td><td>5</td></tr>
<tr><td rowspan="3">彰显特色的传统文化</td><td rowspan="3">0.10</td><td rowspan="3">10</td><td>文化传承</td><td>0.40</td><td>4</td></tr>
<tr><td>文化传播</td><td>0.30</td><td>3</td></tr>
<tr><td>文化标识</td><td>0.30</td><td>3</td></tr>
<tr><td rowspan="3">便捷完善的设施服务</td><td rowspan="3">0.25</td><td rowspan="3">25</td><td>道路交通</td><td>0.24</td><td>6</td></tr>
<tr><td>基础设施</td><td>0.32</td><td>8</td></tr>
<tr><td>公共服务</td><td>0.44</td><td>11</td></tr>
<tr><td rowspan="4">充满活力的体制机制</td><td rowspan="4">0.15</td><td rowspan="4">15</td><td>规划建设管理</td><td>0.27</td><td>4</td></tr>
<tr><td>社会管理</td><td>0.13</td><td>2</td></tr>
<tr><td>体制机制创新</td><td>0.33</td><td>5</td></tr>
<tr><td>投融资机制创新</td><td>0.27</td><td>4</td></tr>
</table>

4.3　江西省建制镇类特色小镇建设评价体系

在建制镇类特色小镇建设评价体系中，每一项指标的相对重要性不同。研究采用层次分析法，按照1～9标度法，邀请住建部、发改委系统的10名专家对相对权重进行赋值，再根据赋值结果，运用YAAHP软件10.3版本构建层次结构模型和比较矩阵，计算出各项指标的综合权重，最终得出江西省建制镇类特色小镇建设评价指标的综合权重（见表2）。

表2　江西省建制镇类特色小镇建设评价体系

<table>
<tr><th>准则层</th><th>子准则层</th><th colspan="2">对象层</th><th>综合权重（分）</th></tr>
<tr><td rowspan="5">特色鲜明的产业形态B1（25分）</td><td rowspan="5">产业特色C1（10分）</td><td rowspan="3">三选一</td><td>传统产业改造升级</td><td rowspan="3">4</td></tr>
<tr><td>特色鲜明的新兴产业</td></tr>
<tr><td>特色资源形成主导产业</td></tr>
<tr><td colspan="2">产业优势</td><td>4</td></tr>
<tr><td colspan="2">产业影响力</td><td>2</td></tr>
</table>

续表

准则层	子准则层	对象层	综合权重（分）
特色鲜明的产业形态 B1（25 分）	产业规模 C2（10 分）	营业收入	2
		主导产业新增企业数量	3
		主导产业吸纳当地务工人员	3
		主导产业带动农村发展	2
	产业环境 C3（5 分）	地方出台相关鼓励政策	3
		产业投资强度	2
和谐宜居的美丽环境 B2（25 分）	空间格局 C4（6 分）	整体布局契合山水地貌	3
		路网密度合理	3
	城镇风貌 C5（14 分）	镇区整体风貌和谐统一	3
		街巷风貌彰显地域文化特色程度	3
		镇区公园绿地布局均衡合理	3
		镇区干净整洁度	3
		镇区住区建设完善程度	2
	美丽乡村建设 C6（5 分）	镇域内村庄基础设施	2
		镇域内农房建设规范有序程度	2
		镇域内乡村获得国家级、省级相关称号	1
彰显特色的传统文化 B3（10 分）	文化传承 C7（4 分）	拥有独特传统文化	2
		非物质文化遗产的传承	2
	文化传播 C8（3 分）	群众性文化活动	1
		文化传播方式	1
		镇区拥有综合性文化活动中心	1
	文化标识 C9（3 分）	拥有物质文化遗存且保存完好程度	2
		形成独特的小镇文化标识	1
便捷完善的设施服务 B4（25 分）	道路交通 C10（6 分）	对外交通便捷	1
		镇区道路路面良好程度	2
		镇区道路路灯、道路标识等附属设施及绿化配置	2
		镇区公共停车场建设规范	1
	基础设施 C11（8 分）	镇区给水管网、饮用水符合标准	2
		镇区生活污水收集与排放	2
		镇区生活垃圾处理	2
		防洪、排涝、消防等综合防灾设施	2
	公共服务 C12（11 分）	建成区中小学建设规模、标准、配置数量	2
		医院建设规模、标准	2

续表

准则层	子准则层	对象层	综合权重（分）
便捷完善的设施服务 B4（25 分）	公共服务 C12（11 分）	养老设施及护理水平	2
		镇区商业服务设施	3
		镇区农贸市场	2
充满活力的体制机制 B5（15 分）	规划建设管理 C13（4 分）	规划创新且规划编制实现多规合一或多规协调程度	2
		规划建设管理有创新且项目建设按规划有序实施	2
	社会管理 C14（2 分）	社会管理创新	2
	体制机制创新 C15（5 分）	体制机制创新	3
		设立推进特色小镇建设的专门机构（领导小组）	2
	投融资机制创新 C16（4 分）	每年吸引社会资金用于特色小镇建设	4
合计			100

5. 政策建议

本文构建的特色小镇建设评价体系具有一定的可操作性，是引导各地提高特色小镇建设发展质量的基础性工作。因此，围绕如何规范推进特色小镇建设，本文提出以下几 3 方面的政策建议。

（1）加强顶层设计。防止在创建过程中重“量”不重“质”、重“形”不重“神”问题，避免盲目追求特色小镇数量而滥铺摊子，甚至形成人为“造镇”运动。

（2）加大产业扶持力度。针对江西省特色小镇产业基础较为薄弱、产业集聚力和辐射力不强等问题，应集中产业发展的有关资源要素，支持特色小镇主导产业做大做强；设立特色小镇创业引导基金和产业投资基金，重点支持特色小镇产业项目建设和产品开发；引导企业开展产品研发和创新，鼓励企业申请国家工程技术研究中心、重点实验室、国家级企业技术中心建设，支持企业研发成果转化；鼓励江西省内各高等院校和职业学校根据特色小镇发展相关产业人才需要，科学优化专业设置，同时加强与特色小镇的对口联系与帮扶。

（3）加强用地支持。针对特色小镇建设中用地缺口较大的问题，建议研究出台支持特色小镇建设用地的优惠政策，对特色小镇给予一定的规模指标。

参考文献请见原文。

（撰稿人：闵忠荣，江西师范大学城市建设学院；周颖，江西师范大学城市建设学院；张庆园，江西省住房和城乡建设厅）

京津冀特色小镇的特征对比与展望

——基于京沪都市圈对比的视角

1. 引言

特色小镇的横空出世有其深刻的时代背景。它是我国逐步迈入工业化后期城镇空间布局的新模式，更是我国城市群规划建设持续推进的重要成果。国家层面顺势而为，将特色小镇作为新时期重要的空间策略和经济转型抓手，对我国供给侧结构性改革和新型城镇化建设具有重要意义，对进一步推动区域协同发展和城乡统筹也将发挥积极作用。京津冀地区作为我国第三大城市群，承担着建设“以首都为核心的世界级城镇群、区域整体协同发展改革引领区、全国创新驱动经济增长新引擎”①的重大责任。特色小镇作为城镇空间和经济发展的有机组成部分，在京津冀地区呈现怎样的发展特征，在该地区的区域体系中将承担怎样的角色，未来当如何因地制宜地引导其发展从而发挥出独特的作用？对这些问题的深入思考将对京津冀打造世界级城市群、实现区域协同发展大有裨益。

京津冀地区的特色小镇整体上来说分布范围广、层次多、内部差异大，产业类型、分布特征、发展模式都有着独特的地域色彩，与特色小镇发源的长三角地区有明显的不同。而相似的是，京津冀和长三角的特色小镇发展都与世界级巨型城市（北京市、上海市）休戚相关，与之互动，受之辐射。考虑到上海周边地区特色小镇发展的成熟度明显优于北京周边，以之为参照系，将有助于笔者对京津冀的特色小镇进行客观而深入的分析。

2. 后工业时代的新兴时空结构

长期以来，在解读城市发展和空间演化时，都会有意识或无意识地应用“核心—边缘”框架来进行思考：城市进程体现了一种从核心到外围的关系，城市通常围绕中心来组织，从城市核心向外逐级拓展，呈现密度逐渐减小、功能逐渐演化的同心圆形态，演化的过程是线性的，从传统到现代、从原始到先进，外围地区通常为待开发的状态，被动等待城市中心的辐射和引领。该分析范式可追溯到1925年芝加哥学派灵魂人物Burgess所提出的同心圆理论（见图1），其奠定了20世纪工业化时代的现代主义城市的基础。

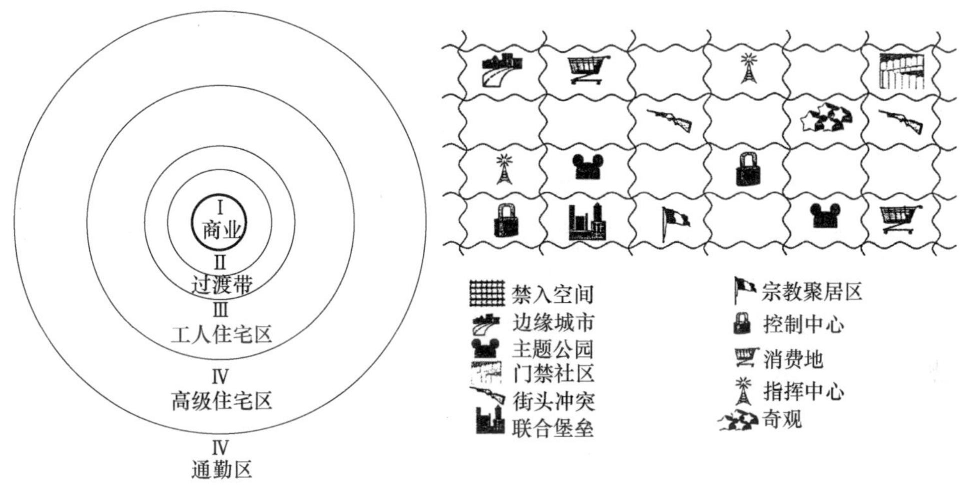

图1　芝加哥学派的同心圆理论与洛杉矶学派的棋盘理论

然而，随着社会从工业化时代向后工业时代的过渡，特别是随着信息技术突飞猛进引发“知识经济”和“网络社会”的兴起，地域发展出现了“分散化”“准随机”“非线性”和“跳跃式”的空间拓展特征。洛杉矶学派的学者们应用“基诺资本主义”理论（也被称为“棋盘理论”）很好地解释了这种新现象。根据该学派代表人物Michael Dear的阐述，基诺资本主义假设信息时代处在一种无处不在的联系当中，城市的各个地区（不论是核心还是外围）都可无差别地与信息高速公路相连，因而每个地块拥有均等的发展机会。资本很偶然地落在某个地块之上，而忽视与之相邻的其他地块上的机会。这种跳跃式的不连续的发展方式逐渐替代了过去城市向外层拓展的线性演进方式，形成一个个带有准随机色彩的具有独立功能的发展地块。只有经过相当长的时间，这些孤立的地块才有可能与其他已开发的地块相连，从表象上形成连绵的城市形态。

在工业化时代，城市的集聚效应和辐射带动发展是城市空间拓展的主要驱动力。然而在后工业时代，城市的主导驱动力呈现分割式和离心式的特征，多核心将成为城市的基本特征。如果一个地区原本就存在一个成熟的城市中心，那么城市演化将改变过去从中心向外围发展的明确的时序和等级关系，出现“跳跃式发展（leapfrog development，直译为蛙跳式发展）”现象。外围地区凭借其特色功能逐步拥有主导地位，不仅仅只是对城市核心区功能的补充，相反，将有可能反过来对核心区发展产生影响，空间逻辑从过去的“由内而外”向“由外而内”过渡。如果这个地区原本不存在一个明确的城市核心（如洛杉矶的绝大多数城市），那么，传统的城市中心可能将不再是城市进程中的必要部分，城市形态将呈现分散化“棋盘格局”，即不相接壤的地块开发由交通动脉相连，地块之间是大面积的未开发地带。

本文所要讨论的特色小镇恰恰是后工业时代城镇空间发展的一种典型现象。在全球化和信息化的背景下，过去单中心集聚和等级化扩散的空间演化特征出现了新的转变。在网络化快速交通体系和发达的信息网络的支撑下，大都市地区的外围与中心具有均等的发展机会，传统的城市外围地区同样可以成为全球化资本的落脚空间，从而涌现出特色小镇这样的新城镇空间。

由于存在显著的区域不均衡性，京津冀地区作为一个整体，不论是从产业结构还是城镇化水平角度进行衡量，都尚未完全进入后工业时代。然而依托信息技术的普适性加之京津双城巨大的能级，在现实观察中，笔者仍能在该地区观察到通常在后工业时代才会出现的“跳跃式”发展现象。因此，在对京津冀地区特色小镇进行阐释时，并不排斥后工业时代的城镇理论，相反，可以之为基本框架，融入对京津冀独特的资源禀赋、社会环境、经济结构特征的解读，综合分析出该地区特色小镇发展的现实状态和改善路径。

3. 京津冀地区特色小镇的特征

2016 年 10 月，住房城乡建设部公布了第一批中国特色小镇名单，进入这份名单的小镇共有 127 个，京津冀地区共有 9 个（占比 7.1%），其中北京市有 3 个，天津市有 2 个，河北省有 4 个；2017 年 7 月，国家第二批 276 个特色小镇公布，京津冀地区共有 15 个（占比 5.4%），其中北京市有 4 个，天津市有 3 个，河北省有 8 个（见图 2）。

3.1 区域不均衡与强核心集聚态势

从经济发展水平来看，京津冀地区呈现高度的不均衡状态，核心地区和外围地区差异非常大。核心地区的北京和天津经济水平领先全国。2016 年天津市人均 GDP 达到 115617 元，北京市人均 GDP 达到 114717 元，分别位列全国第一、第二。而同期河北省人均 GDP 仅 42866 元，约为京、津的三分之一，在 31 个省市排名中位列第 19。此外，距离北京天安门 100km 左右的范围，就已存在连片的“环京津贫困带”，其中第一批特色小镇中的周窝镇所在的武强县就属于国家

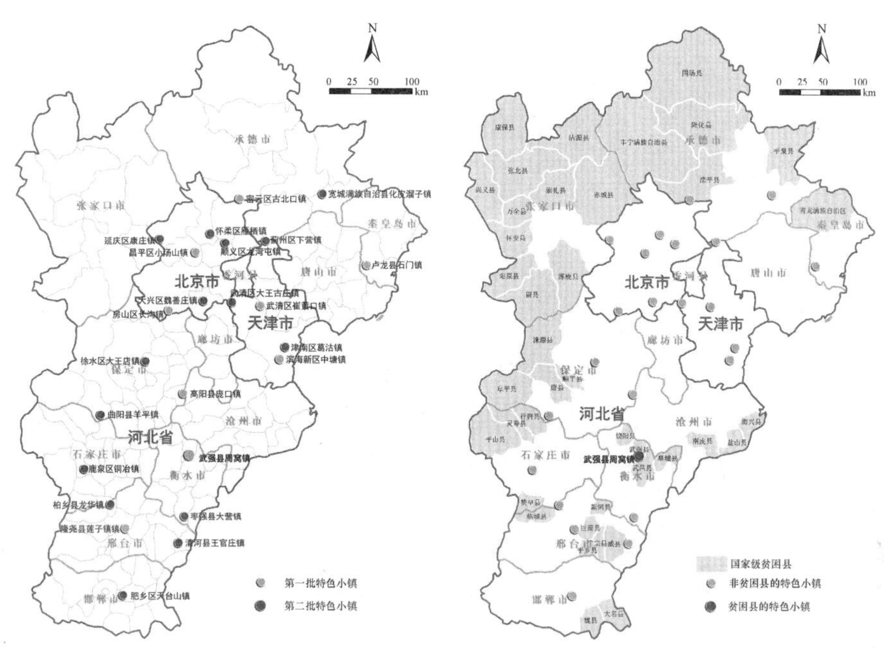

图 2　京津冀特色小镇分布及环京津贫困带

级贫困县。

经济水平梯度陡峭。以上海和北京为圆心，以 300km 范围内的国家级特色小镇为研究对象，统计出特色小镇所在县的经济水平（见图 3、图 4）。对比上海周边平缓均匀的经济梯度，京津冀特色小镇所在县的经济水平梯度陡峭，存在巨大的差异。除去中塘镇所在的滨海新区不计（副省级区），最富区县是最穷区县 GDP 总量的几百倍之多。12 个区县经济总量在 200 亿元以下，音乐小镇所在地衡水市武强县 2016 年生产总值仅为 53. 5 亿元。

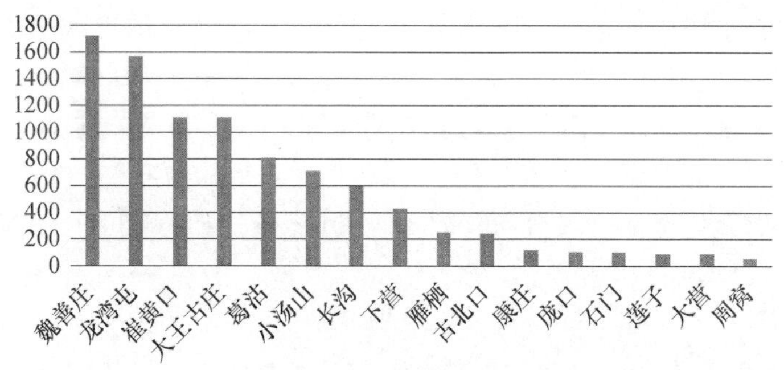

图 3　2016 年京津冀第一二批特色小镇所在县的经济总量

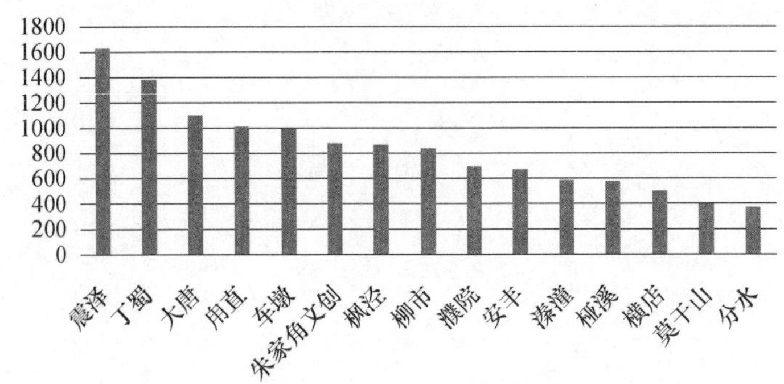

图 4　2016 年上海 300 公里范围内第一批特色小镇所在县的经济总量

京津冀处于不同的发展阶段。2016 年，京津冀总体三次产业构成为 5.2：37.3：57.5，服务业成为经济发展的主导力量。然而分别来看，京津冀所处的发展阶段不同。北京市已经进入后工业化阶段，2016 年三次产业结构为 0.5：19.2：80.3，城镇化率达到 86.5%，消费外溢明显。天津市处于工业化中后期阶段，2016 年三次产业结构为 1.2：44.8：54.0，二产仍占重要地位，城镇化率达到 82.9%。河北省整体上处于工业化中前期阶段，2016 年三次产业结构为 11：47.3：41.7，整体产业类型“偏重”，轻工业产值只有 20% 左右，农业产值占比较大，城镇化水平 53.3%，低于全国平均水平 4 个百分点。

区域集聚趋势依旧强势。京津冀地区人口增长主要集中在北京和天津及其走廊地带，河北省除部分地级市市辖区之外几乎没有增长。2000—2013 年的 13 年间，北京市城区人口从 691 万增加到 1825 万人，占京津冀地区总城区人口从 28% 提升至 46%，向首都进一步集聚的趋势还在持续。从县（市、区）层面看，京津冀地区人口增长主要集中在京津近郊及周边县市。2000—2010 年十年间，常住人口增长超过 100 万人的包括北京市的海淀区、昌平区和天津市的滨海新区。此外，北京丰台区、大兴区、通州区与天津主城区以及石家庄城区人口增长较快。而余下 146 个县市十年间人口增长都不到 10 万人。其中有 29 个县市人口出现负增长，遍布京津冀地区。根据 2010 年第六次人口普查数据，河北省流出人口 310 万，北京市和天津市是两个最大的流入地，流入两市的人口分别占河北省流出人口的 47.2% 和 15.7%。河北省也是京津两市外来流入人口最大的源地，来自河北的流入人口分别占北京市和天津市流入人口的 22.1% 和 24.8%，见图 5。

综上所述，区域不均衡和强核心集聚态势是京津冀地区最鲜明的特征。因此，对该地区的特色小镇分析和展望也需充分考虑其独特的区域背景，特别是充分考虑世界级巨型城市、国家首都北京的影响。接下来的小镇产业特征分析和圈层分布特征分析都将从巨型城市都市圈的角度切入，以京沪 300km 都市圈对比为分析手法，解读京津冀特色小镇的发展特征。

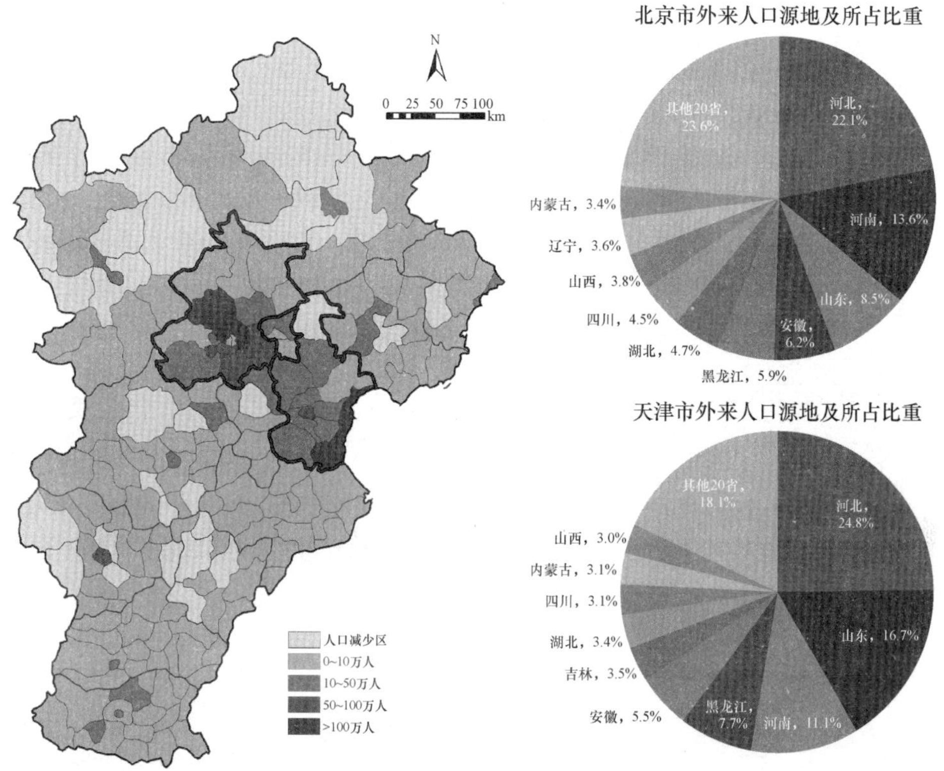

图 5　京津冀人口的高度集聚趋势

3.2　产业特征

根据《关于加快美丽特色小（城）镇建设的指导意见》（发改规划〔2016〕2125 号）中的表述，特色小镇指聚焦特色产业和新兴产业，集聚发展要素，不同于行政建制镇和产业园区的创新创业平台。以此为指导思想，对北京和上海 300km 范围内第一批、第二批国家级特色小镇的产业类型和特征进行梳理。

依据对环京地区和环沪地区特色小镇产业类型的总体把握，将“实体经济支撑水平”和“产业向服务经济延伸程度”作为两项衡量指标，划分出四个象限，其中与特色小镇相关的有三个象限，见图 6、图 7。

第一象限是以服务经济为主要特征的特色小镇，包括旅游休闲、养生养老等生活性服务业，以及电商、文创、基金等生产性服务业。据统计，环京地区落在第一象限的小镇数量最多（15 个），占该区域全部小镇数量的一半以上（63%），其中生活性服务业占绝对多数，以旅游休闲功能为主，生产性服务业仅 3 个（长沟基金小镇、崔黄口电商小镇和雁栖会议小镇）。环沪地区的情况比较相似，落在第一象限的小镇数量最多（25 个），占该区域全部小镇数量近一半（58%），其中生活性服务业占绝大多数，生产性服务业仅 4 个（新场文创小镇、吴泾科技时尚小镇、王店物流小镇、朱家角文创基金小镇）。

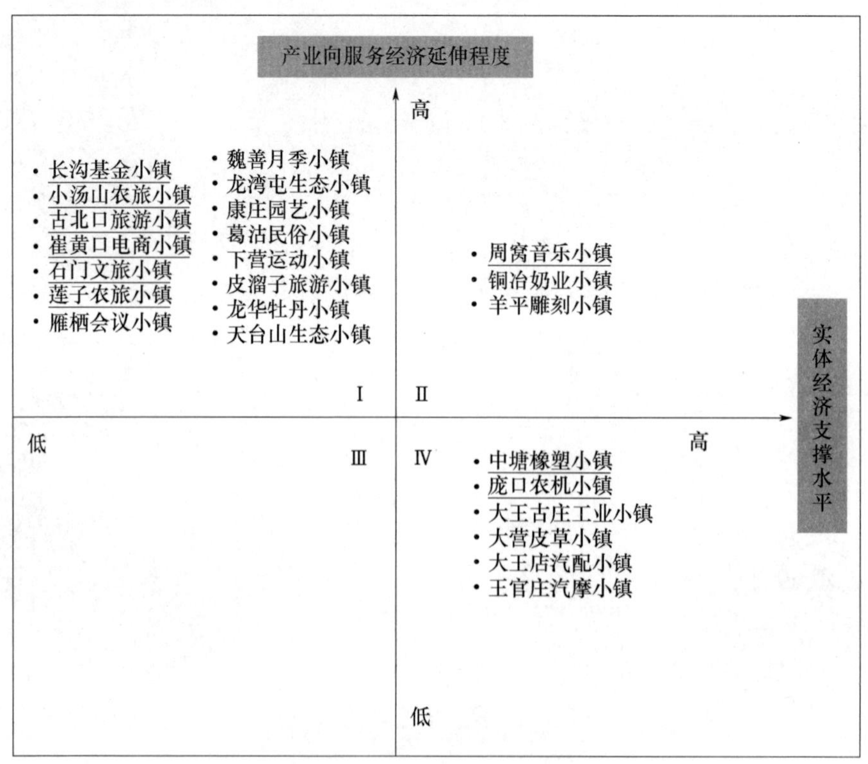

图 6　北京 300km 范围内特色小镇特征分析

注：下划线为第一批特色小镇

第二象限是依托原有的工业基础，产业链逐步向服务业延伸，融入新经济元素，实现多产共融的特色小镇，也是目前最为推崇的特色小镇类型。环京地区落在第二象限的小镇数量仅有 4 个，包括周窝音乐小镇（依托乐器生产，打造乐器体验馆、音乐水世界及其他音乐文化活动）、铜冶奶业小镇（依托奶源基地和乳品加工，打造世界级牧场体验小镇）、羊平雕刻小镇（汉白玉石雕发源地，打造集加工、艺术品鉴为一体的工艺中心）。相比之下，环沪地区因其雄厚的产业基础，该类融合型小镇数量达到 16 个之多。这些小镇过去是生产加工毛衫、牙刷、黄酒、竹器等传统工业品的集聚区，现迎着创新创业的大潮，融入创意元素，不仅打造出附加值更高的工业制品，又带动了服务经济的发展。

第四象限是有一定的制造业基础，但尚未实现向服务经济转型的特色小镇。梳理国家第一批和第二批特色小镇，环沪地区的特色小镇基本没有属于该类型的，而环京地区该类型的小镇有 6 个，包括中塘橡塑小镇、庞口农机小镇、大王

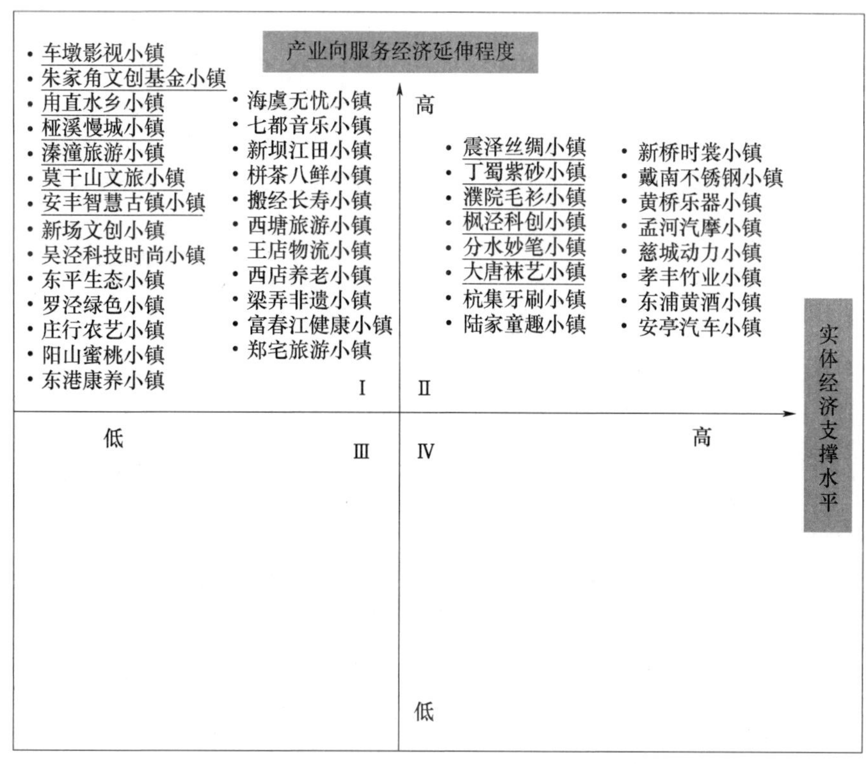

图 7　上海 300km 范围内特色小镇特征分析

注：下划线为第一批特色小镇

古庄工业小镇、大营皮草小镇、大王店汽配小镇和王官庄汽摩小镇。这些小镇通常凭借其成本和用地优势，承接了产业链某环节的生产并形成集群。从产品独创性和影响力来看没有突出优势，尚未具备足够的研发实力和集群氛围进行创新创业活动。虽然从制造业升级的角度这些小镇具备一定的产业基础，然而从实质来看，这些小镇仍带有明显的“工业聚集区”或“工业园”的特征。

综合来看，不论是环京地区还是环沪地区，旅游休闲等承接大都市消费溢出的特色小镇都占据了主流，这一现象在全国范围内都比较普遍，与我国国民收入的快速增长一致。依托传统制造业向服务新经济转型的小镇在环沪地区较为普遍，环京地区虽有少量小镇具备打造多产共融小镇的潜质，但因其产业基础较为薄弱，这类“理想型”特色小镇是其努力的方向，然而客观而言没有大规模推广的条件。尚未脱胎换骨的“工业集聚区”型特色小镇在环京地区仍占有一定比例，未来仍需融入更多创新创业元素，加强产业链延伸，推动产业转型发展。

3.3　圈层分布特征

回到开篇的城镇空间理论，现代城市以同心圆为主要结构，呈现圈层拓展形态，而进入后工业时代后，网络化、跳跃式城镇发展越来越常见。在现实观察中，不论是环京地区还是环沪地区，都观测到了这种在核心城市之外、具有独立特色功能的小型城镇空间，即特色小镇的原意所指。

参考学者对大都市圈层划分的经验值，以距北京市和上海市地理中心的距离为指标，将环京和环沪 300km 范围划分成 4 个圈层，分别是：同城发展圈（0～50km）、紧密协作圈（50～100km）、统筹发展圈（100～200km）和外围影响圈（200～300km）。通过对比发现，两地因其不同的产业基础和文化背景，特色小镇的分布具有不同的特征（见图 8、图 9）：

距离	距离北京中心	距离上海中心	圈层
0～50km	**都市消费型为主** 魏善庄月季小镇，36 小汤山农旅小镇，36	**创新型产业为主** 吴泾科技小镇，25 安亭汽车小镇，32 罗泾绿色小镇，33 新场文创小镇，35 车墩影视小镇，40 庄行农艺小镇，46 朱家角基金小镇，48	同城发展圈
50～100km	**都市职能承接型为主** 长沟镇基金小镇，51 大王古庄工业小镇，64 雁栖会议小镇，67 龙湾屯生态小镇，69 康庄园艺小镇，82 崔黄口电商小镇，100	**都市消费型为主** 陆家童趣小镇，51 东平生态小镇，57 枫泾科创小镇，69 甪直水乡小镇，69 西塘旅游小镇，75	紧密协作圈
100～200km	**都市消费型为主，少量特色产业** 下营运动小镇，121 古北口旅游小镇，132 大王店汽车小镇，154 葛沽民俗小镇，158 中塘橡塑小镇，171 庞口农业小镇，172	**特色产业为主** 海虞无忧小镇，101 王店物流小镇，106 震泽丝绸小镇，112 七都音乐小镇，113 濮院毛衫小镇，123 新桥时裳小镇，128 东港康养小镇，135 阳山蜜桃小镇，164 桥茶八鲜小镇，185 东浦黄酒小镇，187 莫干山文旅小镇，187 梁弄非遗小镇，195 慈城动力小镇，196 黄桥乐器小镇，197	统筹发展圈
200～300km	**特色产业为主** 石门文旅小镇，233 羊平雕刻小镇，235 皮溜子旅游小镇，238 周窝音乐小镇，250 铜冶奶业小镇，297 大营皮草小镇，297	**特色产业为主** 搬经长寿小镇，201 丁蜀陶器小镇，202 孟河汽摩小镇，203 孝丰竹业小镇，215 安丰电子小镇，215 新坝江田小镇，236 大唐袜艺小镇，236 溱潼旅游小镇，240 杭集牙刷小镇，256 戴南不锈钢小镇，259 郑宅旅游小镇，268 富春江健康小镇，269 西店养老小镇，270 桠溪慢城小镇，270 分水妙笔小镇，273	外围影响圈

深色：旅游休闲型小镇　浅色：非旅游休闲型小镇　数字：距离中心距离（km）

图 8　环京、环沪各圈层特色小镇职能分析

环京地区目前圈层性和向心性程度仍然非常高，200km 范围内的特色小镇以承担大都市职能为主，不论是针对大都市消费需求的休闲功能，还是配合大城市运营和产业支撑的生产服务型功能，都带有明显的服务都市和依附都市的特点。其中 50km 同城发展圈主要是都市消费型小镇，到了 50～100km 紧密协作圈，除了休闲旅游类小镇之外，出现了承担大都市某些环节产业职能的小镇，如凭借成

本和用地优势发展起来的武清崔黄口电商小镇，全国排名20强的企业中已有17户落户，相关联的电商企业有300家，如亚马逊、京东、唯品会等知名电商企业，目前已成为京津冀最大的物流大仓。100～200km范围内仍以都市消费型小镇为主，出现了少量的具有独立于大都市职能的制造型的小镇。到了200km左右，开始出现了较多具备独立职能、行业内有一定影响力的小镇，这些小镇凭借特色功能实现多产融合，不再只是对都市核心区功能的补充。如铜冶奶业小镇，拥有国家重点奶制品基地和大型标准化优质牧场，是河北省最大的乳液加工基地君乐宝的供应基地，正逐步打造世界级旅游观光牧场。

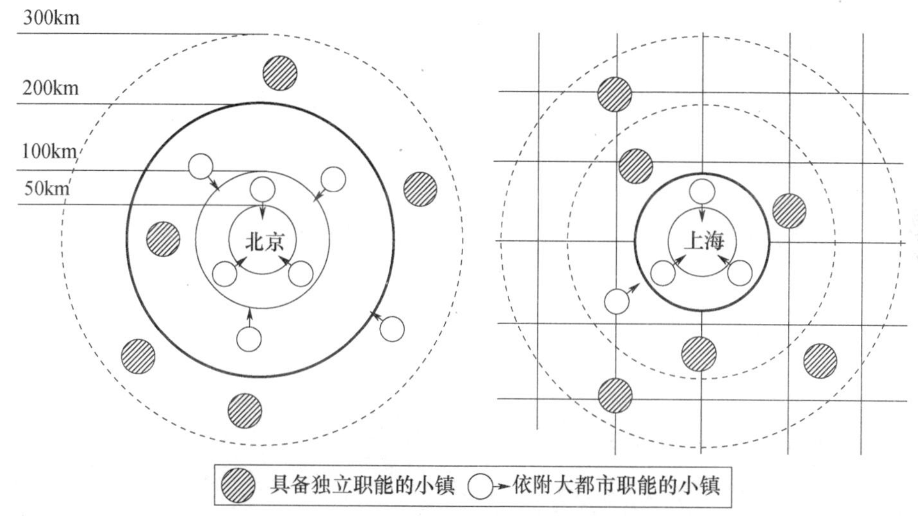

图9　环京、环沪特色小镇分布形态结构示意图

环沪地区小镇分布具有不同的特征，虽然特大城市的向心辐射力依旧显著，然而从距离中心100km左右开始，后工业社会常见的网格化的城市形态逐渐显现。100km范围内，特色小镇仍以依托上海都市功能为主要特征，出现的大量科创和文创型特色小镇与上海都市文化氛围、城市配套服务以及创新人才供给息息相关，该范围仍然以向心型圈层特征为主导。到了100km之外，绝大多数特色小镇都属于专注细分市场，在业内占据了较高地位，并借助创新创业平台，实现了多元功能的复合。这些小镇的发展不来自大城市的辐射带动，其发展之初带有某种准随机的特点。当特色细分市场的产业集聚形成一定规模后，依托区域密布的高速公路和轨道交通网络，借助网络信息时代的传播能力，获得了新一轮的增长动力，这是后工业时代的典型发展模式。

产生两种截然不同的圈层分布特征，可以从两方面原因理解。首先，发展阶段不同。环沪地区已处于工业化后期向后工业时期迈进的阶段，而北京市外围的绝大多数地区仍处于工业化中期阶段，农业和工业仍占有很大比重，服务业的发展尚不成熟，环京地区尚不具备形成网络化城镇格局的产业基础。其次，区域内在特征不同。北京市作为国家首都和国际化大都市，凭借其行政影响力、经济实力和文化辐射力，在京津冀区域内占据绝对主导地位，使区域发展呈现高度等级化的集聚态势，在未来很长一段时间该局面都很难改变。虽然上海市作为我国第二大城市的辐射能力也不容小觑，然而其与外围地区的能级差远小于环京地区，外围地区无需依附上海市便可以发展得很好，甚至可以凭借独特职能影响上海市的发展。

因此，环沪地区呈现出的是“小同心圆 + 大网络化”的城镇格局。相比之下，环京地区目前呈现出的仍是明显的同心圆城镇结构，向心性更为明显。然而随着交通网络化程度的进一步加强、资本流动性进一步提升、外围地区环境品质进一步完善，环京的外围地区仍有机会受到资本青睐而实现跳跃式发展。

4. 政策建议与展望

基于以上对京津冀地区的区域特征和特色小镇发展情况的分析，结合国家对特色小镇的发展期许以及其他地区的特色小镇经验，提出以下几条政策建议。

4.1 走“大城市 + 特色小镇”之路，把握大都市消费溢出

一方面，强核心集聚是京津冀最显著的区域特点，是发展特色小镇不可忽视的区域背景。北京市凭借其政治、经济和文化能级，在未来很长一段时间仍将吸纳区域绝大多数的优势资源，借力特大城市、实现自身特色发展可以达到事半功倍的效果；另一方面，不论是环京地区，还是已迈向后工业时代的环沪地区，承接特大城市消费溢出类型的特色小镇数量都最多，发展势头也更猛。随着新一轮中产阶级消费升级，健康医疗、教育文化、休闲旅游等产业都迎来了新商机，特别是北京市、上海市这样聚集了大量高消费人口的世界级都市，其周边的特色小镇应紧紧把握消费升级这一时代脉搏，从旅游、文化、体育、健康、养老“五大幸福产业”入手，推动高端化、品质化、特色化的消费型服务业发展。

4.2 塑造特色空间和政策环境，为全球化资本降临创造条件

依托网络化快速交通体系和无差别网络体系，外围地区同样可以凭借其特色资源和环境成为全球化资本的落脚空间，而不必被动等待核心城市过剩产业的转移。京津冀地区存在大量具备优越生态环境、独特文化质感和深厚历史传统的区域，应从绿色可持续和文化传承的角度出发，凭借原生态空间和氛围释放强大的生态文化引力，吸引创意密集型和知识密集型的产业落地。为此，政府应“卸下

包袱”，放手于市场，准许特色小镇“先行突破”，以市场驱动力释放本地资源的经济潜力。

4.3　切忌“新瓶装旧酒”，以多方位创新实现产业链延伸

京津冀地区的一部分特色小镇带有较为明显的“假镇真园区”或“假镇真景区”的色彩。这些小镇虽然具备一定的发展基础，但从本质上讲其发展只是对传统发展模式的延续，违背了特色小镇关于聚焦创新创业、实现多产共融的发展初衷。创新是特色小镇的生命力和灵魂，而产业创新是小镇的“立镇之本”。应重点扶持产业具备创新潜力、产业链具备延伸可能性、产业在细分领域具备一定市场影响力的小镇，引导其跳出原有发展框架，融入新经济和创意元素，实现向服务经济的转型突破发展。

4.4　分层分类引导发展，因地制宜建立考核制度

京津冀不均衡的区域环境必然导致各个特色小镇的发展条件存在较大差异：既有依托特色资源偏安一隅发展的小镇，也有实际已与中心城区融为一体发展的小镇；既有经济发展水平位列全国前列的小镇，也有处在贫困带的小镇。因此，不能想当然地将一种特色小镇的模式在京津冀地区推广。应针对京津冀的不均衡性以及区域协同的大背景，因地制宜地制定差别化、多元化的考核和退出机制。汲取浙江经验，建立宽进严出、动态评价的考核机制，对于脱离实际、验收不合格的小镇，采取“降级”或“摘帽”等方式，从而使特色小镇更加“名副其实”。

参考文献请见原文。

（撰稿人：周君，国家发改委城市和小城镇改革发展中心；黄曦颖，国家发改委城市和小城镇改革发展中心学术委员会办公室）

注释

① 2015 年 8 月 23 日，京津冀整体定位是“以首都为核心的世界级城市群、区域整体协同发展改革引领区、全国创新驱动经济增长新引擎、生态修复环境改善示范区”。

② 考虑到上海周边特色小镇数量是京津冀地区的两倍，为了提高梯度比较的可比性，故上海地区只用了第一批特色小镇。

③《京津冀协同发展规划思路与对策》研究课题内部资料。

④ 全国第五次、第六次人口普查。

客家特色小镇的乡土文化及其景观建设路径探析

1. 引言

2014 年浙江省省长李强提出了“特色小镇”的理念，很快被其他省市所接受并迅速掀起特色小镇建设热潮，为规范特色小镇建设，国家发展改革委于2016年正式发布《关于加快美丽特色小（城）镇建设的指导意见》，并鼓励有条件的小城镇将特色小镇建设成 3A 及以上级别的特色旅游景区。在这个大背景下，为更好地推动客家地区城镇化进程中乡土文化的保护和传承，笔者对客家文化元素进行发掘、提炼并将它们运用在客家特色小镇景观建设之中。客家特色小镇需要通过打造蕴含客家文化的景观来吸引游客，景观质量是否优劣和特色是否鲜明决定了小镇是否受欢迎，这就需要从“软性文化”景观和“硬性文化”景观两个方面来体现，“硬性文化”景观特指人为打造的景观，而“软性文化”景观则更多是日常生活的、有生活气息的人文景观。由于人们的日常生活是在特定的空间和建筑环境下进行的，并需要依靠“硬性文化”景观来呈现，可见客家乡土性“硬性文化”景观建设在客家特色小镇中具有重要地位。

2. 乡土文化属性与特征

乡土文化是指一个特定地域内发端流行并长期积淀发酵，带有浓厚地方色彩的物质文明、精神文明及生态文明的总和，其乡土就是地域文化内在属性的反映。“乡土”一词最早出现于先秦文献《列子天瑞》中的“有人去乡土，离六亲”；《晋书・乐志下》也说：“乡土不同，河朔隆寒”；《辞海》中解释“乡土”即为“家乡、故乡”，并泛指“地方”；《词典》解释“乡土”为“本乡本土”，显然“乡土”具有“家乡”的词义。从地理学的角度看，“乡土”是指与人的出生地相关联的地域单元，即以聚落为中心并与周围地区相联系的地域综合体。但

“乡土”是一种边际界限较为模糊的认识性区域概念，具有相对性特点且多与一个人的阅历或所处的环境有关。中国人常说“亲不亲、故乡人，水不水、家乡水”，可见“乡土”对人的凝聚力和向心力极大。乡土文化属性根植于一些特定的、区域性的地理、气候等自然因素及其相应的自然景观和文化空间，具有朴素、务实、勤劳、尚学、中庸等特质和属性。客家文化从属于乡土文化，是在客属地域自然条件和汉人南迁历史条件下形成的、某种特定的民系意识形态、价值观念和行为方式以及在这个区域范围内的历史发展过程中遗传、积淀和发展下来的客家物质和精神的全部成果与成就，它体现于传统民俗文化、传统建筑等。

客家文化是乡土文化的特殊类型，具有典型的可识别性，主要体现出区域性、历史性、综合性、动态性等表现特征。客家文化在赣闽粤三省交界区域的历史发展进程中占据了重要的地位，极具客家地域风格特征、风土人情并承载于地域特色和乡土气息浓厚的传统客家乡村聚落，地域性鲜明；乡土文化的历史性是指人们在客域地理空间的生产生活中不断地改造乡土地域并塑造着客家文化，是时代与传统融合的产物，在一定时期内又具有相对稳定性；客家乡土文化担负着对该区域传统文化的继承与传播的同时又维系着当地社会经济、乡村面貌、宗族与道德等诸多方面的发展，从多个维度对客家百姓的日常生产活动方式以及生活习惯的充分展示体现了其综合性；客家乡土既是一个空间的概念也是一个时间的概念，自然历史的不断演变和社会文化的不断变迁导致客属地域特征也会随之变化发展并因时间的慢慢积淀而更加丰富，这就是动态性。在这些特征的影响作用下，最终形成了客属地域与其他地区相区别的标志和表现——客家乡土文化。

3. 客家乡土文化与客属地域及其环境

乡土文化充分体现了人、土地、自然三者之间相联系、作用而产生的复杂而深刻的文化多样性，表达了人类与其所处的自然环境之间存在的长久而密切的关系。客家文化就体现在客家地域的自然环境和人文社会相互作用所表现出来的地域分异和组合特征，从这个角度看，客家文化就是文化在客属地域范围内和环境相融合，并打上了地域烙印的一种独特的乡土文化，包括物质和非物质文化两个方面，物质文化包括了客家建筑、乡土景观、历史遗迹、农耕器具等有形文化形式；而非物质文化则主要包含了客家传统习俗、技艺、社会理念、生态理念以及传统生活理念等无形文化形式。

客家是在特定的时空下形成的中国汉民族的一个民系，客家文化是客家人与所处环境共同作用下产生的独特乡土文化。客家先人由于战乱、灾荒等原因而被迫南迁，融入当地的土著并定居其中，他们拥有自己的语言、风俗习惯、建筑特色，以其独特的气质与其他汉族民系相互区别。客家人分布广泛，据罗香林先生在《客家研究导论》专著中认为赣闽粤三省边界地区是“客家人”居住的核心地带，被誉为“客家大本营”，本文即以该典型客属地域、客家社会文化发展的核心区域为研究对象。

赣闽粤三省结合部可分为赣南、闽西、粤东粤北三个地区。这三个地区壤土相接、自然环境相似，同为典型的丘陵山地，境内崇山峻岭连绵不断；山谷间河流交错，大小盆地星罗棋布；气候温暖，雨量充沛。自魏晋南北朝时期开始先后多次出现汉人大规模南迁至皖赣沿长江沿岸和赣江流域、岭南，唐代张九龄开凿大庾岭则打通了中原至岭南的通道。作为汉民族的一支特色鲜明的民系，客家在中原文化基础上又有许多内涵丰富的特色文化，如移民文化、侨胞文化、红色革命文化等。这是因为：首先，客家文化地处丘陵山地和亚热带气候，“客家大本营”以水稻、水田种植为主，有着与中原地区截然不同的农业发展模式；其次，汉民族与土著少数民族的争斗与融合创造了新的文化模式；最后，客家人与海外的联系变更了近海地区客家人的原有生产生活方式。另外，历史上反对少数民族统治与近现代为中华民族解放、统一而做出杰出贡献是客属地域独特的重要历史轨迹，这些都说明客家文化在中华民族文化复兴中发挥着重要的作用。

4. 乡土文化在客家特色小镇景观建设中的意义与价值

我国著名社会学家费孝通先生在其著作《乡土中国》中写道：“从基层上看去，中国社会是乡土性的。”这说明即使城市化水平再高，一个地区或国家的文化根源也在于其乡土社会。建制镇作为我国城镇体系的最基本单元在经济、人口等方面和周边农村有着更紧密的联系，所以相对于大、中城市它有着城市的功能却又保留着更多的乡村性。客家文化作为客属地域的乡土文化，是客家人与所处环境共同作用下产生的独特乡土文化，而客家特色小镇强调的“特色”来源于根植性即客家文化，因此，探索乡土对建设客家特色小镇有着重要的意义与价值。

4.1 促进社会和谐发展

在全球化和中国改革开放进程中，以城市化为特征的现代化不断推进，乡土社会及其礼仪规范逐渐被贴上了“落后”“愚昧”等标签，致使乡村社会和地域城镇逐渐失去规范，不和谐现象等问题凸显，客家人越发认识到本源文化的缺失对客家民系在文化可识别性方面所造成的危机。在保护传统文化过程中，将客家乡土景观问题纳入其中进行探讨，能够使乡土景观在给人们带来良好的观赏、体验的同时达到更为深层次的教育意义，增强文化认同进而促进民族文化传播与发展，增进社会稳定，避免经济一体化所带来的文化危机。

客家文化在特色小镇景观建设中的体现不仅是从景观方面对客家传统文化的继承与发展，更能协调现代社会中快节奏的社会发展与慢节奏的乡土生活并化解其中的矛盾，从而促进社会和谐发展与繁荣稳定。客家文化是对历史上中原汉文化的一脉相承，有着儒家人文思想的根基与朴素勤俭的自身特性，这些优良的文化特性正可以对当今社会的浮躁风气和异化的社会价值观念进行正本清源，以法律之外的软性约束引导社会的良性发展与规范民众的思想、行为。特色小镇作为新型城镇化发展模式可以更好地解决人口城镇化与民众乡土情结的矛盾冲突、维系社会生产生活的稳定，实现现代生活方式与乡土景观所营造的乡村式生活环境的结合是对乡土文化下和谐社会的构建。

4.2　彰显客家地域文化特色

客家文化具有物质与精神的双重属性以及可识别性、唯一性、相互关联性等特点，其根植于客属地域体现在客家人生产生活领域的各个方面，无论是传统上的农业生产景观、乡土建筑还是语言、戏剧、音乐、舞蹈、工艺、饮食、民俗文化活动等，都是客家文化符号的表达与承载形式。客家文化被誉为“古汉文化活化石”，继承了古代正统汉族文化，在受南方土著文化、丘陵山地环境影响的情况下形成的，具有耕读传家、朴素务实、尚学中庸等乡土特质。

客家特色小镇景观建设通过对客家景观元素进行提炼和运用旨在为广大客家百姓建设物质与精神的幸福家园，包括了对物质性生产生活空间的建设和对非物质性客家地域文化的保持与传承。这些独有的乡土文化要素，是客家特色小镇建设中最能深刻体现乡土文化特色的物质与精神载体，是保持、体现客家乡土特色与风貌的重要核心，是新时期客家形象、内涵建设的基础所在，是唤起客家人对本源文化、地域文化、群体文化的归属感、认同感、自豪感的重要途径。

4.3　提升居民生产、生活环境质量与幸福感

在社会经济快速发展的今天，乡村和地域城镇作为承载区域百姓生产生活的物质空间环境，因受其生产力水平较低、经济欠发达等问题制约，致使乡村和地域城镇功能未能得到同步更新、发展，已经不能够完全满足当地百姓的生产、生活需求。面对城市化的快速发展与冲击，乡土社会百姓开始将标准向城市生活看齐，意识形态受到了来自城市化进程的巨大冲击，致使对传统价值观念、家园的认同感、乡土记忆缺失。在城乡的盲目建设与改造中，客家乡土社会固有的布局与结构被打乱，乡土景观、村容村貌、传统乡镇等遭到不同程度破坏，客家传统民居被拆除等现象频繁发生，取而代之的是具有现代城市居住区景观与建筑特色的环境，这种做法虽使传统客家乡土社会基础设施等得以改善，但其构成要素、

功能特点与客家乡土社会缺乏紧密联系。

特色小镇建设是对社会主义中国新型城镇化和城乡一体化模式的探索，提升生产、生活环境综合质量应以尊重乡土社会历史沿革、民俗风情、传统习俗等为根本，不能完全等同于城市建设。客家特色小镇建设应在借鉴、传承传统客家村落优秀选址、布局、营造理念的基础上，合理解决农村、乡镇住宅的基础与公共服务设施水平低等问题。将历史与现代有机融合，使客家文化与理念融入当代乡村、小镇镇建设之中，为客家百姓营造具有较好客家文化氛围与高生活质量的生产、生活空间。不仅要关注“硬性文化”景观建设，更要重视“软性文化”景观建设；不仅要努力使客家小镇实现配套基础设施完备、环境条件优美、居民收入水平提高的目标，更要大力提升居民幸福感指数。

4.4 促进区域经济发展

乡土文化不仅与当代客家乡村面貌、传统街区景观、区域城市景观建设等方面紧密相关，也是支持客属地域经济发展的重要源泉。客家特色小镇相对独立于市区，可以和保有大量物质文化遗产和非物质文化遗产的乡村聚落结合起来建设，通过挖掘乡土文化资源不但有利于增强小镇自身特色与生态建设，还能够有效促进小镇特色产业、小镇旅游、观光、体验的发展。

发展旅游产业需要依靠区域文化资源和旅游资源，这正是客家“大本营”的赣闽粤结合区域的典型特征，极大地吸引了包括我国香港特别行政区、台湾地区以及海外华人华侨甚至相当一部分日本游客前来寻根、旅游观光。同时，由于自然地理条件的局限，该区域保存了较好的乡村风貌，具有浓厚乡土气息的环境又对内地城市区域的游客产生吸引力，客家特色小镇是对传统客家地域产业结构的一种变革和更新，但是又保留了原有乡村集镇的部分农田景观、民居、美食、民俗风情等充满着浓郁地域文化气息特色，对于工作繁忙的城市居民而言，特色小镇是工作之外旅游放松、娱乐休闲的一大选择。结合当下的扶贫攻坚任务，客家特色小镇发展第三产业能够实现当地人口的就地城镇化，解决大量劳动人口的就业问题并进一步提升该区域居民经济收入水平；秉着“绿水青山就是金山银山”的原则，深化经济和产业结构改革的方式发展特色生态旅游产业有利于推动客家贫困地区经济的可持续健康发展。

5. 乡土文化背景下客家特色小镇景观建设路径分析

中国人的乡土情结自古有之，北宋欧阳修的诗句“人情重怀土，故乡安可忘”即是写照。在任何一个年代，人们始终需要一个原乡，就像胎记一样，是人们对家乡或故乡永远的记忆。那么该如何在建设中国特色新型城镇化的时代背景下让小镇融入大自然，让居民望得见山、看得见水、记得住乡愁，进而使客家文化能够得到保护、传承并创新发展呢？要解决这些现实问题，急需让乡土文化在客家特色小镇景观建设中得到传承与创新。因此，笔者基于传承与创新客家文化背景下，针对当前客家小镇整体生存和发展的现状，提出客家特色小镇景观建设的五大路径，具体为选址布局、建筑形式与材料、植物种植、景观小品、铺地材质与形式。

5.1　选址布局

客家聚落的规划设计观首先体现在其选址和建筑整体布局上，客家人在选址时综合考虑周围环境包括山势、水势、地质条件等因素的影响，传统客家村落和居民建筑的选址十分讲究，一般建筑在依山傍水的丘陵山麓，有山靠山，无山靠岗，前有流水或水塘。结合传统和现代理念的客家特色小镇的选址布局当遵循以下两个原则：一是因地制宜、顺应地势的营造方式。客属地区多为山区，在进行特色小镇建设时，采取因地制宜、顺应地势的方式，尽量减少对周围环境的破坏和减少其建造时的工程量。前低后高、前疏后密的布局形式能够解决建筑的通风及日照遮挡的问题，形成错落有致的整体立面并创造了丰富的建筑空间。同时，需要一定坡度和高度的地势利于排水和防涝；二是负阴抱阳适应气候、以人为本的生态环境。为了获得比较理想的栖息之所，客家人以朴素的生态意识创造了“以人为中心”的居住环境。在选址阶段，客家人把居住环境看作是阴阳相抱的综合体，以背山向阳为宗旨，选择利于组织建筑内部采光、通风的营建环境。

客属地域深受唐末杨筠松所创立的形式派风水地理影响，盛行风水观念。客家人注重山水格局，有着“山之气运，随水而行”“水能聚气”的观念。传统聚落基址的选择讲究前有水口回环，后必树木成林；山贵有脉，水贵曲折等。客家人的“山情结”是理性的，这样选择具有避开寒潮、山洪等自然灾害与盗匪进攻等人为灾害的作用，并且在客观上节约耕地，给山梯田的生产管理带来便利。客家人的“水情结”从生态视角出发也有其科学性，水体是一种灵动的景观，既能满足人们视觉精神需求，调节小气候，营造冬暖夏凉的人居环境，又具有明显的降解污染物、排污的功能和灌溉、洗濯、防火、养殖鱼类等实用性功能。

考虑到大规模山水环境营造的高经济成本和可行性不足，可以参照苏州园林中的筑山理水的手法创新地建设能够以小见大的客家风情的园中山水，在景观上不仅有营造意境的作用，还有丰富空间的功能。模仿自然中水的形态，符合其自然规律，水面蜿蜒曲折、动静结合、分散与聚集相辅相成，配合客家传统建筑的布局并处理得有节奏感。客家特色小镇也营造大面积水面，根据水的形状差异划分出各具特色的不同空间，利用水能反射倒影的特性，丰富空间层次扩大空间感等。

5.2 建筑形式与装饰

在客家特色小镇建设中既应注意客家文化的共性，又应注意彼此之间的分异，在客家人的迁徙过程中划分多个不同阶段，每一个阶段都有其自己的特性以及与当地原住民的融合而成的文化成果。这些共性和分异在建筑上就有着很好地体现：客家的传统建筑都注重围合并设置天井、因地制宜就地取材等，但客属地域建筑发展成熟、历史悠久、知名度高的赣南围屋、闽西土楼、粤东北围龙屋等也各有其自身特色，具体分异详见表 1。

表 1　赣闽粤地区传统客家建筑的分异

建筑形态	赣南地区	闽西地区	粤东北地区
建筑形式	四角楼、圆楼、厅屋等	圆楼、方楼、五凤楼、厅屋等	围龙屋、四角楼、府第式、中西合璧式等
平面形式	四角形、方形、圆形等	圆形、方形、捕圆、马蹄形、环形等	半月形或马蹄、圆形、方形等
组合形式	厅屋组合式、围屋等	围屋、横堂式、厅屋组合式等	横堂式、围屋、厅屋组合式等

传统客家建筑是围屋为代表的以居住与祭祀为主要用途的建筑，而在特色小镇的建设中可以融入其典型特征，但侧重旅游和商业的特色小镇建筑的空间及功能的不同，要求对传统客家建筑文化传承时做出相应的适应性变化。例如，梅州梅县文体中心即对新客家建筑进行了一定的探索与实践，建筑整体造型借鉴圆形土楼的形式，在圆形的体量之下组织具体功能。

除了建筑的外观形体，其装饰和材料的运用也大有学问：首先，建筑装饰图案景观在客家建筑中有着重要地位，图案景观要素的来源多样化寓意丰富，中国传统民居的装饰图像在历史上形成了一些特定的意义，无论在题材（人物、动物、植物或其他器物）或者是形式上（文学情节的绘画、雕刻或抽象的几何纹样），隐藏在题材和形式里所表达的内容都与中国传统的哲学思想有着密切关系；客家建筑景观的装饰与中国传统建筑的装饰图像一样，吉祥祈福是永恒不变的主题。总的来说，客家建筑吉祥文化的装饰图像内容一般包括自然崇拜、生殖崇拜、祖先崇拜和鬼神崇拜等，极具象征主义的神奇色彩，其目的在于在心理上、精神上营造一个理想的居住空间环境。赣南客家建筑装饰图像景观就有以下几个特点：龙、凤、狮子、蝙蝠、麒麟等灵性或吉祥的动物具有送子送福的特殊寓意，植物图案如牡丹、兰、荷、菊、梅等四季花草则蕴含了君子比德的思想。其次，在材料和色彩的使用方面，客家特色小镇建筑的设计宜选取传统客家建筑中常用的黄色或灰色黏土、细石、竹木料、麻石、红砂岩、青砖、黑瓦等建筑景观材料。石材主要用在建筑基础、入户道路的铺设等方面；木材则主要用于建筑屋顶及室外栏杆的处理上，建筑门窗也多做使用。梅州客家小镇在建筑外墙的处理上为营造古朴的质感，采用白墙黑瓦并对建筑墙面进行做旧处理；有的墙面露出内部砖的纹理并进行不同的饰面处理，旨在模仿客家建筑夯土砖墙的效果，展现其传统建筑文化。

5.3 植物种植设计

目前国内众多旅游景区和城市景观的建设中喜大范围使用色彩鲜艳、树形和叶形奇特的外来物种，例如日本红枫、法国梧桐、欧洲七叶树和北美鹅掌楸等，一味跟风或迎合“国际潮流”却忽视了本土物种的运用和保护或缺乏本土与外来的有机结合，缺乏乡土植物景观营造意识。客家乡土植物在特色小镇的运用具有很好的生态效益和可实施性，我国客属地区大多处于热带或亚热带气候区的环境造就了其乡土植物种类繁多、层次鲜明，见表2。

表2 客属地域乡土植物分类

植物类型	乔木层	灌木层	藤本层	草本层
常绿植物	樟树、马尾松、棕榈、榕树等	桂花树、箬竹、罗伞树、杜鹃、桃金娘、金桔等	鱼藤、白花油麻藤、牛栓藤、龙须藤等	狗脊蕨、乌毛蕨、花蝴蝶、龟背竹、红背桂等
落叶植物	乌桕、合欢、枫香、苦楝等	野牡丹、木槿、三角梅等	山银花、金银花、紫藤、地锦等	里白、苔草等

客家人宅后喜用高大、常绿乔木营造风水林，在林缘种植草本；宅旁种有桃、松、竹、榕树等具有象征意义的植物；庭院绿化植物多由桂花、金桔、柚子、墨兰、建兰、多花兰等组成，具有喜迎贵人、品行高洁等美好含义。在客家风水观念中植物的种植具有很重要的地位，如赣南客家人有种花木庭树的厌胜方法，最普遍的是在房前屋后种桂花树，意为能遇贵人或生活富贵；有的在室外墙角栽种万年青，以求宅室永固，万年长青；还有“前不栽桑，后不种楝”之俗等。客家乡土植物的种植应用具有高识别度、社会认可度，既符合本土居民心理预期又可以强化人们对乡土概念的认知，是特色小镇的“特色”体现；其次从植物本身对环境的适应性而言，乡土植物具有良好的生长性状可以减少后期的维护管理成本，而外来物种可能和本土植物形成竞争、破坏生物多样性，或者像不耐过湿土壤的银杏、槐树等对区域水土不适的外来物种会出现生长不良、景观性不佳等问题。因此，应当辩证地看待客家地域的外来景观植物的引进与种植问题，在做好对外来景观植物的性状研究和当地种植可行性研究的基础上，结合本

土植物进行混合种植或进行新品培育，实现本土景观植物的丰富、多样化和观赏价值的提高。在植物种植时注重对植物种植的平面设计和竖向设计：平面上运用好孤植、丛植、群植林植的形式，通过植物种植以划分、围合空间；竖向上可以进行套种，增强植物的层次感、立体感。

5.4 景观设施小品

景观设施小品是特色小镇重要的元素，通过小体量、色彩单纯的景观节点可以对空间起点缀作用并充分地展示客家的文化底蕴和个性艺术。文化底蕴方面，无论自然景观还是人文景观，只要它们身上附有很多故事和文化现象，就能成为历史文化和遗存古迹。如客家地区的门窗、色彩等建筑立面装饰艺术有着很独特的一面，赣南建筑衍生了丰富的镇宅文化，如门当、户对、牙脊等，在赣县的白鹭古村中就完整地保存了很多这样的建筑构件，这些构件也可以用于凉亭等小型的景观建筑物中；小品雕塑的形象则可以运用客家人生活中使用的农具等元素，如车拨、耙、杨簸、风车等。赣南是理学兴盛的地区，在赣南客家地区有着丰富的门榜和楹联文化，如赣州南康太窝乡就有村民的住宅门榜上书有“理学之宗”字样。除了理学，客家门榜很多还昭示本姓氏家族渊源和姓氏谱系，或显示本姓氏先贤的高尚品格或名人事迹，或显示本姓氏高贵门第或宣扬良好家风的。如黄姓的常用“江夏渊源”门榜，陈、钟、赖、邬、庾等姓多以“颖川长流”为题表示其发祥地；陶姓的“五柳高”彰显了陶渊明的风范，李姓的“青莲遗风”显示了李白的超凡脱等。赣南客家民居的门榜昭示了这里的人们“客属”的文化身份，反映了他们对先贤美德、名人事迹的敬慕，对文化艺术的崇尚，以及拥有良好家风等的深厚文化底蕴。

个性艺术方面，将客家人喜爱的图样及纹饰运用景观小品，或是把客家木雕工艺、石雕工艺、编扎工艺、剪纸工艺、刺绣工艺、制画工艺等多种形式的民间工艺运用其中展现独特的客家艺术。当然雕塑本身也是极具表现力的景观小品，表现客家人五次大迁徙中的历史情形或是以客家历史名人作为主题的圆雕、浮雕、壁画等客家特色景观小品可展现客家的历史印记和人文身份。此外，有些景观设施本身就显得极具客家个性艺术，如闽西芷溪花灯形式的路灯；另一方面也可以结合客家乡土传统元素进行创新和突破，例如将客家木桶和斗篷结合制作垃圾桶、用石磨或风车形象制作具有现代感的景观雕塑等。客家景观小品起到对客家乡土社会的反映和概括、对客家民间艺术文化的浓缩与沉淀的作用，在展示客家乡土文化的同时也是对历史文脉很好的传承。

5.5 铺地图案与材料

随着历史的发展和经济的强盛，客家地区的铺地内容不断地丰富和多样化，尤其是南宋以后的南方城镇建设助推了客家地域的开发，那时的城市由封闭的里坊制变为开放的街市制，伴随而来的是商业的繁荣和街道的发展、铺地大量存在于城镇街道和广场。

客家地域的铺地形式包含了铺地图案和铺地方法。首先，铺地图案可以分为规则式、自然式和混合式：规则式是指铺地图案具有明显的对称形式或几何形状，如客家人喜好的铜钱、太极、八字形图案等铺砖砌法铺地；自然式则更多偏向于铺地图案的无序性或自由性，多运用点状乱序排列或不规则曲线的排布，如卵石的点铺；混合式则是前两者的结合，在自然式的总体布局上局部采用规整排布或是规则式的图案框架内进行自然式布局，如卵石点铺的路面间隔铺设桃花形状的图案。其次，铺设方式也呈多样化，例如板岩碎拼、青砖拼花、卵石横向排列、纵向排列、无序排列等在客域铺地中普遍存在，赣州市河套老城区的青砖铺地就有横向错缝侧砌、竖向错缝侧砌等砌筑方法并每隔一定距离用一道横向砖结构作为隔断的砌法。

铺地材料上，随着城镇的发展客家传统铺地材料在材质、色彩等方面越来越多样化：材质方面有夯土、卵石、碎石、麻石、青条石、红砂岩块石、青砖、瓦片等类型；色彩方面则多以青砖、青石等灰色调、冷色调材料为主，但也可以运用当地丰富的红砂岩做铺地材料，既就地取材又凸显客家地域环境的酸性红壤特点。

为避免铺地材料的过多变化或图案过于繁琐复杂造成视觉的混乱，应选择具有客家特色的主导图形、色彩或材质的铺装来形成完整的基面背景，在其中寻找多样的变化；应重点对铺装的纹样进行设计，通过富有客家性、色彩协调的地面铺装创造独特的视觉趣味，构成文化性的景观空间，并能为场所带来客家标志性的意义。总之，铺地需要满足人们的视觉审美和心理感受，宜采用当地的、具有客家文化符号的材料进行铺装，以求得客属地域文化的认同和归属感。

6. 结语

特色小镇建设是我国新型城镇化模式的重要探索实践，既是对国家精准扶贫战略的积极回应，也是改善城市居民、乡村农民生存状况的重要举措。由于城镇化进程的加快和开放性经济对外界文化价值观的传播，使得原本承载着客家乡土文化的乡村和地域城镇越来越多地受到外来文化的影响，削弱了客家文化特征和传统建筑风貌的可识别性，因此，客家特色小镇乡土景观建设关乎到对客家传统文化和遗产的传承与创新。将乡土文化保护与客属地域小镇建设有机融合是客家特色小镇建设的核心所在，旨在以传承客家乡土文化为切入点，改善目前特色小镇建设中“千镇一面”“建设性破坏”等现象，并以此推动客家地区经济产业结构转型，为人们营造具有精神归属感的宜居家园提供理论与实践指导。

参考文献请见原文。

（撰稿人：陈晓刚，江西师范大学城建学院；王苏宇，江西师范大学城建学院；张元富，江西师范大学城建学院）

第四篇　村镇规划与设计

村镇规划是城乡规划中“乡”的重要组成部分，时至今日，村镇规划对乡村建设发展的重要性日渐凸显。然而，我国村镇规划体系仍存在着理论方法、技术体系和实施管理机制不完善等问题。而且，随着社会各界关注村镇规划研究以及参与其中的人越来越多，村镇规划理论研究与实践需求结合缺乏紧密性的问题也越发突出。同时，长期以来村镇规划照搬城市规划模式、脱离村镇实际、指导性和实施性较差、村民主体参与缺失等问题仍然存在。有必要继续总结经验，厘清思路，推进村镇规划理论和实践发展。

针对上述问题，2014 年住房城乡建设部组织开展村镇规划试点，探索符合村镇实际、具有较强指导性和实施型的村庄规划、镇规划理念和编制方法，开启了我国实用性村镇规划编制进程。当前，我国村镇进入乡村振兴战略全面实施、脱贫攻坚任务全面落实、美丽乡村建设全面铺开的关键阶段，恰逢规划从机构管理到理论方法全面变革的关键时期，倒逼各地村镇规划编制导向实用性。我国村镇量大、面广、多种多样，不同类型村镇规划方法差异较大，经过几年的实践探索，以北京市、广州市为代表的地区在实用性村镇规划编制中取得了一定成效，强化村民主体参与式乡村规划编制模式得到了进一步推广。我国实用性村镇规划编制取得了阶段性进展。

本篇章选取了《乡村振兴战略背景下北京村庄规划转型的探索》《广州乡村地区发展的土地依赖与模式转型》《社区参与视角下的乡村规划过程模式研究》《乡村振兴战略下的乡村建设问题及规划对策——以汉源乡村建设规划为例》《基于中国传统设计手法的小城镇规划研究——以渭南市临渭区为例》5 篇文章，从村镇规划编制、土地模式转型、参与式规划模式、村镇规划实践等角度探索解析新时代背景下村镇规划转型与发展趋势，以期为我国未来村镇规划与设计提供参考借鉴。

乡村振兴战略背景下北京村庄规划转型的探索

1. 引言

2017 年 10 月，党的十九大报告明确提出“产业兴旺、生态宜居、乡风文明、治理有效、生活富裕”的二十字总体要求，意味着乡村振兴已上升到国家战略层面，乡村发展进入新的历史阶段，成为集生活与生产、社会与文化、历史与政治多元要素为一体的人类文明体。在这一新背景下，对村庄规划的要求已不仅仅是传统的空间规划，笔者通过在北京地区进行美丽乡村建设的实践，探索了在乡村振兴背景下如何编制村庄规划。

2. 北京村庄规划编制实践分析

2005 年，党的十六届五中全会正式提出建设社会主义新农村的重大历史任务。2006 年初，北京市委下发《关于统筹城乡经济社会发展，推进社会主义新农村建设的意见》的纲领性文件。北京市委、市政府专门成立新农村建设领导小组和办公室，形成了城乡统筹、部门联动的新农村建设工作新机制。为积极推进社会主义新农村建设，自 2005 年底，北京市规划委员会同北京市农村工作委员会，组织北京市相关部门以及各区、县政府进行了全面系统的新农村规划工作，组织百名规划师下乡，在村庄规划的编制上“一边摸索、一边总结、一边实践”，逐步推进新农村规划的编制工作，出台了《2006 年 80 个试点村村庄规划编制指导意见》和《2008—2011 年北京市重点村、一般村村庄规划编制指导意见》用以指导村庄规划编制工作。

这一轮新农村规划的特点是自上而下、政府推动、财政支持，以完善公共服务设施、道路交通市政基础设施和环境设施为主。2010 年完成了以安全饮水、道路、垃圾、污水、改厕为重点的农村五项基础设施建设工程，所有行政村均实现村村通公交、村村通邮政，农村基础设施条件大大改善。城乡统一的就业服务体系基本建立，率先实现了城乡养老和医疗保障制度全覆盖，开展“科教兴村、送教下乡”工程，实施了农村小学“两免一补”政策，村庄公共服务设施水平得到了提升。各村都根据自身的特点进行了一定程度的村庄绿化美化、环境整治和景观的改造工作，村庄环境得到了改善。

然而本轮新农村规划也存在一些问题：第一，村庄特点体现不足，规划实践性差。由于村庄规划的理论研究和规划实践不足，编制方法上城市规划的痕迹还是很重，部分村庄规划照搬城市思维，难以指导实施；第二，村庄规划与上位乡镇域规划在人口、用地、设施等方面存在脱节；第三，村民参与程度有限，村民意愿未得到充分体现。在规划师专业设计思维主导的村庄规划中，村民参与规划实践的积极性不高，规划可操作性不强，没有充分解决村庄发展的实际诉求。

3. 村庄规划的三大转型

3.1　从单一目标到综合目标的转型

以往的村庄规划以空间规划为主，侧重于村庄用地布局、公共服务、道路交通、市政基础设施等硬件建设上，其目标单一，实施过程落实难，无法满足村庄发展特色化的需求。

乡村振兴要求创建具有内生动力的健康良性可持续发展的村庄。乡村规划目标不仅仅是对空间内容的单一规划，更应该综合考虑产业、文化、社会治理等各项软件内容，落实多规合一、系统规划的思想。要梳理村庄的发展脉络，修复村庄的文化基因，转变村民贪大求洋的思维，建立村民的文化自信；要建立村庄治理体系，强化村支两委基层治理的能力，建立村规民约，依靠自治力量对村民进行规范；增强村民特色技艺和旅游服务水平，提高农民收入；完善政策机制，结合各部门配套的政策推动美丽乡村建设，引导社会资本合理介入美丽乡村建设，带动村庄发展。

3.2　从蓝图式规划到实施型规划的转型

传统规划侧重于村庄定位和发展目标，以蓝图式规划对村庄未来的发展进行引导。北京市美丽乡村建设指导下的本轮村庄规划更注重实施性，政府出台了《实施乡村振兴战略扎实推进美丽乡村建设专项行动计划（2018—2020 年）》等多个文件，这就要求在村庄规划中增加美丽乡村建设实施方案的内容，重点在拆除违法建设、治理村容乱象、整治农村垃圾、整治生活污水、实施厕所革命、提升村庄绿化美化、提升道路通达水平、提升供给设施配套、提升公共服务水平等方面，合理引导扶农资金有效落实，转变原有蓝图式的规划理念，以实施有效为目的，为村庄发展提供良好的基础条件。例如在实施方案中，提升道路通达水平就要求，统计不同等级路面破损面积和未硬化的面积规模，梳理村庄现有路灯的种类、数量、使用情况、破损情况等，设计新修道路和修缮道路的效果，合理布置新增路灯的位置，并测算专项行动补贴资金，为下一步施工方案设计提供基础资料（见表 1）。

表 1　北京市美丽乡村专项行动十项工作任务

序号	工作任务
1	编制村庄布局规划、建设发展规划和美丽乡村建设实施方案
2	全面整治农村环境
3	加强村庄绿化美化和生态建设
4	全面开展农村饮用水水质提升和污水有效治理工作
5	实施农村厕所改造，加快实施垃圾分类和废弃物资源化利用
6	加快推进农村地区冬季清洁取暖
7	加强农村基础设施和村庄公共服务设施建设
8	加快农村产业发展，促进农民增收
9	加强农村社会治理，建设乡村文明
10	建立健全长效管护机制

资料来源：《实施乡村振兴战略扎实推进美丽乡村建设专项行动计划（2018—2020 年）》

3.3　从技术型规划到社会型规划的转型

传统规划思维往往是以规划师技术手段为主导的规划，不知道规划后具体的使用者是谁，是一种在白纸上做规划的思维，只需要考虑空间规划的合理性，并不需要考虑某一社会群体的需要，缺乏社会性思维的考量。

乡村规划的实施主体是多元的，除集体使用的用地外，大部分的宅基地建设主体都是分散的村民。各户的经济条件不同，建设诉求不同，思想认识不同，都会对实施的方式产生影响。乡村的规划和建设是生态文明的结果，因为一开始就是给不同主体量身设计的，乡村的规划设计要更多考虑使用者的意见；村庄的建设不需要严格的资质管理，靠的是家族亲戚的协助，在施工的过程中可根据使用者意见随时调整。

在乡村振兴战略提出“健全自治、法治、德治相结合的乡村治理体系”的新要求下，要充分尊重村民的意愿。这就要求村庄规划从传统的技术型思维向社会型思维转变，在村庄规划与建设中应充分尊重村民的“主体地位”，激发村民的愿景力与行动力，使村庄规划充分体现村民意愿。

4　村庄规划编制的新探索

乡村振兴战略方针下，农村问题受到空前的重视，村庄规划也面临着新的机遇和挑战。北京市提出了美丽乡村建设专项行动，发布了《北京市村庄规划导则（试行）》和《北京市美丽乡村建设导则（试行）》等标准要求，在此指导下通过不断实践，对村庄规划编制进行了新探索，重点在落实空间管控目标、激活内生经济动力、修复乡土文化基因、营造乡村风貌特色、推进乡村治理有效5方面内容的研究。

4.1　落实空间管控目标

（1）落实五线管控的要求

乡村振兴需要规划引导，以资源环境保护利用为前提，通过规土合一，进行全域管控。村庄规划应在上位规划的基础上，合理确定村庄建设用地、非建设用地的范围和规模，落实永久基本农田保护控制线、蓝线、紫线、黄线，制定村庄建设用地控制线，划定五类控制线的管控范围。从全域规划的角度出发，明确刚性管控的边界，提出保护和控制要求，为村庄可持续发展提供基本保障。

（2）加强对村庄建设的管控

村庄建设用地现状的认定应以2016年土地变更调查为基准，校核2009年二调数据，认定是否为违法建设用地。超出变更调查范围外的宅基地、公用设施用地和其他用地按照政府程序认定。规划结合北京市用地减量要求，给予落实。村庄规划明确指引村庄建筑的层数、高度、体量、色彩、材质等内容，为下一步乡村建设规划许可管理的实施提供依据。

（3）注重村域非建设用地的管控

村庄规划应明确村域范围内非建设用地现状的总量和用地构成，落实耕地、园地、设施农业、农村道路和林地的范围和规模，明确村域内基本农田的布局范围和规模，落实2018年新一轮百万亩造林绿化工程的范围和规模及村域内有林地的范围和规模。在村庄规划中，可增加土地用地管理的内容，划定未来基本农田潜力区、复垦潜力区、平原造林工程潜力区的示意范围和规模，为远期全区统筹土地使用提供基础资料。

4.2　激活内生经济动力

乡村振兴，产业兴旺是重点。产业兴旺位于乡村振兴战略的二十字的第一位，它为实现可持续发展和乡村振兴的目标奠定了坚实的经济基础。村庄规划应激活村庄内生的经济动力，努力实现一二三产业深度融合发展，推动农民增收，才有望进一步实现生态宜居、乡风文明、治理有效、生活富裕的振兴目标。

村庄产业发展首先应符合上位相关规划的要求，由镇级统筹、片区联动，严控非首都功能增量，结合平原造林和现有农林资源，适度发展与集中建设区相匹配、适宜乡村地区特点的“宜农、宜绿”特色产业，把生态环境优势转化为绿色发展优势，挖掘村庄特色产业，激发乡村活力。村庄应符合《北京市新增产业的禁止和限制目录（2018 年版）》的要求，结合城乡统筹，乡村作为生态的载体和回忆乡愁的地区，可不局限于民俗旅游的发展。乡村服务业与一产联动发展，鼓励发展乡村休闲旅游，如采摘体验、农家乐等。提升服务水平，改善服务场所环境，组织发展拓展学习基地等。鼓励发展农技推广、住宿和餐饮业等生产生活性服务业，完善服务类型，如设立农村现代商贸综合服务站等。

充分发挥乡村各类物质与非物质资源富集的独特优势，利用“旅游＋”“生态＋”等模式，推进农业、林业与旅游、教育、文化、康养等产业深度融合，促进一三产融合发展，利用农村传统体验、田园风光和乡村文化，加快农副产品向旅游商品的转化。促进新型农业经营主体、加工流通企业与电商企业全面对接融合，推动线上线下互动发展，推进“互联网＋”现代农业行动。围绕有基础、有特色、有潜力的产业，建设一批农业文化旅游“三位一体”、生产生活生态同步改善、一二三产深度融合的特色乡村。例如大兴区佃子村结合闲置宅基地院落，以佃农文化为载体，利用现有农田资源和闲置民居，规划农耕体验、民俗体验、24 节庆等主题活动（见图 1），因地制宜进行改造利用，提升综合服务功能，体现了田园农耕风貌，展现了佃农文化特色。

4.3 修复乡土文化基因

乡村是中华文明的基本载体，许多村庄都有着成百上千年的农耕文明历史，它们有着自身的乡土文化，有着自己的风水格局，有着中华传统的风俗习惯，有着这一代人要留住的乡愁。这就要求在村庄规划编制中，挖掘村庄文化，通过参考村志或镇志，梳理村庄的起源，发展、演变的过程。第一，梳理村庄历史，包括村庄建制、村名由来、发生过的历史事件、传说故事、村庄历史人物传记、名人故居、抗日事迹等内容。第二，保护物质遗产要素，传承彰显本土特色的传统文化，明确村庄的文物保护单位、历史建（构）筑物、非物质文化遗产及其载体空间的分布情况，保护好文保单位、传统建筑挂牌等物质文化遗存。尊重村庄庙宇、皇家果园、名木古树、古井等历史要素。第三，传承发扬非物质文化遗产，尊重村庄的乡土文化、农耕文化、民俗文化等。融合发展独特的非遗文化活动、民俗活动、特色餐饮、民间技艺、民间戏曲等。如传统口头文学以及作为其载体的语言；传统美术、书法、音乐、舞蹈、喜剧、曲艺和杂技；传统技艺、医

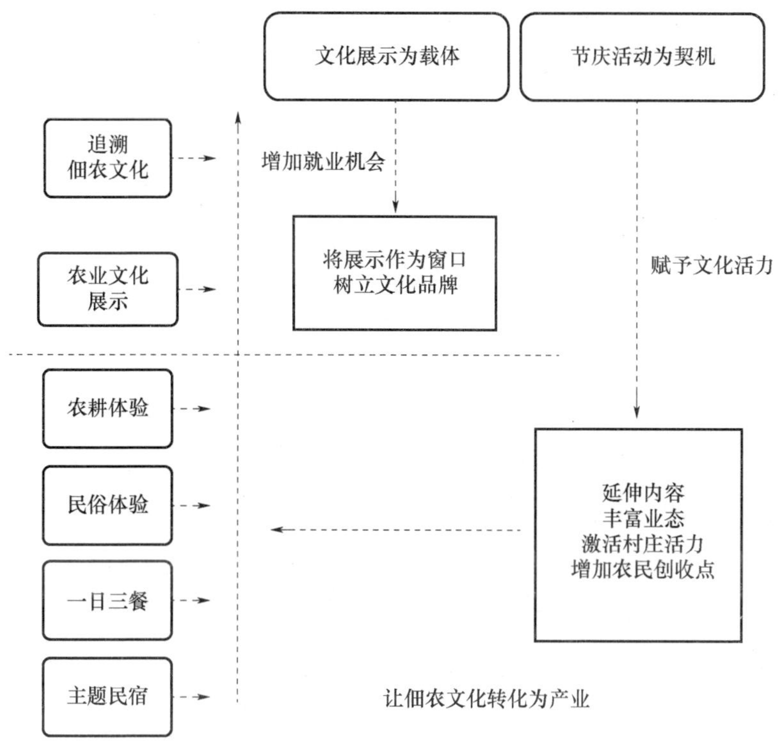

图 1　佃子村产业发展模式

资料来源：笔者自绘

药和历法；传统礼仪、节庆等民俗；传统体育和游艺以及其他非物质文化遗产。例如怀柔区范各庄村，所处位置在《怀柔县志》中记载："怀柔城东北二十里，古燕城地。"明代成村，有古燕城称号。具有特色的历史建筑，其中包括历史石板、门当、古井、古道、关帝庙。村庄民俗活动非常丰富，每年的关帝庙会、太后巡礼、中秋晚会等活动都会吸引大量游客，见图 2。

图 2　范各庄村关帝庙及太后巡礼活动

资料来源：网络提供

村庄规划中也可将外来文化元素植入村庄，传播具有独特气质的地域文化，将文化元素植入村庄的风貌建设的各个方面，指引建筑、街区、空间、环境等多维度的风貌建设，形成具有文化底蕴的特色风貌，增强文化认同感。例如大兴区半壁店村泰迪熊小镇（见图 3），引入文创企业，在得到村民认可后，承租村民民居，将村内闲置宅院打造成泰迪熊主题乐园，依托现有民宿村居进行升级改造，保留原有村庄脉络，建设泰迪熊博物馆、泰迪民宿餐饮、星级户外活动区三大主题区，发展特色旅游业，吸引了大量游客前来参观，人均纯收入位于镇域前列。

图 3　半壁店村泰迪熊主题文化

资料来源：笔者自摄

4.4　营造乡村风貌特色

体现村庄特色，村庄规划编制应避免照搬城市形式，避免复制城市样式的大广场、宽马路、排排房、欧式建筑等，营造有别于城市的乡村风貌，避免千村一面。特别是对于村域内自然环境，应该注重保护基本农田，规范农田耕种，不可荒废和闲置，化田成景，打造村庄自身特色，保护村庄自然生态格局，保留传统老房子，延续村庄原有特色风貌要素，优先采用地方材料，协调村庄整体风貌。对村庄环境、整体格局、居住街坊、商业服务、街道空间、建筑风貌、绿地广场等风貌要素提出提升整治引导方案。村庄内公共服务设施应小而综，适合村庄实际情况和本村风貌，建设田园宜居的设施。村庄街巷较窄，巷道应保持原有尺度、比例和步行方式，对小巷及居民内的铺装进行整修、修复。公共空间因地制宜、见缝插绿，合理利用边角地及闲置空地，应考虑下凹绿地和雨水收集。古树名木设立围栏或树池，活动场地可设置座椅或廊架，提高实用性和舒适性。增加房前屋后绿化以此提升环境的美观。设计村庄标志、标识系统，景观小品应结合本村文化特色进行设计。注重对本土文化元素符号、材质的提炼和应用，与村庄整体风貌相协调。例如，村庄入口可标志醒目标识，视具体情况选建村门、柱廊或碑石来题写村名和标定村庄界限。村民健身设施可选用具有乡土特色的木材、石头制作，见图4。

图4　乡土特色村口标识及健身设施

资料来源：网络提供

4.5　推进乡村治理有效

乡村振兴要求新时期的村庄规划不仅仅是硬件规划，更强调软性治理，创新乡村治理体系，遵循乡村发展规律，通过政府、企业、村民和社会的多方参与，形成共同谋划、共同建设、共同管理、共同评估和共同享受的“四方五共”新模式。

在村庄规划与建设中充分尊重村民的“主体地位”，重点分析村民生活需求和亟待解决的问题，通过驻村调研、入户访谈、问卷调查、村民代表大会、微信平台、村民参观学习等多个方面协助村民参与到规划中来，让村民全程参与，发表看法，陪伴村民作为村庄主人翁意识的成长，共同决策，激发村民的愿景力与行动力，使村庄规划充分体现村民意愿，形成自下而上的规划模式。通过带领村民多去建设好的村庄参观学习，与当地村民交流，改变他们对村庄规划建设的认识。通过请专家给村民讲课，让他们认清新农村建设的方向；召开村民代表大会，党员代表大会、全体村民会议等，建议搭建微信网络平台，多方征求村民意愿，让村民讨论村庄发展的重大问题，形成共识。例如顺义区董各庄村，在规划编制中搭建微信平台，实时跟踪村庄情况，听取村民意愿，充分尊重村民主体地位，规划成果经过村民代表一致通过（见图5）。

走乡村善治之路，复活乡村发展建设的议事规程，复活村规民约的治理作用，将村规民约作为规范村庄发展的重要手段。充分发挥村民主体作用，健全完善美丽乡村规划建设的长效管理机制，进一步完善台账管理，确保乡村社会充满活力、和谐有序。发挥乡贤在村庄发展中的引领作用，乡贤一方面扎根本土，对乡村情况比较熟悉；另一方面具有新知识、新眼界，对现代社会价值观念和知识技能有一定把握。新乡贤文化作为一种“软约束”“软治理”，有利于健全乡村

图 5　董各庄召开村民代表大会听取美丽乡村规划

资料来源：笔者自摄

居民利益表达机制，营造新乡贤参与家乡建设的氛围，激发村民参与乡村事务的积极性，建设乡村共同体，并提高其凝聚力和自治能力。新乡贤的示范引领作用，能教化乡民、反哺乡里、涵养文明乡风，使村民遵循行为规范、价值导向。

同时也要抓住设计人员下乡服务，提升乡村规划建设水平有利契机，引导和支持设计师在村庄建设中发挥积极作用。建立村庄责任规划师、建筑师、设计师机制，参与村庄规划建设整治，提供技术指导。建立设计师村级纠错机制，对不符合村庄规划要求的提出改进方案，参与监督、指导实施。建立村庄风貌培训机制，对村镇一级的相关从业人员、相关管理人员、村民进行有计划的培训。建立镇级村庄建设专家委员会机制，对镇辖区内各个村庄的规划、建设项目的成果进行评价、审查，为项目审批提供指导意见，为村庄规划建设质量把关。

5. 结论与展望

在全国推行乡村振兴战略的背景下，北京市积极开展美丽乡村建设行动，面临着村庄规划三大转型的要求，本轮村庄规划对比以往更加强调村民的主体地位和规划的可实施性。在规划实践中，提出了落实空间管控目标、激活内生经济动力、修复乡土文化基因、营造乡村风貌特色和推进乡村治理有效 5 方面经验，在原有空间规划的基础上，着重增加软性规划内容的研究，为未来乡村振兴战略规划的研究提供了多种路径支持。

参考文献请见原文。

（撰稿人：张志杰，北京北建大城市规划设计研究院；陈森，北京北建大城市规划设计研究院）

广州乡村地区发展的土地依赖与模式转型

1. 引言

2017年，党的“十九大”提出实施乡村振兴战略，对城乡关系提出新的要求，强调城乡融合发展，改变过去乡村仅作为城市的从属，而不作为被城市单向“统筹”的对象的问题。这要求未来乡村规划更加重视乡村主动性的发挥和内生动力的激活。乡村规划作为引导城乡关系转型的重要工具，其工作目标往往随着政策热点转移而调整。学界以往对乡村规划的研究可以归纳为两类：一类是分析城镇化进程中的乡村演进和乡村规划的内涵与特点，包括对乡村规划体系进行研究，侧重于理论分析层面；另一类从乡村规划实践出发，对乡村规划的编制方法和理论进行探索，侧重于规划实操层面。这两类研究在一定程度上仍带有传统城市规划的技术惯性，当前，缺少从乡村视角探索城乡关系转型背景下乡村规划应对的研究，尤其缺少对促进乡村地区振兴的路径和策略方面的研究，因此需要进一步研究如何激活乡村内生动力，推动乡村治理水平提升。

广州乡村地区地域广阔，总面积为5827km^2，占广州市域面积的78.4%，包括34个建制镇、1144个行政村。长期以来，由于乡村“自下而上”主导与城市“自上而下”主导的工业化及城镇化在空间上并行，导致“地租经济”依赖、土地破碎低效和公共服务设施落后等问题，乡村地区的发展高度依赖城市，成为制约广州市这类特大城市未来发展的重要因素。如何通过规划管理和政策创新引导乡村地区健康发展，成为新时期村庄规划的重要议题。

因此，本文通过分析广州乡村对城市的土地依赖及其发展隐忧，回顾广州市历次村庄规划编制的局限性，试图通过分析城乡一体化治理、城乡公共服务均等化、乡村特色保护与活化、城乡空间重塑等，构建新型城乡关系，寻找新时期广州乡村振兴的模式转型途径与规划应对方式。

2. 乡与城的关系与空间依赖

2.1 广州城乡关系演进

城乡关系是存在于城镇、乡村之间的相互依存、相互影响、相互作用、相互制约的普遍联系，乡村振兴战略能否发挥实效，需要深刻理解城乡关系演进历程。在“农业文明—工业文明—生态文明”的发展历程中，广州市的城乡关系经历了“乡村育城—城乡对立—城乡共融”的螺旋式上升的演进过程（见图 1）。在改革开放之前，广州乡村地区以农业生产为主，城乡关系主要表现为乡村孕育城市，广袤的乡村地区为城市提供生存基础。在改革开放之后，在外资的驱动之下，广州乡村地区依托“三来一补”快速实现工业化。同时，在城市蔓延与郊区化的影响下，城市边缘的村落被城市地区“挤压”。城市迫切需要用低廉的成本将农用地转变成非农用地，在空间资源和劳动力资源的城乡争夺过程中，城乡关系逐步转变为城乡对立。在 2000 年中国加入 WTO 以后，在全球资本影响下，广州市的城镇化进程加速，城市空间向外迅速扩张，乡村与城市的空间高度互融。

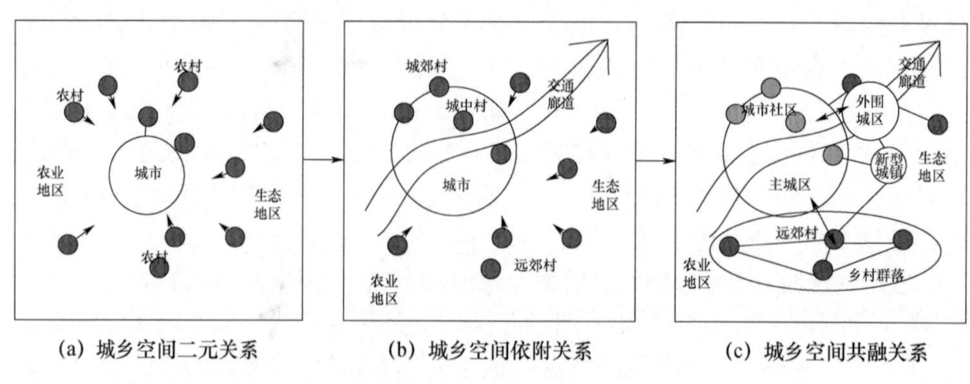

(a) 城乡空间二元关系　　(b) 城乡空间依附关系　　(c) 城乡空间共融关系

图 1　不同时期广州城乡关系演进示意图

2.2 广州城乡空间依赖与规划实践

2.2.1 双轨城市化下的空间互融与分异

（1）双轨城市化影响下的城乡空间互融

改革开放后，广州市在外资驱动下开启了双轨城市化进程，即由政府主导的城镇化和由乡村主导的城镇化并行。由政府主导的城镇化——随着 1994 年分税制度的实施，地方政府出于对政绩和土地财政的追逐，不断推动城市对外扩张，在原有城区之外兴建大量的开发区、工业园区。由乡村主导的城镇化——在“三来一补”和留用地政策影响下，农村通过“以地易地”的模式获得了留用地指标完成了农村城镇化过程。村集体在留用地上兴建厂房出租或者直接租地，而村民则在宅基地上盖房，以低廉的租金吸引大量外来人口。

在空间上，广州的乡村随着城市蔓延和郊区化进程加速，与城市呈现高度融合状态。尤其是在2000年后，在“东进、西联、南拓、北优”八字方针指导下，番禺、花都、从化和增城陆续撤市并区，广州市的城市框架不断拉开，带状组团城市格局基本形成。为了减少乡村拆迁和村民安置等方面的巨额经济成本与社会成本，城市政府选择了绕开村落的迂回发展思路，使越来越多的城市边缘村落成为被城市包围的“城中村”，形成城乡建设用地之间马赛克拼贴式的、犬牙交错的混杂地带。

（2）地租依赖影响下的圈层式空间分异

由于农村土地收益不高，城乡人均收入差距较大，2016年末广州农村居民家庭人均可支配收入为21449元，不足城市居民收入的一半，厂房地租分红和宅基地上的租金收入成为城中村或者城市边缘村落中村民收入的主要来源。“去农化”后村民以租金为生，导致农村地区存在普遍的“地租经济”依赖现象。

寄生于“地租经济”之上的集体经济，使“农村依附于以城市为中心的资本循环过程，成为了源源不断地供应土地和劳动力资源的‘仓库’”。在“地租经济”的影响下，乡村发展高度依赖城市资源的溢出，尤其是依赖城市对外辐射的重要交通设施和公共服务设施。区位的差异对乡村获得城市外溢资源有重要影响，在一定程度上造成了乡村的空间分异，使乡村在人口构成、空间形态、产业业态和土地利用等方面分异巨大，形成城中村、城边村和城郊村等不同类型的乡村。

2.2.2　城乡关系影响下的广州乡村规划实践

作为城乡空间管治的一种手段，乡村规划成为不同发展时期应对城乡矛盾、引导城乡关系转型的重要工具。广州一直重视乡村地区的发展，在乡村规划编制与管理技术方面进行了积极探索和实践。自1996年始，广州先后编制了三轮村庄规划，针对不同时期的城乡关系，对乡村地区的发展进行引导（见图2）。

（1）1.0版本：1996—2006年，协调城乡矛盾的中心村规划

这一时期的村庄规划主要是为了协调城市向外扩张过程中产生的城乡矛盾，控制已经形成的城中村，预防新的城中村出现。因此，规划以当时城乡矛盾最为突出的地区为对象，如白云区、天河区的近郊村庄，通过“以点带面”的方式，将乡村规划纳入城市规划体系，借助技术手段来协调城乡日益尖锐的矛盾。但该时期的村庄规划缺乏制度创新、土地政策和资金的支持，存在“规划建设现实与

农民需求的错位、规划建设目的与服务对象的错位、规划建设过程中与农民沟通的无效”等问题，导致规划的实施困难重重。

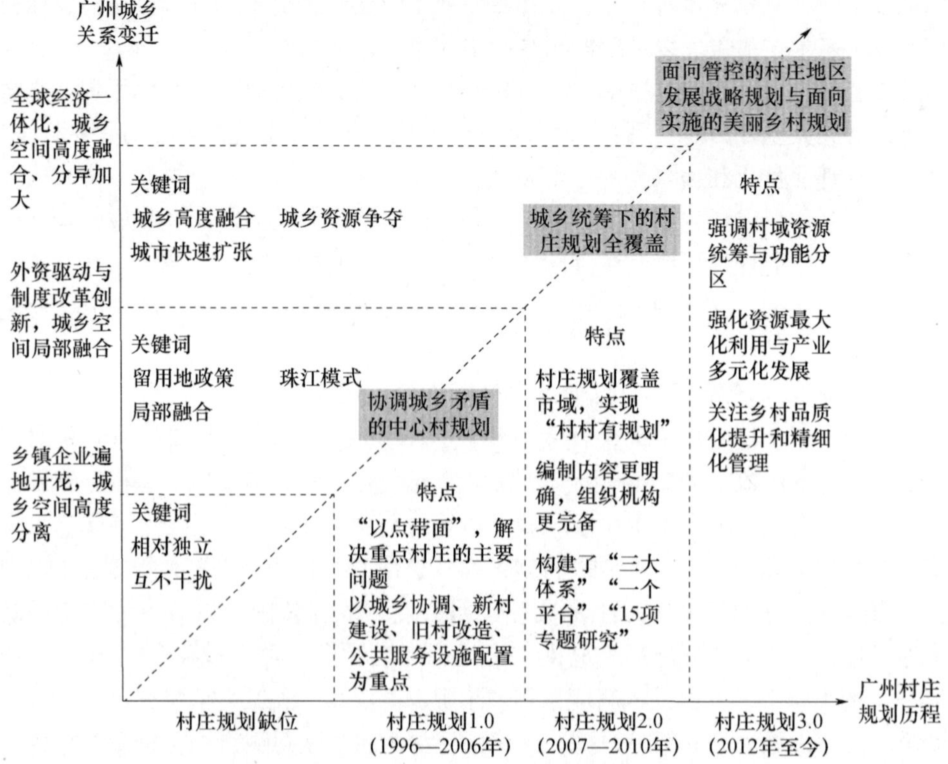

图 2　广州村庄规划实践三个阶段的重心转移与城乡关系变化示意图

（2）2.0 版本：2007—2010 年，城乡统筹下的新农村规划全覆盖

随着“东进、西联、南拓、北优”空间发展战略方针的提出和撤市设区，广州城市骨架进一步拉开，城市与乡村对土地资源的争夺日趋激烈。2008 年《中华人民共和国城乡规划法》的颁布实施，确立了村庄规划的法定地位。广州市的村庄规划发展经历了村庄布点规划和村庄规划两个阶段。其中，村庄布点规划阶段主要解决农村居民点的总体布局问题；村庄规划阶段则是因地制宜地将乡村规划分为新村建设规划、旧村改造和整治规划等类型。截至目前，广州市共完成全市 52 个镇（街）村庄布点规划与 889 个行政村村庄规划的编制和审批。规划对象从近郊村扩展到远郊村，通过“自上而下”的村庄规划编制，实现“以城带乡、以工促农、城乡互动、协调发展”，试图通过“总量控制、事权下放”解决城乡土地资源分配不均的问题。

（3）3.0 版本：2012 年至今，面向管控的村庄地区发展战略规划与面向实施的美丽乡村规划中共十八届三中全会提出了建立新型城乡关系。基于此，一方面广州针对宏观层面缺乏对不同类型村庄的差异化指引问题，于2013年编制了村庄地区发展战略规划，以实现宏观管控。另一方面，广州市针对“自上而下”的规划编制带来的村庄规划实施落地困难等问题，于2016年出台了《美丽乡村建设三年行动计划》，通过示范村庄规划编制，形成以村民意愿为主导的规划。这两者总结了当前村庄规划落地难等问题，探索了新型城镇化背景下村庄规划的编制办法，能切实指导村庄建设落地。

2.3　城乡二元下的发展隐忧与规划局限

2.3.1　土地依赖下的发展隐忧

（1）城乡空间嵌套下的生态与农业空间被侵蚀

在城市的快速扩张过程中，城市边缘的农业和生态用地不断转变为城市建设用地，土地的自然属性转变成经济属性，造成近郊村落的生态空间和农业空间被蚕食。此外，在土地资源巨大收益的驱动下，乡村出现了违规建设等情况，导致空间碎片化和农用地侵蚀情况更为严重。在1985—2015年的30年间，广州的常用耕地面积每年以约46.25km^{2}的速度在消失（见图3）。

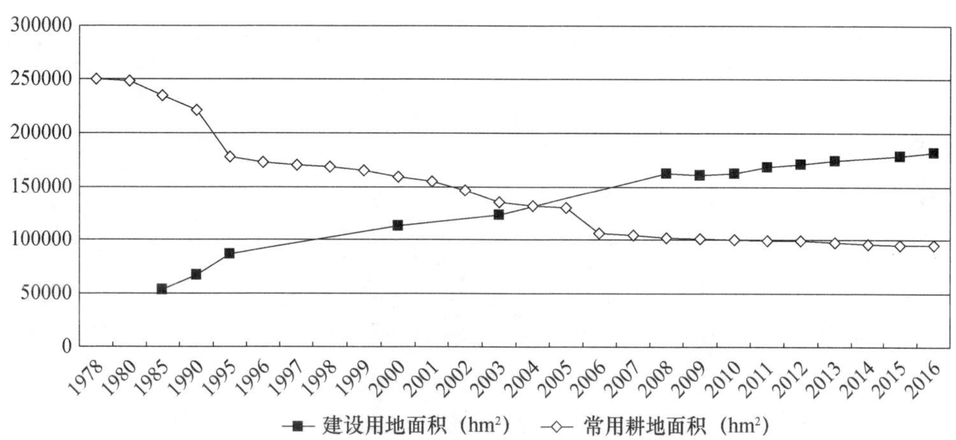

图3　广州市历年建设用地面积和常用耕地面积变化图

（数据来源：作者根据广州市统计年鉴数据、广州市历年土地利用变更数据和《广州市空间管制与城市增长边界规划（2010—2020年）》等资料自绘）

（2）城乡单向流动下的公共设施缺失和空心化

广州各区乡村人口逐年减少，2010—2016年，常住人口中乡村人口的比重从16.22%减少到13.94%。这反映了当前农村人口向城市单向输出的现象，越是远离城市的乡村这种情况就越明显。然而，从城市向乡村流动的资本和人才要素却十分稀缺，造成乡村公共设施、基础设施的缺失和远郊村的空心化。例如，广州的“村改居”通过“四项转制”使城中村转变为城市社区，然而这类城市社区的基础设施建设与维护、公共服务设施的配建、村民的福利与保障未纳入城市财政统筹考虑，仍由村集体来负责，城市管理未覆盖这类地区。

（3）城乡网络同质化的历史环境要素逐渐消亡

在双轨制的城镇化影响下，广州市的乡村被纳入城市网络之中，传统乡村聚落空间逻辑被打破，部分村庄在被征地后被改造为城市社区，不但其原有的空间肌理和历史环境荡然无存，而且以地缘、血缘为纽带的社区文化也难以维系。在此过程中，具有岭南水乡特色的城中村，如猎德村、冼村等变成了城市社区，逐渐丧失了传统民俗和非物质文化遗产。

（4）土地二元化下的产业低端和用地低效

由于农村土地的“集体所有”属性，村集体组织只能依托各自的集体用地出租以吸引中小企业，而不同的村集体之间由于村民利益诉求不一，又难以形成有效的整合。碎片化的工业用地难以吸引大型企业进驻，只能承接低产出、高污染的产业。据统计，2016 年广州村级工业园共有 1688 个，面积约为 131. 8km^2，平均每个村级工业园面积仅为 7. 8hm^2（见图 4）。其中，面积在 150 亩以下的村级工业园共有 1385 个（见图 5），总面积仅为 44. 27km^2。破碎的工业用地导致土地效益低下，广州集体建设用地的产出效率仅为国有用地的 1/10。

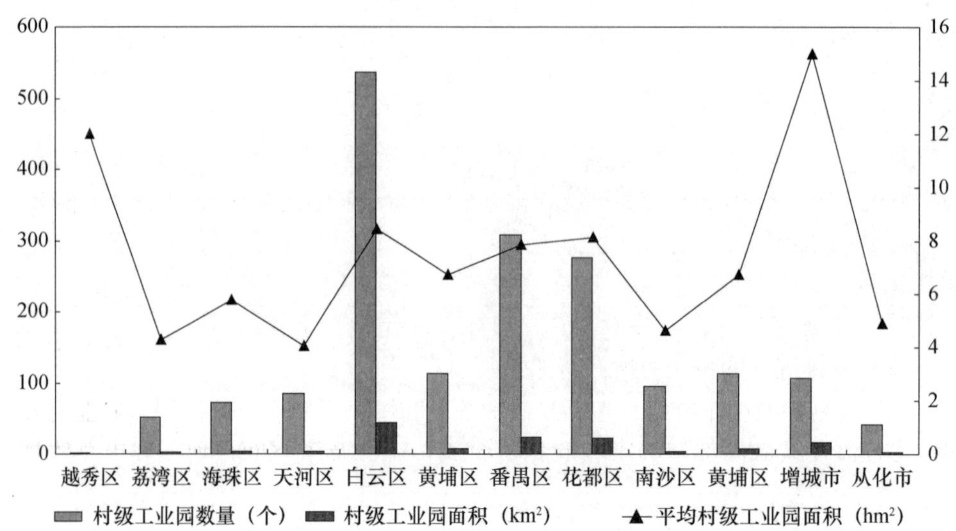

图 4 广州市各区村级工业园统计图

（资料来源：根据广州统计年鉴数据、广州历年土地利用变更数据和《广州市空间管制与城市增长边界规划（2010—2020 年）》等资料绘制）

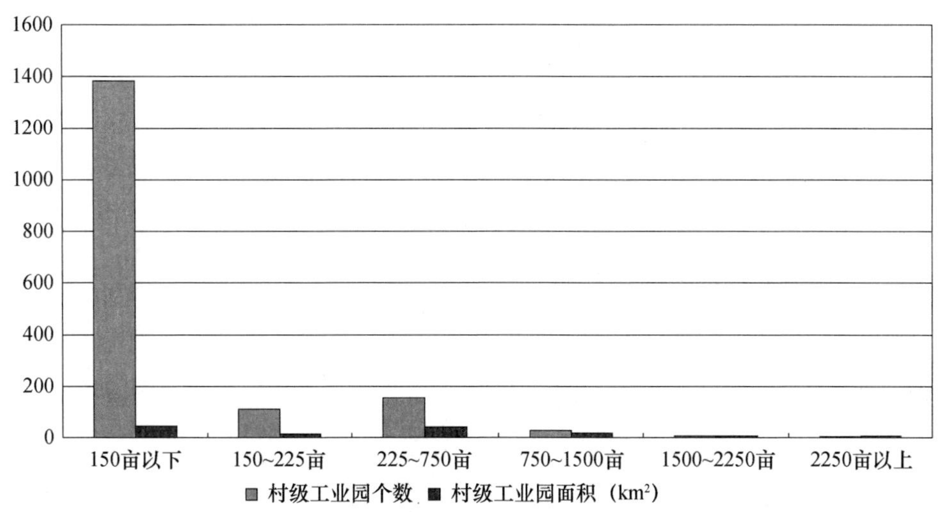

图5 广州市各类规模的村级工业园面积统计图

2.3.2 城乡关系转型下的乡村规划局限性

经过三轮村庄规划的编制，广州市完善了从宏观、中观到微观的村庄规划编制体系，并在村庄规划编制的组织机制、村民参与、政策创新和信息化建设等方面进行创新，构建了城乡一体有机结合的空间格局、城乡一体化公平享用的基础设施与城乡一体化协同的管理体系。然而，作为协调城乡关系的重要工具，广州的村庄规划仍在一定程度上存在“就村庄论村庄”“以城市发展引导村庄发展”等问题，在激发乡村地区内生动力、促使城乡要素双向流动、通过制度创新打破城乡壁垒等方面仍有待进一步提升。笔者认为广州乡村规划当前主要存在以下挑战。

（1）乡村规划的制度背景改变

随着乡村振兴战略的提出和自然资源部、农业农村部的成立，乡村规划的制度背景不断改变，传统乡村规划重“物”轻“人”、重“建设”轻“生态”、重“村庄”轻“农业”、重“技术”轻“政策”的导向需加以调整。

（2）乡村规划的协调力度有待加强

乡村规划涉及多个方面，包括自然资源的利用、土地资源的使用、农业的发展，不仅涉及纵横向部门的事权和相关政策，还涉及了空间规划、城市总体规划、土地利用总体规划、生态保护规划等宏观规划与详细规划的协调。因此，需要对涉农的政策进行汇集和共享，并构建面向乡村全域的“多规合一”体系，便于对乡村自然资源和空间资源的全方位引导与管控。

（3）乡村规划的内涵需全面拓展

随着乡村振兴成为国家战略，乡村规划的内涵也随之拓展，将涵盖城乡生态保育、城乡空间重塑、城乡产业共荣、城乡设施对接和城乡文化融合等多个方面的内容。

3. 广州乡村振兴的模式转型及规划应对

乡村振兴战略的提出为广州乡村地区未来的发展提供了全新的思路，乡村规划应以促进城乡要素的双向流动为目标，激活乡村地区的内生动力，破除“地租经济”依赖，促进城乡一体化发展，为不同类型的村庄提供多样化的发展路径（见图6）。

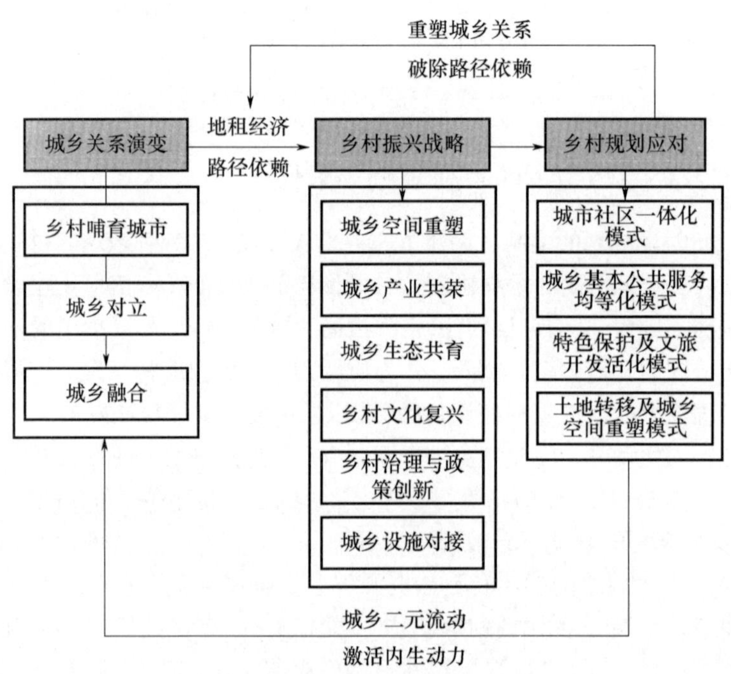

图6 广州乡村振兴发展下的规划应对

3.1 城市社区治理一体化模式

当前，广州市必须直面由以增量开发为主转向以存量开发为主的发展转型，城中村由于大规模低效用地的存在，已经逐步成为广州市未来存量开发的主要地区。城中村在广州城镇化发展中发挥了重要的作用，但其用地低效、安全卫生和社会问题同样十分突出，应探索城市社区治理一体化的发展模式。

3.1.1　从被动式更新向城乡功能互补转变

以往的城中村改造往往采用简单粗暴的方式，将城中村从城市版图上抹去，取而代之的是新的城市片区。此类更新方式不管是政府主导还是开发商、村集体主导，都忽视了对公共利益和原有社会关系的维护。2017 年 8 月 28 日，国土资源部、住房城乡建设部联合印发了《利用集体建设用地建设租赁住房试点方案》，提出利用集体建设用地建设租赁住房。国家放开了对土地开发权的垄断，一方面有助于提高集体土地利用率，增加集体组织及农民的收入；另一方面能够增加租赁住房的供应量，缓解住房供需矛盾，构建购租并举的住房体系，建立健全房地产平稳健康发展长效机制。同时，通过保障承租人获得基本公共服务的权利，从而为城市公共服务均等化提供有效支撑。该试点方案的提出，为广州等特大城市城中村的改造开拓了新思路，推动了城中村融入城市，为特大城市提供了租赁住房等必要配套服务。

3.1.2　从排他式改造向包容式改造转变

传统推倒重建的城中村改造方式片面强调物质空间与功能的提升和置换，缺少对人的关注，在一定程度上侵占了大量非户籍常住人口的生存空间，是排他式的改造方式。而以多元化和包容为特点的微改造更加关注空间品质优化、经济结构升级及社会网络维系，其越来越受到人们的重视。拥挤、逼仄、高密度的城中村保留了传统乡村社会的不少习俗，这些传统民俗节事活动延续了传统民俗文化，增强了社区居民的文化认同感和凝聚力，是维系传统社区的重要纽带。微改造通过合理的规划引导，可以很好地保留传统社区的文化习俗，激发城中村的社区活力。

3.1.3　由物质空间改造向“共同缔造”转变

为应对城中村面临的困境，“共同缔造”的社区发展思路被提出。该思路强调“核心是共同、基础在社区”，认为社区应围绕改善社区环境、促进居民融合、增强居民对社区的认同感、推动政府角色转变和密切群众与政府之间的联系等方面，以共治共享为导向开展自治工作。在“共同缔造”理念下，村庄规划应从蓝图式、指令式规划向过程式、协调式规划转变。

为了更好地实施村庄规划，可以建立驻村工作坊。一方面，工作坊有利于实现参与者的多元化，使规划项目相关者都可以参与到工作坊中，参与者可以是政府成员、设计机构成员、专家学者团队及社区居民；另一方面，工作坊有利于实现规划过程的多元化，工作坊的运行不仅是“驻地式”的，还是移动式的，人们可参与多方会议、实地调研及公众反馈等过程。此外，村庄规划在实施过程中应以政府指导为支撑，强化城中村社区的自治管理，共建共享，以有效地提升社区凝聚力，维系原有社会关系纽带。

3.2 城乡基本公共服务均等化模式

城乡之间基础设施和公共服务设施的差距，是造成城乡差异拉大和空间分异的重要因素，制约着路径依赖的破除和乡村振兴的实现。因此，要破除二元的城乡规划管理与配套政策，探索城乡基本公共服务均等化发展模式。城乡一体化发展的实质就在于城乡公平，其中就包括了城乡基本设施均等化。

3.2.1 提出乡村基本公共服务配套标准

虽然乡村地区的公共服务设施和市政公用设施的规划一直以来都是乡村规划的重要内容，但是由于广州市长期以来存在城乡二元结构的问题，公共服务设施和市政公用设施的配置指标与规范主要是针对城市地区的，针对城乡一体的基本公共服务配置标准尚未被提出。因此，在乡村振兴的背景下，要全面激活乡村的内生动力，需要更深入地研究城乡基本公共服务设施均等化发展的配置标准，并提出适应不同类型乡村的基本公共服务设施配置标准和建设要求。

3.2.2 构筑分层配套的基本公共服务体系

广州市在新一轮总体规划中提出“主城区—副中心—外围城区—新型城镇—乡村”及重要功能区“多点支撑”的新型城乡空间网络体系，考虑在乡村基本公共服务均等化过程中构建分层配套体系，将主城区和副中心区域的乡村逐步纳入城市一体化管理，外围地区的乡村选择需要配套的设施类型，以分层配套为主。首先，建设外围城区和新型城镇的公共服务设施网络，将其作为乡村基本公共服务设施配套的第一层级，满足片区或镇域乡村的服务需求；其次，在由若干乡村组成的乡村群中，选择区位便捷的地区作为乡村基本公共服务配套的第二层级，布局服务于乡村群的共享基本公共服务设施；最后，根据村民日常生活的需要，布局服务于乡村的基本公共服务设施。

3.2.3 创新乡村基本公共服务设施供给模式

乡村的公共服务设施和市政基础设施原来均由村集体承担其建设及运营的费用，在一定程度上造成了乡村公共服务水平的低下。因此，未来城市政府需要加大相关的投入，吸引多元社会资金参与建设，实现公共服务资源在城乡之间的均衡配置，实现政府对乡村基本公共服务设施的“纳管纳建”。

3.3 特色保护及文旅开发活化模式

乡村是传承中国文化的重要载体，广州市作为岭南地区的重要城市，传承延续岭南文化是其在乡村振兴建设中所必须重视的内容。

3.3.1　面向都市休闲的本土化文旅开发

针对远郊村地区，重点整合其自然资源、地域文化等资源，结合轨道交通、绿道网络和特色资源，打造主题不同的乡村旅游集群，引导乡村旅游点、线、面全面发展；建设具有较高服务水平的乡村旅游咨询和集散中心，推动乡村旅游目的地周边的环境治理，建设登山步道、骑行线路和景观廊道，并逐步开通旅游公交专线，支持乡村旅游点互联互通。

3.3.2　立足互联网的乡土产业创新

广州市充分利用现有“空心村”闲置土地资源，探索灵活的土地利用机制，利用多种渠道为乡村旅游提供发展用地。例如，依托岭南乡土资源，培育广州特色乡土创意产品，打造乡土原生态文化创意产业，助力乡土创意“走出来”；实施乡土创意人才培养计划，形成良好的乡土创意发展机制。

3.3.3　面向历史保护的传统村落复兴

乡村文化的复兴和建设不仅包括保护和开发利用好历史文化村落与非物质文化遗产，深入发掘乡村故事和文化基因，还包括加强农村文化教育，完善乡村文化基础设施，推进乡村文化站、农家书屋和农民体育健身工程等惠民工程建设，丰富农民精神生活。此外，应保持乡村规划与乡村自然空间生长机制、空间生产的逻辑相吻合。

3.4　土地转移及空间融合发展模式

在新型城镇化背景下，如何在总体建设用地减量和乡村振兴用地需求增加的前提下找到乡村发展的出路，是未来城乡空间重塑面临的重要问题。

3.4.1　构建分类村庄政策区

根据村庄的主导类型，区分生态型村落、农业型村落、一般村落与特色保护村落，分类施策，明确不同类型村落空间融合发展模式：①生态型村落以生态保护为主要任务，重点落实生态控制线划定后的管理规定制定和监管工作，针对生态控制线内的村庄特点，制订分时疏散和退出计划。同时，针对该类村庄，加大生态转移支付力度，建立健全生态保护与补偿资金挂钩的激励机制。对生态环境脆弱的“空心村”，探索合理的生态移民搬迁方式。②农业型村落以大力发展都市型农业为主要任务，通过“农业+”等理念的引入推动农业“接二连三”。此外，结合国家对休闲农业和乡村旅游发展用地的扶持政策，在番禺、从化、增城和花都等外围城区以乡村群的模式发展乡村旅游。③一般村落根据区位的差异，将城中村、城边村纳入城市一体化管理，实现基础设施互通和公共服务对接。④特色保护村落是传承岭南传统文化的重要载体，应切实保护村庄的传统格局和整体空间形态，保护特色建筑和传统民俗，发展乡村旅游和特色产业，以特色资源保护促进村庄发展。

3.4.2 保障乡村振兴用地

乡村振兴需要用地的支持，广州通过对农村土地进行“三权分置”，优化乡村土地资源配置，激活乡村的内生活力。在城市增长边界以内，符合规划和用途管制的农村集体经营性建设用地允许入市；鼓励村集体进行联合开发，促进农村集体经营性建设用地成为新的投资领域；结合传统农业向现代农业转化的背景，扩大农业生产经营规模，增加农业设施，提供土地合并经营的模式。

3.4.3 探索村庄的土地转移机制

首先，在符合土地利用总体规划的前提下，通过编制村级土地利用规划，调整优化村庄用地布局，整合农村零星分散的存量建设用地，建立低效农用地、宅基地退出机制，在依法保护集体土地所有权和农户承包权的同时，保护土地经营权。其次，完善农民闲置宅基地和闲置农房的相关处理政策，探索宅基地所有权、资格权、使用权“三权分置”，落实宅基地集体所有权，保障农民的宅基地资格权和房屋财产权，适度放宽宅基地和农民房屋使用权。最后，建立土地指标转移制度，收储农村闲置建设用地，发展农村新产业、新业态，并预留部分规划建设用地指标，在生态保护区外用于休闲旅游设施等的建设。

4. 结论与建议

乡村振兴是在深刻认识城乡关系、变化趋势和城乡发展规律的基础上被提出的，是决胜全面建成小康社会、全面建设社会主义现代化强国的一项重大战略任务。广州市的三轮村庄规划实现了从推动“管理规划”到践行“实施规划”，从绘制“空间蓝图”到促进“规划落地”，从囿于“空间规划属性”到关注“公共政策属性”，从“千村一面”到“特色分类”的转变。在此基础上，广州市从城乡社区共治、城乡公共服务均等化、乡村特色保护与活化和城乡空间重塑四个方面进行规划部署，统筹平衡城乡资源和要素配置，加强城乡要素的互动和城乡空间的共融，探索乡村振兴的广州特色规划应对路径。

未来，广州村庄规划还可在现有基础上，加强自组织理论影响下的留用地控制与管理，开展乡村振兴用地统筹规划，将乡村振兴纳入新一轮城市总体规划、土地利用总体规划的编制中，通过一系列规划和政策的引导，激发乡村内生动力。

参考文献请见原文。

（撰稿人：邱杰华，广州市城市规划勘测设计研究院规划设计一所；何冬华，广州市城市规划勘测设计研究院规划设计一所；赵颖，广州市城市规划勘测设计研究院规划设计一所）

社区参与视角下的乡村规划过程模式研究

1. 引言

乡村是承载区域农业生产、生态维育和文化传承多种功能的地域空间。随着生态文明、美丽中国及乡村振兴战略的提出，国家层面的乡村发展理念和话语体系不断重构，乡村发展与规划研究成为学界关注的热点。然而，长期的“重城轻乡”倾向使得我国乡村规划研究与教育起步晚、基础弱，理论和方法储备不足、系统性缺乏，规划师对乡村地域特点、村民需求认识不足，导致了规划中存在大量价值误区和实践缺憾，出现了脱离乡村发展实际等问题。

乡村发展有其“自然”逻辑，寻求乡村振兴和可持续发展的目标和路径，需要一套从乡村主体的利益与需求出发，由本地社区参与的规划与建设模式。从国际经验看，不论是欧盟提出的“基于地方的乡村发展”模式，还是先行地区乡建运动的“社区营造”理念，社区参与都是培养乡村内生发展能力的基础。从发展现实看，我国乡村量大面广、集体所有、村民自治的特征，也决定了由乡村主体参与决策和实施规划，更能符合本地情况、满足主体需求、降低发展成本。结合乡村振兴战略中“村民获得感”的提出，基于社区参与的乡村规划已引发学界和业界的关注。

当前我国乡村规划的社区参与过程存在较多问题，可以归结于两个层面。其一是参与体系不完善。乡村规划体系对社区参与重视不够，普遍停留在“象征性参与”“伪参与”或“被动参与”阶段，直接移植城市规划公众参与模式的倾向明显；缺乏操作方法的法定支撑，未明确规定规划编制过程的公众参与方式、途径等，造成实践中的随意性。其二是主体参与能力不足。村民较难认识到“参与”的可能效益，且受教育程度难以满足一般形式的公众参与技术门槛，加之社会关系网络复杂、影响因素多元，传统“规划告知”的方式将难以实现“真正的”参与式乡村规划。

推动乡村规划中的社区参与，需要基于发展实际，制定符合村民参与行为的规划策略。本文围绕以下 3 个问题展开：为实现乡村振兴发展，社区参与乡村规划的主要任务是什么？基于群体特定的行为逻辑，应采用哪些有效的参与方式？如何根据社区参与了解到的需求，制定乡村规划？本文围绕“认识参与行为，推动社区参与，创新规划方法”思路，构建“认识—反馈—评估”的参与式乡村规划过程模式，并以江苏省句容市C村乡村振兴试验为例，阐述了社区参与视角下的乡村调研、编制、决策工作方式及其成效，以丰富参与式乡村规划的相关理论及案例，为规划研究与实践提供科学参考。

2. 参与式乡村规划过程模式的构建

2.1　乡村社区参与行为分析

公众参与的过程模式建立于参与主体的行为逻辑之上，城市居民的“原子化”特征，决定了其行为逻辑符合理性经济人假设，而村民行为则不同。首先，村民行为以风险防范为主，以利益获得为辅。在长期的农业生产实践中，小农经济靠天吃饭的脆弱性，使村民形成了凡事追求低风险，甚至是无风险为先的基本行为逻辑。其次，村民行为受社会关系网络的影响大。村民处于由血缘亲缘地缘关系交织成的复杂社会关系网络中，很大程度受到“熟人”社会中他人的评价、态度和行为的影响，人情、面子、风俗、习惯对村民行为选择具有举足轻重的影响。这使得村民表现出“为公”的特征，也使得“跟风”现象突出。最后，村民行为依赖非正式机构与制度。乡贤等经济政治精英拥有丰富的社会关系网络，在乡村社会建设、风俗教化、公共事务中扮演着协调、示范、引导等重要角色。由乡贤组织建构起的村规民约、舆论等非正式制度，成为社区默认的行为规范和信任基础。

村民的个体行为逻辑决定了乡村社区参与的特点（见图1）。首先，参与意愿受村民认知与规划特点的影响。规划的长期性、广泛性、专业性决定了其难以立竿见影、与己相关且被充分理解，因此村民往往会较为关注宅前屋后的建设规划，但对于村庄整体发展则参与意愿不足。其次，参与策略受特定情境以及关系网络的影响。村民既有追求个体利益的倾向，因逐利而参与；也有较强的社区认同与归属感，因社区整体或他人评价而参与。社会网络关系密集的社区中，个体行为可以相互预测，能够有效避免机会主义和搭便车行为，降低了乡村社区参与的交易成本，进一步促进了村民为共同利益而参与。最后，参与阶段经历多个历程的演进。乡村社区参与往往经历从“少量个体主动参与、大部分村民观望”的观望阶段，到“村级集体组织、民间社区组织、个体联合、家庭等同时介入”的参与阶段，再到“大规模无序参与”跟风阶段。参与程度随着利益显现、示范激励而不断提高，但市场契约精神不足，相关主体的默许态度，将导致“无序参与”与“过度参与”行为并存，乡村社区的“有序参与”机制建立有赖于乡村精英关系网络以及村规民约的约束。

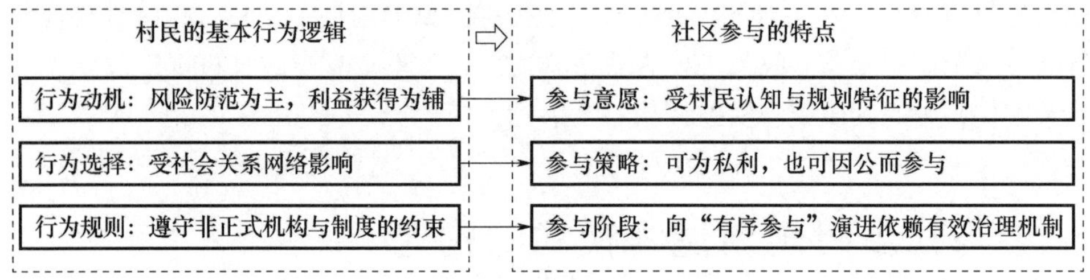

图 1　乡村社区参与行为特征

基于前文所述的村民行为逻辑与社区参与特点，社区参与乡村规划需要解决的主要任务是——对于已有内生秩序的乡村社区，规划师如何融入其中，建立信任？作为难以立竿见影的社区公共事务，如何调动社区参与的热情？规划如何协调利益，体现社区真实需求？为回答上述问题，本文借鉴了西方“价值理性”的沟通式规划和反馈理论，为构建面向社区参与的乡村规划过程模式提供了借鉴。

2.2　面向乡村社区参与行为的规划策略

20 世纪 60 年代末，关注弱势群体规划参与权的倡导性理论（advocacy theory）、公平规划范式出现。20 世纪 80 年代前后，沟通与协作规划（communicative and collaborative planning）兴起，规划被视为规划师、政治家、开发商和公众间的对话协商过程。公众参与由倡导规划师为弱势群体发声，转变为赋权于民众“由人民来规划（planning by people）”。规划师的角色也由自上而下的规划编制者，转换为交流活动的组织者、共识的协调者以及社区基础决策过程的推动者。

当前的乡村规划体系下，规划师多采取单向“认识—反馈”的逻辑，认识过程局限于自身来源于城市规划的知识结构，反馈过程停留于“调研阶段单次、单向的村民信息收集 + 决策阶段的规划信息发布”，对乡村特点及发展需求的认识较为粗浅与片面。理想的乡村规划过程，不仅要建立规划师与村民的工作联系，还应促进规划师与村民相互倾听、相互学习，以达成规划共识。只有通过反复的“交流行动”，规划师才能了解乡村的发展逻辑，融入乡村社区，影响村民的关注点、愿景、信念和认识；村民才能真正了解规划信息与知识，产生集体意义感，激发社区参与热情。

通过交流行动促进参与的乡村规划是基于“认识—反馈—评估”而不断修正的循环实验过程（见图 2），“反馈”环节贯穿始终，具有两层意义：一是规划各阶段都需要社区参与以获取其反馈，并根据反馈进行多方协商和决策；二是规划过程并非单向行为，而是通过反馈以及阶段性评估，判别乡村发展情境的变化，以此修正、完善规划内容的循环往复、滚动式推进的过程。

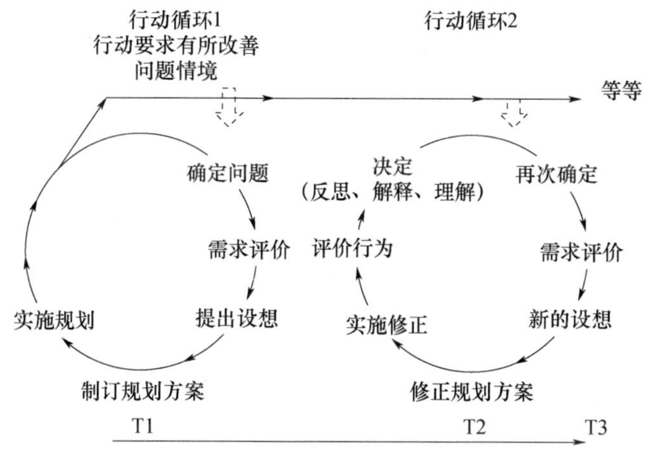

图2　基于反馈策略的规划过程模型

资料来源：根据参与文献修改

2.3　参与式乡村规划过程模式构建

本文结合乡村社区参与行为特征与“沟通+反馈”的参与式规划策略，对应于“调研—编制—决策”的规划程序，构建“认识—反馈—评估”的参与式乡村规划过程模式（见图3）。

阶段1：认识

（1）相互了解：组织交流活动（入户访谈、问卷调研、政府部门座谈会等），宣讲规划目的，收集社区基础信息，获取规划利益相关者（村民、政府官员等）的初步反馈（关于乡村发展愿景和问题的表述），观察不同主体的交流行为以挖掘社会网络等隐性地方知识。

（2）建立关系：组织村民喜闻乐见的社区活动并吸引参与，以增强信息传播，加深规划理解，激发参与热情，强化村民与规划师的情感联系。

（3）辨识需求：基于村民反馈，结合规划师专业知识对社区发展的分析，初步判定社区发展需求；与利益相关者交流初步结论并获取进一步反馈，并对村民反馈做出回应：对于需求不合理的村民，通过沟通与知识教育，纠正其认知的偏差；对于合理反馈，调整优先顺序，明确社区需求。

阶段2：反馈

（1）相互学习：根据村民、地方政府、其他专业技术团队等的反馈，制订解决问题的多个备选选项，并赋予不同权重。

（2）方案初选：结合情境分析初选出可行方案，通过村民会议、焦点小组

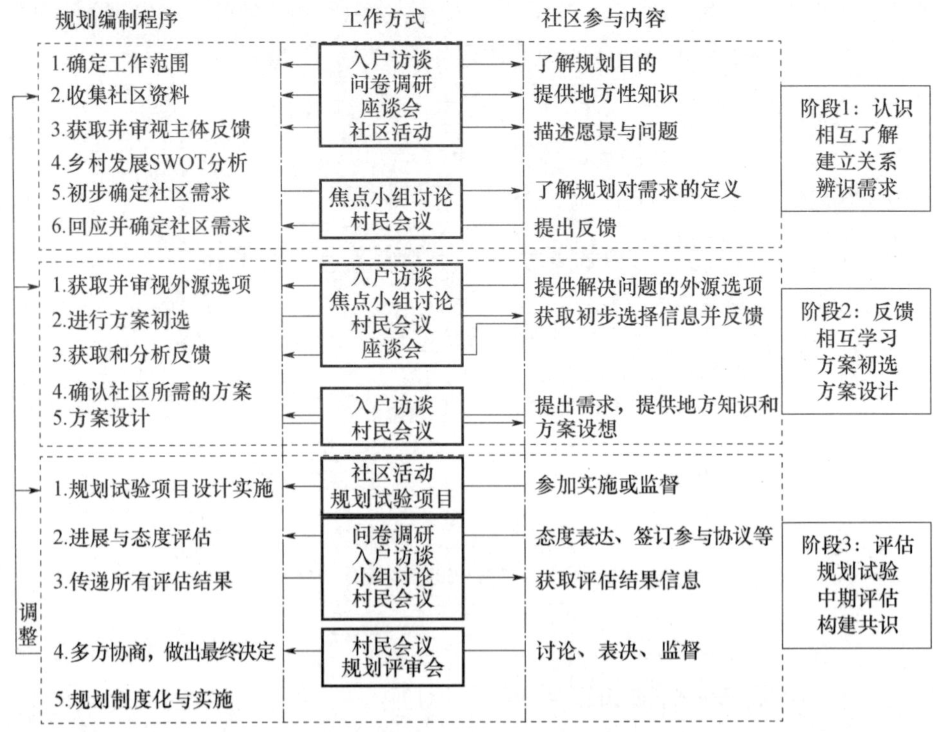

图 3　社区参与乡村规划的过程模式

讨论等方式将可选方案及比选过程等信息传递给村民、地方政府等利益相关主体，确保得到反馈。

（3）方案设计：对反馈进行分析，确认社区选择的行动方案，明确在现有资源条件下项目实施的优先顺序并进行方案设计。过程中与空间产权者、使用者保持沟通，了解空间需求、学习地方知识、及时传递方案设想及其进展，获取并回应村民的反馈。

阶段 3：评估

（1）规划试验：在资源和条件允许的情况下，设计和实施试验性项目，以示范效应激励社区参与，依据试验效果进行规划调整并为规划决策提供依据。

（2）中期评估：包括"效果/进展评估"和"态度评估"两部分。前者评估规划对社区需求的响应，以实施效果或项目进展为指标；后者评价相关主体认可度，或社区参与意愿和行为。评估既可以采取问卷调研等正式方法，也可以对沟通过程村民口头评价和感官反应进行非正式评估。评估结果需传递给利益相关主体。

（3）形成共识：根据前面几个阶段的反馈与评估，结合村民大会及专家咨询结果，制订"继续、调整、终止或制度化"等不同处理决定。当规划实施效果与社区需求较为吻合时，规划内容才有可能形成共识。

3. 社区参与乡村规划的实践

3.1　案例地概况

案例地C村位于江苏省句容市，是户籍人口80户（267人）的自然村落。该村近三分之一的村民外出务工，留守人口保留着传统乡村熟人社会的特征。村民家庭年收入约4万元，收入来源以外出务工和在家务农为主。2013年12月起，规划团队在该村开展“乡村转型规划与运营”试点工作，倡导村民自始至终参与到乡村规划与建设过程，最终使其成为乡村发展运营的主体的理念。规划试验迄今已持续5年，相关素材丰富，足以作为考察社区参与乡村规划实践的典型案例。

3.2　参与式乡村规划调研

3.2.1　工作方式：入户深入访谈+长期定期回访+组织社区活动

规划初期的“认识”阶段，重点在于“认识”规划客体和主体对象。前者关注乡村地域特点、发展历史与现状；后者关注村民的需求与发展。C村规划采取了以下工作方式：搭建双方信息及时、充分交流渠道。一是“初期入户深入访谈”与“长期定期随访”相结合，提高规划团队与村民互动的频率。规划进场前三个月，共用近百人次规划人员入户访谈村民，访谈对象覆盖全村67户常住村民。访谈内容涉及地情与民情，包括村庄经济、基础设施、建筑环境、历史人文、生态资源等，以及村民的经济社会文化资本状况、参与意愿、技能、满意度、意见与需求等信息。在此基础上，建立每月2~3次定期回访的工作制度，与村民保持长期联系，至今已完成近500人次的入户交流。二是因人制宜邀请有特长的村民带领专题调研。如邀请熟识原生动植物的村民带领规划团队进行生态资源调研，又如规划团队在教导村民科学采样方法的基础上，聘请村民协助开展雨水等水土气生样品的采集。三是开展由村民主导的社区活动。如结合对产业发展的初步设想和村民的手工艺条件，参与农家乐运营意愿等，组织“包包子”活动[①]（见图4）。以本地食材的新做法、新形态、新创意增强了村民对村庄产业的发展信心。

3.2.2　调研成效

（1）加深彼此信任，建立情感联系。长期的互动减少了机会主义行为，使村民与规划师对彼此的言行建立了更清晰的认识与判断，有助于信任的形成。规划师在熟识常住村民信息的基础上绘制了村庄的血缘地图，村民认识规划师并将其视为朋友，愿意将不愿公开表达的意见、想法私下告知并寻求帮助。

(a) 入户调研　　(b) 村民协助生态调研　　(c) 社区“包包子”活动

图 4　参与式乡村调研工作方式

资料来源：实地调研拍摄

（2）形成清晰认知，引导村民参与。通过协助规划调研，村民重新认识本地资源的价值，也因其被认可与尊重产生自豪感与荣誉感；通过社区活动，村民体会到“规划离自己很近”，且对村庄发展愿景有更清晰的理解，参与积极性由此被激发。突出表现在村民主动向规划师反馈信息，提供其认为可以进一步挖掘价值的本地资源信息及产业化路径设想等，如“我们村里后山就有这些菌种，我看着就类似您讲的这些有机肥料”“我们地方特色的蒿子饼，也可以做成这类颜色漂亮的糕点”等。

（3）收集相关信息，挖掘隐性知识。规划师在调研中收集到的资料涉及村庄资源环境、经济发展、历史演进、民俗文化、基础设施等方面，以及村民世代传承累积、社区默认共享的地方性知识，同时记录了村民日常生产生活实践场景、交往互动等信息。

（4）获取村民反馈，辨识社区需求。绝大部分村民表达了对经济发展且自身能够参与获利的强烈诉求，“现在村里，我们也没有多少活可以干，年轻人都只能出去打工了。只要我们村发展起来，我们能赚到钱，发展什么都好啊”。村民还迫切希望改善村庄供水和出行条件，约 80% 的受访农户提出“希望镇里、村里能够为村民解决自来水问题”；约 55% 的村民认为“路太少，出行不方便”且“这些泥路、土路一下雨就坑坑洼洼的，也很脏，要修水泥路”。村民对房屋修建的诉求相对较弱，大多表示“我们家有很多空房间的，到时发展旅游，我们很愿意将家中空置的房间用于发展民宿”。

3.3　参与式乡村规划编制

3.3.1　工作方式：信息透明化 + 与规划主体对象反复沟通 + 相互学习

参与式乡村规划“认识—反馈—评估”过程模式的建立，核心在于规划专业知识与地方性知识的相互学习。对应于过程模式的“反馈”阶段，C 村采取以下工作方式（见图5）。一是辨识社区需求，与空间所有者与使用者沟通需求与规划设想。通过入户访谈、小组座谈、村民会议与问卷调研，向村民传递规划理念，着重了解村民的空间使用需求。二是为空间所有者与使用者参与方案讨论、设计及修改提供渠道。以宅屋建设为例，鼓励村民手绘示意图展示需求与设想，面对面交流共同设计与修改方案，最终方案由村民确定。三是及时公布规划方案及其进展信息，收集并分析村民反馈。以基础设施为例，规划师组织多轮村民意见征询会，向村民介绍规划进展、先进经验以及方案比选信息，收集村民对村庄供水点的选址、污水处理方式以及道路修建的建议等。

(a) 规划团队与村民沟通使用需求　(b) 共同讨论修改方案　(c) 村民会议进行方案表决

图5　参与式乡村规划编制工作方式

资料来源：实地调研拍摄

3.3.2　编制成效

（1）关注社区需求，规划重点由旅游发展调整为多规融合。由于村民需求涉及基础设施、经济发展和保障就业等乡村转型发展相关内容，2014年9月完成的C村策划报告内容已由最初地方政府委托的“乡村旅游产业发展策划”拓展到乡村全面转型发展，包括产业经济、设施建设、环境保护与空间改造等内容。结合村民最近新出现的房屋翻修热情以及年轻人回归的预期，在2016年9月完成的《C村乡村发展与建设规划》中，又对原有空间改造内容进行了扩展，以统筹安排乡村空间建设。

（2）围绕参与特点，规划管制充分体现刚性与弹性相结合。因村民需求的多样化及参与行为的多变性，社区参与乡村规划不确定因素较多。乡村规划往往需要根据村民需求变化、实施情况进行调整，对规划弹性提出了要求。与此同时，规划也需要对社区参与的无序行为进行约束，强化刚性管控力度。由此C村分别划定了刚性和弹性管控内容：道路红线、生态保护以及基础设施建设等涉及社区公共利益的规划内容，属于需坚持底线的刚性管制范畴；房屋修建、公共中心的选址以及公共基础设施建设样式等不会侵害社区集体利益的规划内容，则采用非强制性的弹性管制。

（3）响应参与能力，规划表达采用“村规民约＋地方规章”与专业规划文本相结合方式。规划表达方式除采用传统规划文本、PPT、视频展示与解说相结合的方式外，部分内容还进一步深化为村规民约和地方规章。如房屋建设制度由村民大会讨论，举手表决通过，写入 C 村村规民约，并被地方政府认可成为审批房屋修建申请的流程依据。以村民熟识的村规民约方式表达规划内容，能让更多的村民理解规划，也有助于强化政府的监督作用。

3.4 参与式乡村规划决策

3.4.1 工作方式：规划试验+村民大会决议+规划评审会

参与式决策的意义在于通过多方协商达成共识，实现村民作为主体的合理诉求，提高规划的可实施性。这就要求规划采用区别于传统“事后公示”的方法，让村民充分了解规划相关信息，并在此基础上参与决策以明确方案。规划评估作为决策参考的重要工具，其作用十分重要。对应于过程模式的“评估”阶段，C 村规划采取了以下工作方式。一是启动试验项目。例如聘请专业人员指导农户参与自然有机农业试验，使村民对实施效果有更准确的判断。二是采用问卷调研与签订书面协议的方式，评估村民的参与意愿。三是组织村民大会讨论规划方案。通过介绍方案，发表意见，举手表决的环节，形成会议提案并反馈给地方政府。四是召开多方参与的规划评审会，进行意见交流与协商。

3.4.2 决策结果

（1）根据反馈意见，明确社区参与方式和规划内容。围绕“搬迁”或“转型发展”以及“外地老板投资”或“本村发展”核心议题召开村民大会，明确乡村转型及本地主导的发展模式，同时确定了基础设施、产业发展、环境保护、空间管制等方案。

（2）根据参与意向，确定产业发展方向和个性化参与路径。依据初期调研村民表达的参与“农家乐”“民宿”经营以及“种果树”“养殖”的设想，开展问卷调研，明确了以户为单位参与产业发展的意向。为避免同质竞争，结合村民技能，设置通过农户分组生产的运营架构和“一家一道菜”项目，为村民设置个性化的参与路径。

（3）根据评估结果，进行滚动式的规划调整。由于条件限制，村庄污水设施规划方案由“真空管网收集处理方案”调整为“传统重力污水管网收集+化粪池处理方案”，但试验表明新方案并不适应乡村污水分散化的特点，因此村民会议表决改回“真空管网”方案。对此，规划在寻求降低建设费用的基础上，将方案调整为整村分区分步骤采用“真空源分离污水收集并资源化处理技术”的建设方式。

4. 结论与讨论

乡村规划中社区参与的重要性逐渐被业界认识，但实践过程中也存在参与程度不高、参与体系不完善的问题，参与效果并不尽如人意。本文在充分认识村民行为逻辑的基础上，构建了“认识—反馈—评估”的参与式乡村规划过程模式。“参与”的核心在于村民有渠道向规划师反馈真实需求与想法，规划师有能力辨析村民个人与乡村整体需求的差别，这就要求规划师在规划的不同阶段贯彻参与式规划策略。调研阶段，通过入户调查或深度访谈方式，沟通了解村民的发展诉求，建立起互信关系；编制阶段，定期随访，及时获取、分析和回应村民意见，形成社区发展的初始愿景和社会网络分析；决策阶段，协商确认方案，问题个别沟通，处理个体与整体关系的原则在于“村民需求是否与社区集体利益相一致，或者至少不损害到社区的集体利益与长远发展”。

参考文献请见原文。

（撰稿人：徐辰，中国科学院大学、中国科学院南京地理与湖泊研究所，江苏省城市规划设计研究院；杨槿，南京工业大学建筑学院）

注释：

① 该活动吸引了全村 3/4 村民的参与其中。活动过程，更有不少村民受启发进一步跟规划团队交流自身对本村食材再加工创作的想法。

② 分别有 16%、15%、9% 和 6% 的农户选择参与“民宿”“餐饮”“有机耕种”和“生态导览”。结合村庄的资源本底状况与已有生产，规划为 C 村构建“自然有机农业—乡村美食和商品加工—农业观光休闲—教育培训的全产业链”的产业发展方向。

乡村振兴战略下的乡村建设问题及规划对策

——以汉源乡村建设规划为例

1. 引言

乡村振兴战略是党的十九大报告中提出的国家发展战略。在《中共中央国务院关于实施乡村振兴战略的意见》中指出："我国发展不平衡不充分问题在乡村最为突出，实施乡村振兴战略，是解决人民日益增长的美好生活需要和不平衡不充分的发展之间矛盾的必然要求，是实现'两个一百年'奋斗目标的必然要求，是实现全体人民共同富裕的必然要求。"国家提出了乡村振兴战略的七条实现路径，每一条都与乡村建设密不可分，但现阶段我国的乡村建设却面临重重困难，缺乏行之有效的城乡规划和管理来进行指引。

2. 乡村建设的问题

2.1 现有的城乡规划不能满足乡村建设要求

在我国现有的城乡规划体系里，涉及乡村层面的规划从上到下主要有市（县）域层面总体规划、乡镇总体规划、县域新村建设总体规划、新村建设详细规划，上位规划存在统筹不足，而下位规划或专项规划又存在乡村建设层面浅尝辄止，无法落地的情况。

2.1.1 县域层面的总体规划

（1）《汉源县县域村镇体系规划和汉源县县城总体规划》（以下简称"汉源总规"）

"汉源总规"与其他城市总体规划一样，仅仅确定了县域内的中心村，以及中心村的人口和人均建设用地规模（见表1）。因此，乡村建设层面无法在“汉源总规”里得到真正的建设指引。

表1　“汉源总规”中对中心村的建设规模指引

等级	规模	名称	职能	人均建设用地控制
中心村（含11个乡人民政府驻地村）	<0.2万人	三交村（三交乡政府驻地）、竹坪村（永利彝族乡政府驻地）、松合村（双溪乡政府驻地）、大树村（梨园乡政府驻地）、平和村（西溪乡政府驻地）、河南村（河南乡政府驻地）、马烈村（马烈乡政府驻地）、富和村（富乡乡政府驻地）、富银村（片马彝族乡政府驻地）、和爱村（坭美彝族乡政府驻地）、万工社区（顺河彝族乡政府驻地）、安乐村、白云村、大堡村、大维村、富乡村、富源村、合同村、河东村、后山村、火地村、贾托村、建设村、梨坪村、料林村、马落村、麦坪社区、满堰村、鸣鹿村、莫朵村、坪安村、前进村、白鹤村、晒经村、松江村、松坪村、小关村、新中村、盐井村、永安村、长荣村、众安村、、联络村、同义村	村庄及周边村庄基本公共服务集中村	<150m²/人
一般村	—	—	村庄基本公共服务提供村	<150m²/人

资料来源：《汉源县县域村镇体系规划和汉源县县城总体规划（2015—2030）》

（2）《汉源县县域新村建设总体规划（2011—2020）》（以下简称“县域新村总规”）

我国城乡规划管理部门为了加强对乡村建设的规划引导，弥补城市总体规划在村庄建设指导中的薄弱环节，多数省份均提出要编制县域新村建设总体规划，并出台了相关的规划编制办法。

“县域新村总规”强调了在县域层面的村庄布点，提出了新村建设的控制标准和新村等级、规模、各类设施配建标准等，一定程度上解决了城市总体规划在村庄建设上的“粗放型指引”模式，部分弥补了以往在村庄建设上的规划缺失，但问题依然明显：①新村点的建设范围依然缺乏准确边界线。由于“县域新村总规”几乎都是基于万分之一甚至十万分之一地形图编制，在如此小的比例尺上，不可能确定一个新村点仅仅几公顷甚至不到1hm^{2}的用地范围，所以新村点的用地界限基本上是根据需要容纳的人口规模来示意性描绘的（见图1）；②“县域新村总规”将新村按人口聚居程度划分等级规模，再通过新村等级规模来套用不同等级的设施配置。这样的设施配套方式以“书本建议代替实际需求”，各村点的实际建设诉求无法体现，建设资金无法“精确制导”，忽视了村民参与村庄建设的重要性。

2.1.2 乡镇层面的总体规划（以汉源县域内清溪镇总体规划为例，以下简称“清溪总规”）

“清溪总规”在涉及村庄规划层面明确了中心村和基层村的分布，聚居点的人口规模、用地规模、设施配套等，成果完全按照《镇规划标准》（GB 50188—2007）及相关国家规范进行编制。该规划与同类其他小城镇规划一样，在聚居点位置和用地布局上用“点位”来表现（有的乡镇总体规划的村庄聚居点用示意性的用地色块来表现），这使得村庄建设的用地范围不明确，落地困难（见图2）。

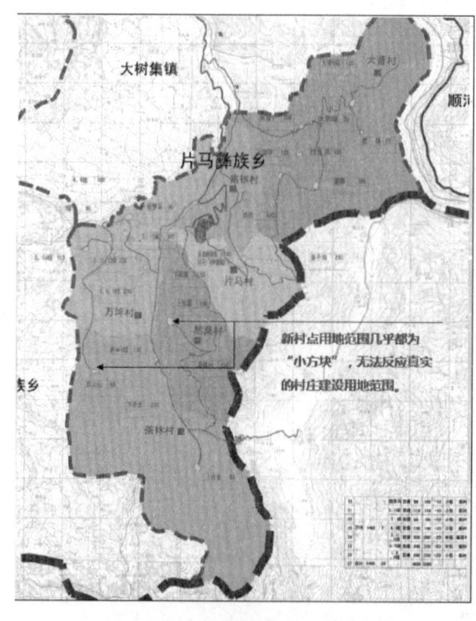

图1　汉源县县域新村建设总体规划中新村用地布局图

资料来源：《汉源县县域新村建设总体规划（2011—2020）》

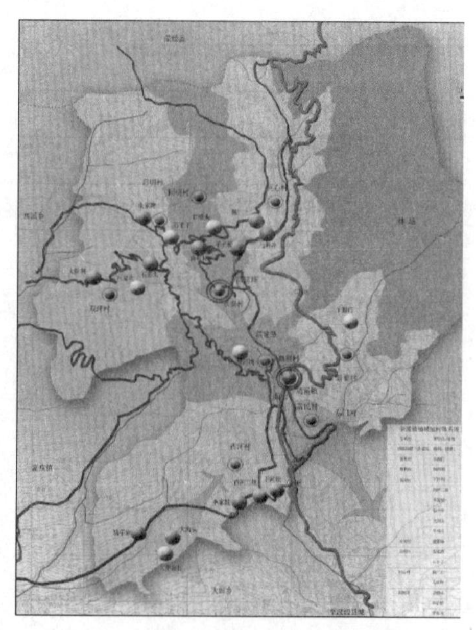

图2　清溪镇总体规划中的镇域镇村体系规划图

资料来源：《汉源县清溪镇总体规划（2013—2030）》

在镇域人口预测上，《镇规划标准》指出：“镇域总人口应为其行政地域内常住人口，常住人口应为户籍、寄住人口数之和。”而我国中西部多数乡镇的户籍人口存在大量外出务工的现象，常年不在户籍所在地，将这部分人口作为常住人口纳入镇域人口测算，将使镇域人口预测值偏高；同时，各乡镇以自身资源禀赋、交通条件、产业发展前景为依据，均认为在未来有较大发展潜力，预测人口规模将会增加。因此，镇域人口预测的失真将导致规划的村庄聚居人口规模测算有较大偏差。

2.1.3　村庄层面的详细规划

对于某些重要的村庄或近期即将建设的村庄可编制村庄建设的详细规划来指导村庄建设，但村庄层面的详细规划无统筹功能，仅可指导单个村点的建设，未编制详细规划的村庄点依然是处于缺乏指引的状态。

2.1.4　现有规划的总结

缺乏在区域范围内既能统筹又可落地的乡村建设规划。虽然指引村庄建设的上位规划非常多，但涉及具体村庄点的非常少，偶有涉及也仅仅是普适性的村庄建设引导，在人口、用地、产业、设施等方面缺乏必要的统筹；同时，除了村庄层面的详细规划以外，现有的乡村规划均无法准确表达村庄的建设用地范围、设施点位、管线走向等，导致规划的落地性不强。

建设主体不当。绝大多数涉及乡村建设的规划，从基础资料收集到规划意见反馈，基本都来自县级或乡镇级，建设规模按照村庄等级简单套用，没有完全调动村民作为建设主体的积极性，造成乡村建设规划缺乏村民建设意见，不能反映村庄的实际建设需求，将对未来的乡村振兴造成严重的资源浪费。

多规冲突。各类规划在乡镇范围内没有进行整合，将导致在乡村建设中已有上位规划不能形成合力甚至相互冲突的情况。

2.2　现有的法律法规在乡村建设上的缺位

在乡村建设的规划管理上，不管是国家层面的《中华人民共和国城乡规划法》，还是地方上的《四川省农村住房建设管理办法》，都对乡村的建设进行了管控和约束，但在实际执行过程中，管理部门对乡村的各类建设却常常处于无法有效管控的状态。下面以汉源县县城北侧的城郊结合部举例说明。

图3 左方图是深色区域汉源总规确定的城市规划区范围，浅色点位于九襄镇和唐家镇之间的城镇连绵区，属于典型的城乡结合部，图3 右侧是浅色点位的卫星影像图。可以从卫星图中看到，该区域建设非常混杂，村民的住宅基本都是沿道路两侧无序建设，规划管理部门对城郊结合部管控困难。图4 所示为城郊结合部对应的土地利用总体规划图。

根据《中华人民共和国城乡规划法》第二条要求："在规划区内进行建设活动，必须遵守本法"，但有个前期条件，必须是"国有土地"，也就是说，规划部门只能对规划区范围内的国有土地行使管理权限，如果规划区范围内的用地属于集体土地，只能由《中华人民共和国土地管理法》进行管理。同时，《中华人民共和国土地管理法》第四条规定："农民集体所有的土地依法用于非农业建设的，由土地使用者向土地所在地的县级人民政府土地行政主管部门提出土地登记申请，由县级人民政府登记造册，核发集体土地使用权证书，确认建设用地使用权”。也就是说，农民要在宅基地上自建房，只要县级土地管理部门同意并核发集体土地使用权证书，确认建设用地使用权即可。

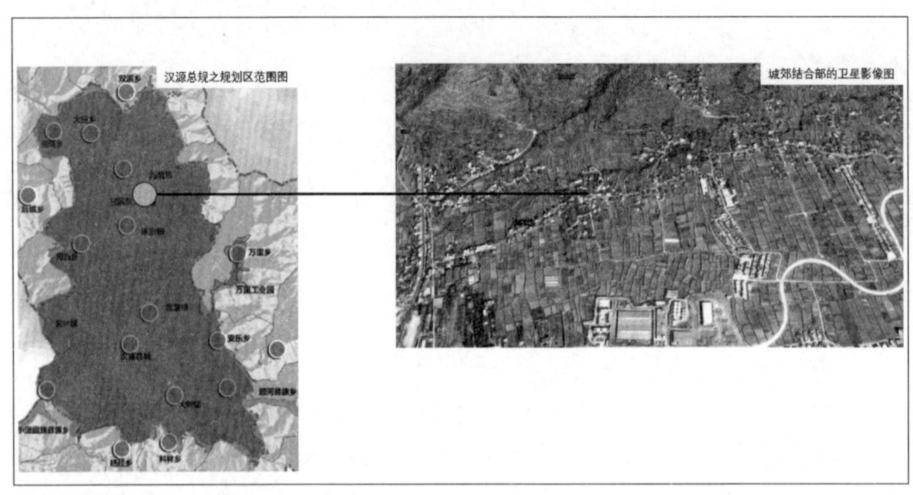

图 3　无序建设的城郊结合部

资料来源：《汉源县县域村镇体系规划和汉源县县城总体规划（2015—2030）》

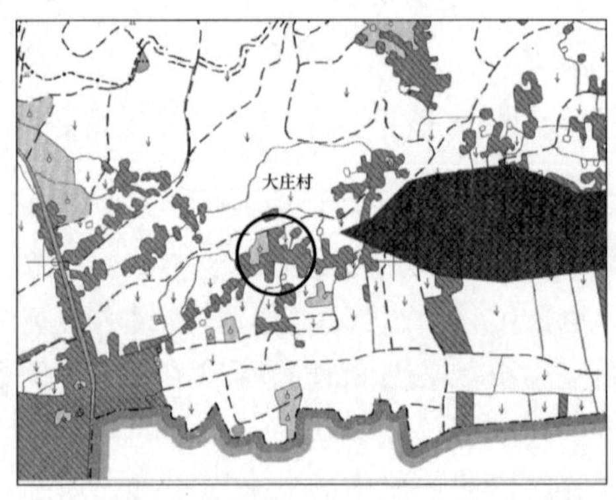

图 4　城郊结合部对应的土地利用总体规划图

资料来源：《汉源县九襄镇土地利用总体规划（2006—2020）》

根据《四川省农村住房建设管理办法》（2017 年 3 月 1 日施行）对农村住房建设的管理要求，在乡（镇）、村规划区内外，均可使用自有宅基地或占用农用地和未利用地进行农村住房建设的，只要提供相关资料经村委会、乡镇人民政府（部分需要市县级城乡主管部门）审查通过并核发乡村建设规划许可证，办理用地审批手续后即可。该办法在建设风貌和建设容量上没有过多涉及和要求，在建设选址上仅要求“应当符合城乡规划、土地利用总体规划，充分利用原有宅基地、空闲地和其他未利用地，禁止占用基本农田、饮用水水源保护区，避免占用耕地、天然林地、公益林地。合理避让地震活动断裂带、地质灾害隐患区、山洪灾害危险区和行洪泄洪通道”，在城乡规划没有覆盖而土地利用总体规划又不能大比例尺表现的时候，乡村的各类建设选址会非常随意，建设风貌和容量无法控制。

因此，规划管理部门按照现有的法律法规在乡村的建设选址、建设规模、建设风貌等方面难以找出管控依据，在城郊结合部出现的建设随意、管理责权不清、乡村风貌失控的问题也就不足为奇了。

3. 解决乡村问题的策略

3.1　战略层面——充分对接国家乡村振兴战略

乡村振兴战略是为了解决农业农村农民问题的重大战略。要解决乡村现有的各类问题，应对接国家乡村振兴战略要求。在乡村建设上，积极把握即将到来的乡村建设历史机遇期，用好国家政策优势、广大农村的人口红利和旺盛的市场需求释放，推动农业全面升级、农村全面进步、农民全面发展，建设幸福美丽的乡村家园。

3.2　实施层面——以问题为导向更新乡村建设规划的编制

在国家乡村振兴战略背景下，应吸取过去全国范围内出现的“乡村无规划、乡村建设无序、乡村规划照搬城市规划理念和方法，导致脱离农村实际，实用性差的问题”，以乡村建设问题为导向，积极采用部门协调、明确条件、统筹分解、关注落地、明确主体、创新采集等新型规划编制方法，体现多规合一的编制思路，发挥村民参与乡村建设的主人翁意识，契合乡村建设实际。

4. 乡村建设规划的理念与技术路线

4.1　乡村建设规划的理念

全域统筹的理念。健康的城镇化是城乡互动的结果，乡村建设的规划成果要覆盖全域，要统筹规划城乡人口规模、各类空间等公共资源，实现“全域的全要素规划”。

多规协调的理念。对接县（市）域内现有的各类规划，如土地利用规划、各行业“十三五”规划、交通规划、旅游规划、文化教育医疗规划、环保规划、地灾防灾规划、农工商产业发展规划等，并在乡村层面进行规划落实，实现乡村建设的“一张图”管理。

规划与决策先行理念。乡村建设规划应根据县域范围内已有的各行业“十三五”规划，以项目保障为依托，结合村民意愿，推进乡村规划编制，改变以往乡村建设规划缺乏项目支撑、盲目推进、脱离实际的现象。

重心下移符合实际理念。村民是村庄建设的主体，要通过村民委员会动员、组织和引导村民以主人翁的意识参与村庄规划编制，把村民意愿充分反映到规划内容中。乡村建设规划在报送审批前，首先应经村民会议或者村民代表会议讨论同意。

4.2　乡村建设规划的技术路线

本次规划以汉源县总体规划为上位规划主线，其他县域范围内的土地利用规划、政府“十三五”规划、县域综合交通规划、基础设施专项规划、旅游发展规划等空间、产业、项目规划为辅助依托，以“多规融合”的思路进行对接协调，提取汉源县域范围的人口、建设用地、生态、产业布局、各类设施等要素进行统筹布局，以镇乡为中观单元、村庄点为微观单元进行规划落实，形成既有县域统筹指引，又有镇（乡）、村规划落实的乡村建设规划（见图5）。

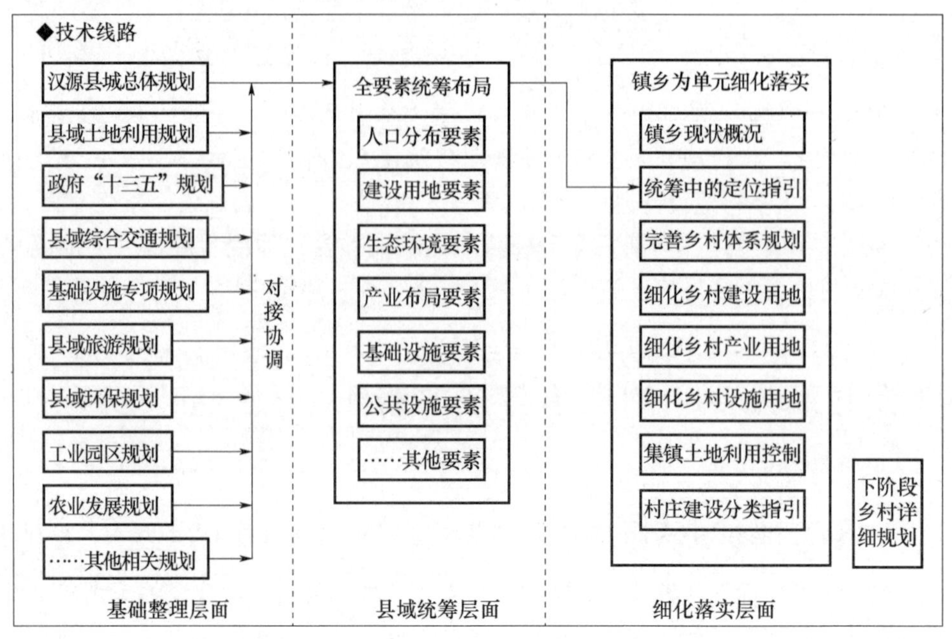

图5　乡村建设规划的技术路线

资料来源：《汉源县乡村建设规划（2018—2030）》

5. 乡村建设的规划创新

在十九大报告中，习近平总书记连用了六个词语——“登高望远、居安思危、勇于变革、勇于创新、永不僵化、永不停滞”来形容国内外形势正在发生深刻复杂变化，报告全文中，更是21次提到“创新”二字。在我国乡村建设规划领域，更需要规划创新来配合乡村振兴战略的实施。

在乡村建设规划上我们提出全域统筹、多规合一、重心下移和技术革新的四大创新思路，贯穿整个规划过程。

5.1　全域统筹

过去的乡村建设规划仅有上下规划的衔接，缺乏横向的全域统筹，规划中乡镇各自为政的现象明显，人口预测失真，用地浪费严重。因此，乡村建设规划首先应在全域范围内完成人口和用地的统筹，以全域为基底，以镇乡为单位，才能将人口和用地在空间上落实。

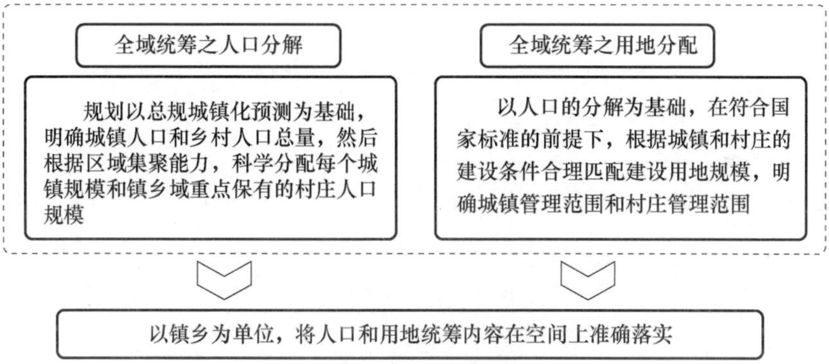

全域统筹之人口分解

规划以总规城镇化预测为基础，明确城镇人口和乡村人口总量，然后根据区域集聚能力，科学分配每个城镇规模和镇乡域重点保有的村庄人口规模

全域统筹之用地分配

以人口的分解为基础，在符合国家标准的前提下，根据城镇和村庄的建设条件合理匹配建设用地规模，明确城镇管理范围和村庄管理范围

以镇乡为单位，将人口和用地统筹内容在空间上准确落实

图6　人口和用地分解

资料来源：《汉源县乡村建设规划（2018—2030）》

（1）全域统筹之人口分解

根据“汉源总规”预测，2030年汉源县域城镇人口为19.2万人，乡村人口13.8万人。同时，根据汉源县域人口流动预测，规划期内全县人口稳中有降，县内人口重点向九襄和萝卜岗片区集聚，主要集镇和重要村庄的集聚规模将得到不同程度的扩展，但是大多数镇乡总人口和基层村人口呈明显下降趋势（见图6）。

笔者沿用“汉源总规”确定的一级城镇、二级城镇和少量三级城镇的集镇区人口规模，对于“汉源总规”中没有明确的其他乡镇，结合各乡镇现状和发展条件进行预测分配[①]；同时根据“汉源总规”中确立的镇乡等级体系和现状镇乡域人口数推算规划期末的镇乡域总人口。最后用预测的镇乡域总人口减去规划集镇人口得到各乡镇的乡村总人口，为下一步将人口分布到各村庄点奠定了数据基础。

（2）全域统筹之用地分解

为了解决“汉源总规”在县域空间管制上无法落地的问题，在汉源乡村建设规划中，笔者提出以镇乡为细化单元，提炼县域空间要素，归类为生产空间、生态空间、生活空间（含工业园区）（见图 7），在“三生空间”的基础上，落实各项空间管制要求。因此，全域的用地分解转化为生产空间、生态空间和生活空间的分解。生产空间、生态空间可以依据土规结合影像图结合已有的产业布局规划确定，规模上需要用地分解的主要为生活空间。

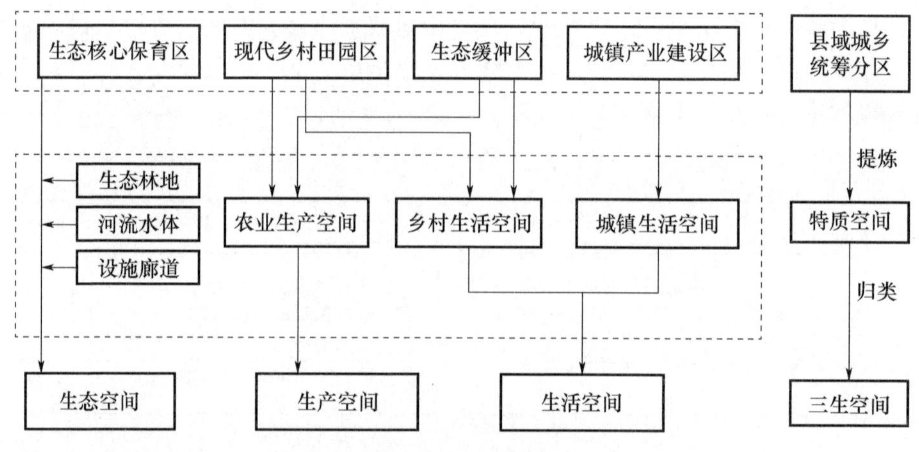

图 7　三生空间划分

资料来源：《汉源县乡村建设规划（2018—2030）》

上位总规在用地控制上，对城镇和农村的人均建设用地进行了控制（城镇人均建设用地规模为 100～120m²/人，农村人均建设用地规模为 150m²/人），笔者依据此规模可确定城镇和农村的建设用地规模。在村域范围根据现状情况及村民意愿确定未来主要聚居点位置和规模，乡村建设用地至此分解到村点。

（3）全域统筹之乡村发展

① 乡村发展愿景

首先，在城市化进程中，逐步扩大城镇规模，减小村庄总量，将人类聚集在城市中，是生态优化的选择，也是集约节约建设用地的重要措施；其次，多数村民期盼改善居住环境，向往城市提供的配套和服务，然而村庄的分散导致这一愿景难以实现，所以，集聚是乡村现代化的重要前提，是实施乡村振兴发展的未来方向；最后，乡村建设要以保护农村的社会生态和尊重农民的生产生活习惯为前提，只有体现地区和民族特色，才能更好更快地推进乡村可持续发展。

② 乡村发展中的问题及对策

现象一：在汉源的广大乡村常年存在大量生活在城镇的村民，但他们依然在农村占有耕地和宅基地，造成土地资源的巨大浪费。

对策——要让农民成为真正的城里人，去“伪”变“真”，在农民进城购房、子女教育上给予政策照顾，让其变为城市户口，其在农村占有的耕地和宅基地就可以流转，城市化才能进一步发展，乡村才能集聚，用地才能集约。

现象二：当农民实现真正城市化转变、村庄达到理想化聚居以后，势必会出现大量空心废弃村落。

对策——“空心”乡村土地需及时复耕。全县土地资源一盘棋考虑，城镇扩展占用了多少耕地，就需要在县内复耕不低于占用面积的废弃村落，以确保县内耕地有增无减。

现象三：村庄去留缺少规划指引。部分村落要消亡，但具体哪些发展哪些消亡，则需要规划科学引导。

对策——以分镇乡土地利用规划为基础，规划对县域村庄采取分类控制措施。控制措施的制订主要考虑以下因素：第一，城镇和乡村建设现状水平与规模；第二，城镇和乡村聚居点发展潜力和扩展条件；第三，村民的合理耕作半径；第四，基本的安全保障。

综合以上因素，本规划将县域内的建设用地进行分类控制（见表2）。

表2 村庄发展策略

村庄建设用地		服务乡村生产生活的各类建设用地	按照本次乡村建设管理手册，实施分类管控措施
其中	积极发展用地	选址安全，劳作半径合理，现状或者发展条件良好	保障用地，整体规划，采取积极新建和整治策略
	保留发展用地	选址安全，劳作半径合理，现状建设安全，发展条件不好	暂时保留用地，允许原址改建，禁止规模扩展，最终自然消亡
	拆除复耕用地	选址不安全，劳作半径不合理，现状建设差，发展条件差（满足一项以上）	优先解决搬迁安置，尽快还林或复耕

资料来源：《汉源县乡村建设规划（2018—2030）》。

现象四：乡村风貌凌乱缺乏特色。

对策——提炼和统一乡村风貌特色。在汉源现有的川西民居、彝家新寨（彝族）和碉房藏居（藏）三大类乡村风貌基础上，重视汉源少数民族建筑特色的挖掘、整理、推广应用，在建筑材质、构件、平面布局和立面装饰上体现各自民居风貌特色。

5.2　多规合一

乡村建设规划的多规合一理念就是要将全域范围内的各类规划进行充分对接、糅合，在镇乡村层面集成各类规划数据，用一个规划管控全局全要素。

（1）与《“十三五”规划》的融合

将“十三五”规划纲要中的重大项目进行分类整理，将各类文字项目在规划图纸准确反映，做到乡村建设规划与“十三五”规划的融合（见图 8）。

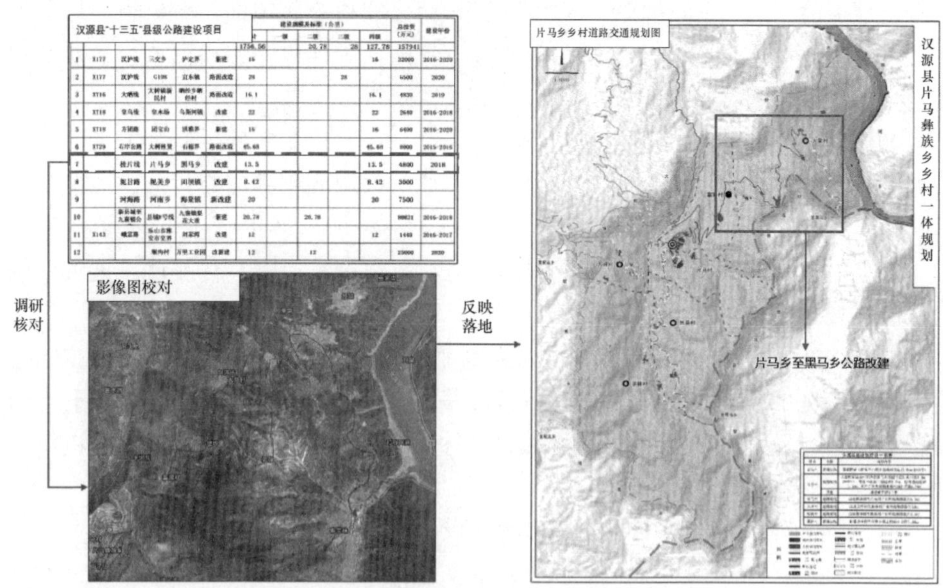

图 8　乡村建设规划与“十三五”规划的融合

图片来源：《汉源县乡村建设规划之片马乡乡村建设一体规划（2018—2030）》

（2）与《土地利用总体规划》的融合

整理汉源县土地利用总体规划。在县域统筹和多次实地踏勘的基础上，结合高清航拍影像图对土地利用总体规划进行了部分修正和细化，将土地利用总体规划与本次乡村建设规划充分对接，核对校正了土规中的城镇村建设用地、基本农田等用地的准确边界，描绘了各乡镇“乡村体系及土地分类控制规划图”，将城乡“三生空间”准确落地（见图 9）。

（3）与城乡规划的融合

对县域内各乡镇的城乡建设规划进行整理，掌握现有规划编制及实施情况，将已通过审批的规划反映到本次乡村建设规划中，实现规划的上下衔接、协调一致（见图 10）。

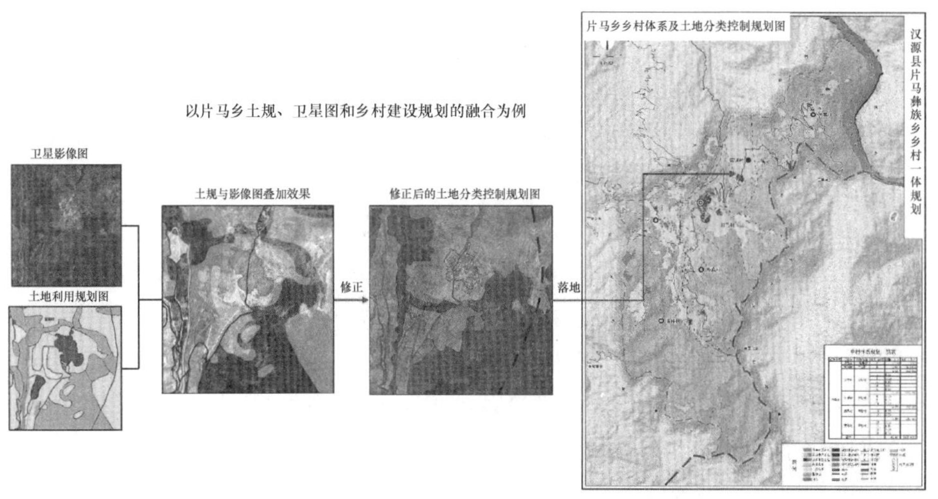

图 9　乡村建设规划与土地利用总体规划的融合

图片来源：《汉源县乡村建设规划之片马乡乡村建设一体规划（2018—2030）》

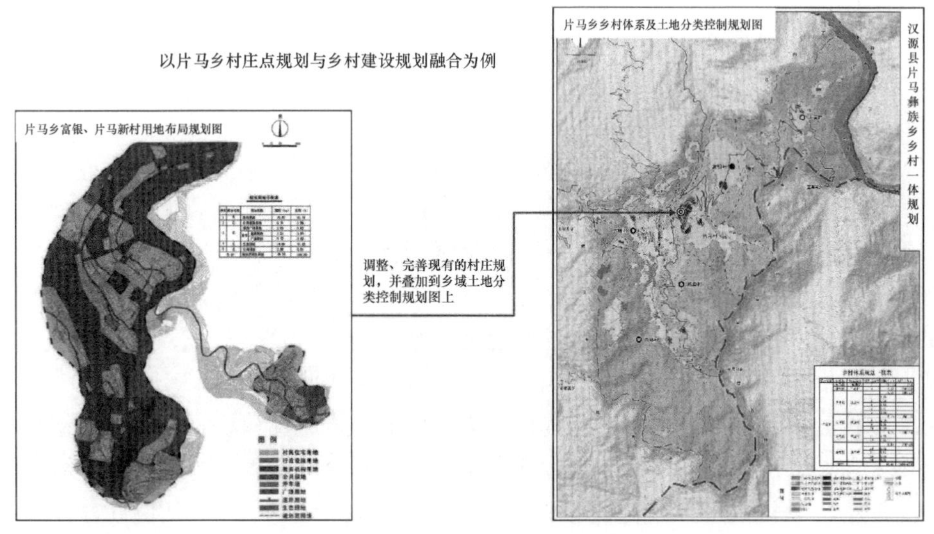

图 10　乡村建设规划与城乡规划的融合

图片来源：《汉源县乡村建设规划之片马乡乡村建设一体规划（2018—2030）》

（4）与其他各类规划的融合

此外，汉源县乡村建设规划还与县域内的农业产业发展规划、旅游发展规划、防灾减灾规划等相关规划进行了深度融合，将各类规划在县域空间范围内的诉求进行了落实，将“多规合一”的理念运用到乡村建设规划中，在空间布局上形成了统一目标，避免了规划“打架”，确保一张蓝图干到底。

5.3 重心下移

为了保证规划成果的可操作性，本次乡村规划从服务对象的调整、资料收集模式的创新、编制成果内容到指导成果的实施手段全程都贯彻重心下移的规划工作理念。

（1）沟通、服务对象的下移

将镇区居民和乡村村民作为沟通、服务的主要对象，在规划编制过程中，多次与当地村民交换意见；在成果完成后，汇报的对象也是当地的村民的代表。规划成果充分体现了基层的建设诉求。同时，为了让村民看懂规划，笔者一方面改变了以往用地形图作为规划底图的表现形式，改为高清影像图，村民读图更加直观；另一方面对规划中涉及的专业知识，向村民一一进行了汇报和解释。

（2）资料收集模式的下移

将村民作为乡村建设规划资料收集的主要对象，为了让村民提出的建设诉求准确落到用地空间上，我们利用高清卫星图像和航拍技术，让每个村民都能直观看到自己村域的现状环境，进而准确表达自己的思路和意图。

（3）成果内容深度的下移

我国现在编制中和刚通过审批的乡村建设规划，往往将注意力集中到县域统筹的层面，各种布局在村级落实相当困难。这与指导乡村建设实现乡村振兴的目标差距甚远。

本次汉源县乡村建设规划，所有在县域统筹的要素都已经叠加到了乡域层面，如土地分类控制、人口、产业、道路交通、基础设施等。为了将建设行为落实到具体村庄点的具体用地上，我们在聚居点上以分图的形式进行表现（见图 11）。该分图中包括了村庄点的交通情况、设施布局、管线走向、用地建设指引等，能完全指导下一步村庄点的修建性详细规划。

（4）指导成果的实施手段下移

以往的规划都以专章的形式提出了规划的实施意见和建议，总体上都是宏观通则式的要求，对具体实施规划的操作程序指引不足。本次汉源县乡村建设规划为全面落实乡村振兴，特别制定了《乡村建设规划管理手册》，从而在建设管理工作上也实现了重心下移的目标。

5.4 技术革新

笔者将影像处理技术、无人机航拍及后期处理技术、Mapgis 和 Arcgis 等 GIS 软件等新的规划技术、方法应用到本次汉源县乡村建设规划中，极大地改变了原有的城乡规划模式。

（1）影像图的处理

笔者以往做城乡规划，基础资料里最重要的图件就是地形图，而在县域范

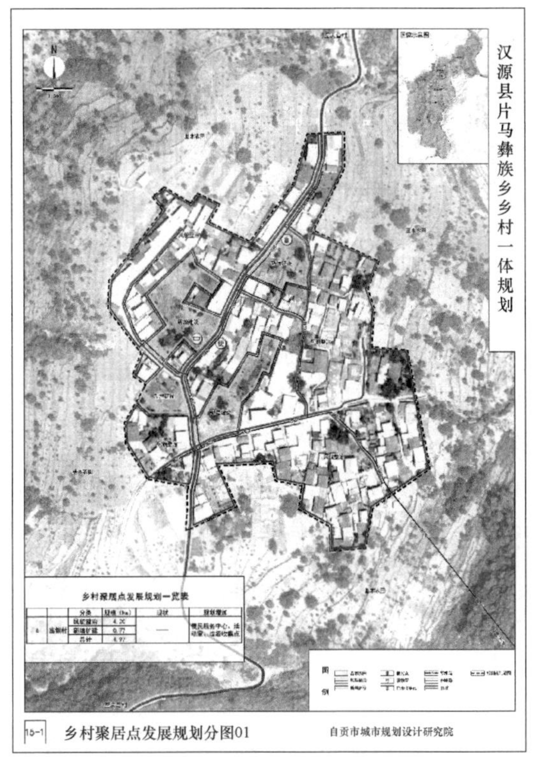

图 11　乡村聚居点发展规划分图

资料来源：《汉源县乡村建设规划之片马乡乡村建设一体规划（2018—2030）》

围，地形图一般是 1：10000 或者 1：100000，且 10 年或者 20 年以上才更新一次。极小的地形图比例尺和极慢的地形图更新速度对乡村建设规划是最大的制约，造成了过去大多数县域范围的乡村建设规划都是流于形式，无法真正将村庄建设范围落地。

因此，在本次汉源县乡村建设规划中，笔者采用了压缩、拼接、配准、投影等影像图处理模式，使影像图可以作为规划底图，解决了县域范围没有大比例尺地形图而规划无法落地的窘境。

（2）无人机航拍及后期处理

当前我国城乡规划进入深度发展期，传统二维平面规划技术手段不足以应对新要求，无人机航空摄影测量，为解决当前城乡规划难题提供了新途径。

本次汉源乡村建设规划在实地踏勘过程中对各乡镇政府所在地及有条件发展的村庄点进行了无人机航拍，对集镇区、村庄建设用地进行了三维数据采集，并对航拍数据进行了剪辑、梳理（见图 12），作为新的规划成果形式提交，是村民解读规划成果的重要技术支撑，将成为乡镇今后各类建设的全方位可视化数字平台。

图 12　航拍影像数据

资料来源：《汉源县乡村建设规划》航拍影像资料

（3）Mapgis、Arcgis 等 GIS 软件在城乡规划中的应用

本次规划在与土规融合过程中，采用 Mapgis 提取 cad 格式文件，结合高清影像图和无人机航拍数据，在土规基础上确定乡村土地分类控制；在规划中还大量运用了 Arcgis 软件对各类影像图进行配准、投影，使得从网上获取的地理坐标系图像能作为底图校正原先各类规划的偏差，并指导村庄建设落地。

6. 结语

本文深度还原了汉源县乡村建设规划的编制过程，从乡村建设的问题出发，提出了解决乡村问题的策略、理念和技术路线，并对乡村建设的规划创新做出了分析解释，既是汉源县全面实现乡村振兴的技术支撑，也对我国即将到来的大规模乡村建设规划如何落地提出了建议和思路。此外，本文还重点针对传统规划涉及乡村建设方面存在的不足，提出了全域规划、多规合一、重心下移的理念，形成了上行协调、下行落地的创新规划成果，是对乡村建设规划的深入思考和探索。

参考文献请见原文。

（撰稿人：邹钟磊，自贡市城市规划设计研究院，自贡市城市规划院成都分院；杨文平，自贡市城市规划设计研究院；赖奕锟，自贡市城市规划设计研究院；文兴华，自贡市城市规划设计研究院）

注释：

① 从适用简化和照顾实际的原则出发，将人口 1000 人以上的集镇区纳入城镇人口管理，1000 人以下的集镇区纳入村庄人口管理。

基于中国传统设计手法的小城镇规划研究①

——以渭南市临渭区为例

1. 研究背景

渭南市临渭区位于陕西关中平原东部。关中平原地处陕西省中部，是中华文明的重要发祥地，自古关中帝王都。正因为如此，中国古代传统城市设计手法在这里萌芽、产生、发展，并达到顶峰，继而被后世历代效仿，几乎影响了我国整个封建社会的城市建设实践。成书于春秋战国时期的《周礼·考工记》，记述的是周王室的城市建设思想，奠定了我国传统城市设计手法的基础，而周的都城——丰、镐二京正位于关中平原中部。秦扫六合，汉承秦制，但开始推崇儒学，抵定汉室。汉长安城初步体现了《考工记》的中轴对称思想，并将秦以来多宫制形成的宫殿群收缩在一起，在统一的大国都城中首次建设了城墙，使《考工记》的核心思想在城市建设中得到进一步发展应用。唐长安城是全世界首个人口达到百万的城市，为我国古代建设的最大规模城市，它将以《考工记》为核心的中国传统城市设计手法推向巅峰，是盛唐作为当时世界开放之国的代表作，影响深远。

中国传统城市设计手法是博大精深的中华民族文化的重要组成部分，是我国古代城市建设思想的结晶，并具有鲜活的现代意义。吴良镛院士曾大声疾呼“寻找失去的东方城市设计传统!”足见，弘扬中国传统城市设计手法，不仅应该保护历史文化名城，更应该在当代设计实践中传承应用。小城镇规模小，规整而有序的规划能够为小城镇发展提供科学合理的指导。我国北方广袤辽阔，平原较多。因此，北方平原型小城镇是我国传统城市设计手法较为理想的实践之地和复兴之地。我国南方地区的小城镇发展建设多受山地地形、江河流经和公路建设的影响，呈现出多样化的发展模式。相较于南方地区而言，关中地区作为我国古代

① 基金项目：中国科学院国际合作局对外合作重点项目（131551KYSB20160002）

十三个王朝的都城所在地和京畿之地，作为我国典型的北方平原地区，沃野千里，地势平坦，为我国传统城市设计手法的传承和实践提供了较为理想的土壤，也提出了客观的需求。综观关中地区的众多小城镇规划，但凡条件允许，大都采用了方方正正的城镇平面布局、近似中轴对称的总体形态和方格网的城镇道路系统。而这种规划布局模式，无论从建筑布局、道路交通、商业发展来看，还是从乡村振兴、新型城镇化建设来看，都符合小城镇发展建设的实际和需求，因而在关中地区得到了广泛应用。本文基于此，以距离陕西省西安市仅 40km 的渭南市临渭区为研究区，以临渭区通过专家评审并且正在规划实施期内的全部 14 个乡镇总体规划为例，研究提炼中国传统城市设计手法及其当代嬗变，并研究其在我国北方平原型小城镇规划中的实践运用，探讨其意义。

2. 中国传统城市设计手法提炼

2.1 “轴线—城墙—礼制”中国传统设计手法提炼

中国传统城市设计手法，是建立在丰富的哲学思想体系下的设计手法。我国古代城市营建的哲学脉络，从《周礼 · 考工记》的“匠人营国”思想，到吴大夫伍子胥“相土尝水、象天法地”的思想，到《礼记》的“体国经野”思想，再到《管子》度地篇的“因天才，就地利”思想，总体上看，以儒家为主，道家及诸子百家为辅，历代又融合了各种宗教思想及风水思想等，形成了一套完成体系。这些思想虽各有主张，但在历史发展中相互影响、相互渗透。基于这些思想的影响，在我国古代城市规划实践中，形成了三大主要的规划设计手法：轴线，城墙，礼制。

轴线是从古至今中国人在各种建设活动中的永恒追求。自《周礼 · 考工记》提出“择中立宫、中轴对称”的思想，到 2008 年北京奥运会开幕式用空中巨型脚印展示古都北京的中轴线，无论从都城营建，还是到民居建设，中国人都在不断地追求和寻找轴线关系。轴线作为一种均衡的线性基准，具有生长、统一、连续、开放的特征，用以寻找风水关系、形成对称格局、组织重要建筑、形成完备礼制体系等。儒家思想被奉为我国古代城市建设的正统思想，因而集中体现儒家思想的《周礼 · 考工记》影响下建设的古代主要城市，几乎都运用了明显的轴线手法。即便是在强调因地制宜的《管子》影响下建设的代表城市南京，也在历代建设中积极寻找轴线关系。当代中国的大城市大都建设在历史城址的基础之上，北京、西安这样的古都有着明显的轴线关系自不必说，位于南方的成都、广州等大城市，也都有着历史悠久的中轴线。轴线手法，是中国传统城市设计最主要的手法。

城墙是中国传统城市设计的又一重要手法。《周礼·考工记》记载“匠人营国，方九里，旁三门，国中九经九纬，经涂九轨”，对王城城墙的形态、尺寸、等级做了较为明确的描述。最初城墙的营建主要是受法家思想影响，为军事防御功能，即所谓“筑城以卫君，造郭以守民”。从春秋战国时期早期的城郭之制，到汉惠帝刘盈第一次在统一王朝的都城长安修建城墙，从早期一套方城发展到明清北京城的四套方城，从最初的防御功能到融合儒家礼制的形制建设，城墙形态、功能都在不断演进。城墙约束形成方方正正的城市形态，进而形成了方格网的道路系统，昭示了内折外容的哲学精神，这是我国传统城市设计手法的最大贡献之一。

礼制是中国传统城市设计的另一重要手法。《周礼·考工记》记载“前朝后市、左祖右社、市朝一夫”，规定了礼制的营建秩序。儒家思想的君臣父子、长幼尊卑等纲常伦理迎合了维护帝王权威的需要，因而在整个封建社会备受推崇，使得礼制在城市规划、建筑设计、园林景观上有很多的体现。城市营建中礼制的体现包括建筑的尺度、位置、颜色、屋顶等多个方面。礼制手法实际上可以认为是我国古代朴素的城市“功能分区”思想的源头。

轴线、城墙、礼制三大我国传统城市设计手法，融合了各种哲学思想、设计思想，历代不断演进发展。其中，以唐长安城为典型代表。唐长安城方方正正的城墙形成了规整的城市平面形态，中轴对称的城市布局合理地组织了各种礼制需求，气势非凡地串联起宫城、皇城以及里坊、东西二市和其他重要建筑群，融合了前朝后寝、象天法地、天人合一等主要思想，建成区面积达到84km^2，是我国封建时代建设的最大规模的城市，集中地体现了中国传统城市设计手法的精髓（见图1）。大诗人王维曾用“九天阊阖开宫殿，万国衣冠拜冕旒”的诗句赞叹了唐长安城及其宫殿群的雄伟气象。

2.2　我国古代的“小城镇”及其规划发展

实际上，我国古代的城市规划建设，不仅仅关注的是都城建设，也非常重视“小城镇”的规划建设。当然，我国古代并无“小城镇”的概念，但有非常多的关于较小城镇的规划建设活动。《周礼·考工记》中的“匠人营国”部分，不仅仅规定了王城的营建体制，还将全国的城市分为王城—都城—诸侯城三级，都城、诸侯城的建设规模以王城为参照，等差递减。也就是说，作为古代“小城镇”的诸侯城，也是按照“轴线—城墙—礼制”的手法来进行建设的，只不过规模略小。事实上，除了单个城市的规划建设，我国古代还非常重视由大城市、宫殿群、小城镇构成的“城镇群”建设，如汉代“陵邑制”下发展起来的诸多陵邑的建设，形成了陵邑、宫殿、都城构成的城镇群。初唐四杰之一的王勃曾经

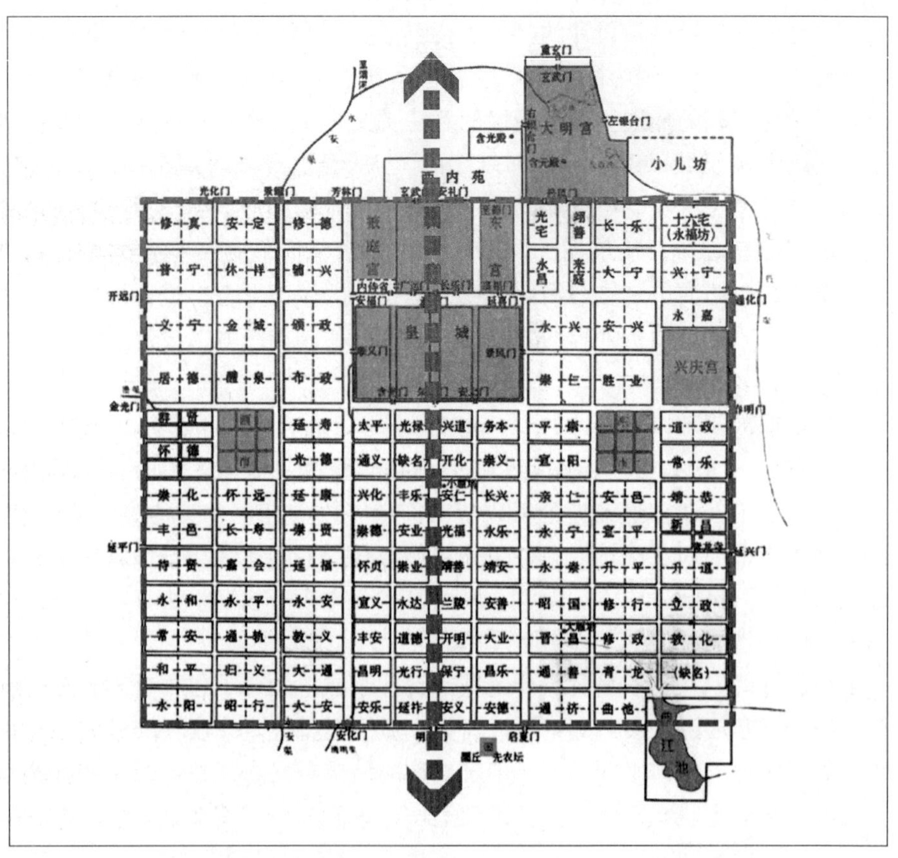

图 1　“轴线—城墙—礼制”设计手法在唐朝长安城的运用

在诗中感叹“城阙辅三秦，烽烟望五津”，道出了汉唐以来关中城镇群的壮观。明代的朱仙镇、汉口镇、佛山镇、景德镇四大名镇，将我国古代小城镇发展推向顶峰，足以窥见“小城镇”在我国古代城市建设中的重要作用。

3. 新时代传统设计手法的嬗变

3.1　由“轴线—城墙—礼制”转向“轴线—环路—公共空间”的新时代传统设计手法

中国传统城市设计手法具有非常典型的东方传统性。随着现代社会的到来，特别是新时代的来临，中国传统设计手法根植于传统，又出现许多新的变化，呈现出独特的现代性和鲜活的时代特征。

近代以来，我国饱受帝国主义侵略，内忧外患，使得多个城市被割让、被租借，我国在一段时间内失去了对这些城市的规划主导权。但是，不论是一脉相承的福州，还是“中西合璧”的济南，不论是《首都计划》，还是《大上海都市计划》，都体现出对中国传统设计手法的继承和坚持。

从当代来看，我国重要大城市的主体格局大都建立在古代城址的基础之上，因而受到古代城市建设的影响较多，特别是历史文化名城，对传统城市设计手法的继承和发扬就成了必然。赵庆楠等以北京中心城区西北部地区为例，分析了中国传统城市设计思想在现代城市设计中的应用，给了笔者诸多启示。

综合来看，中国传统城市设计手法的新时代嬗变主要表现为如下三点。

首先，轴线是中国人永远不变的追求。“轴线”集中体现了中华文化内折外容的精神特质，它经历了整个封建社会的洗礼直达当代，犹如民族符号一般地永续存在。无论是北京奥运会对北京城中轴线的延续和对世界的展示，还是整体不甚规整但仍有南北中轴线的成都，以及新时期提出三条轴线空间发展方案的古都西安，乃至南国名城广州，它们共同把中国城市建设的轴线手法推向新时期，使其鲜活并赋予了时代特征。

其次，城墙的设计手法转向环路的设计手法。随着现代文明的到来，城墙已经失去了它的防御功能，并从一定程度来看，还会阻碍城市道路交通发展。而当代约束城市平面格局、限制城市规模的任务，落在了环路上面。在被公认的现代城市规划开篇之作的“田园城市”理论中，霍华德就提出了在城市周围建设一圈永久性绿带、用以限制城市规模的思想。具有相似作用的环路，成为了我国古代城墙和西方近代永久绿带理论的绝佳替代品。特别是对小城镇而言，其规模还没达到快速路的设置标准，环路的设计不仅能约束城镇形态，形成城镇的总体格局，还充当了“镇区快速路的角色”，联系起各功能板块。我国各大城市，特别是北方平原型大城市，几乎都有环路的设计，它们既能形成便捷的、联系各区域的快速交通，还能约束城市发展形态。

最后，礼制的设计手法转向公共空间至上的设计手法。在我国封建时代，礼制倡导“尊卑有序、王权至上”，而在现代文明中，公众成为了社会的主体。因而，在当代，公共建筑和公共空间代替了古代礼制制度中宫殿、官署的位置，居于重要区位，既彰显城市规划的公共属性，又方便实际使用。综合来看，就是“轴线—城墙—礼制”的中国传统设计手法转向了“轴线—环路—公共空间”的新时代传统设计手法。在坚持和传承中，洛阳成为了中国传统设计手法当代嬗变的典型代表（见图 2）。古都洛阳既有浓郁的传统城市氛围，也紧随时代发展，体现出鲜明的现代性。在洛南新区规划设计中，用明确的中轴线组织各个重要公共空间，同时用环路营造出方城意向，公共空间配置、道路系统设置等都体现出新的传统性，将传统手法深度融入新区建设中。除洛阳外，中原大地河南的多座地级市新区规划中都体现出了传统设计手法的运用和转向，如鹤壁、安阳、新乡、许昌等市的新区。根植于传统，又要发展，正是我们的不懈追求。但城市规模太大，改造难度大，传统设计手法仅能在城市新区建设中部分体现，而小城镇却有无与伦比的优势。

图 2　以洛阳市洛南新区为代表的“轴线—环路—公共空间”转向

3.2　新时代传统设计手法在北方平原型小城镇规划中的适用性

关于小城镇的定义，学界莫衷一是。本文采用广义的小城镇定义，一般指建制镇和集镇的镇区。小城镇是城镇体系建设中的重要一环，特别是对正在推进新型城镇化建设的我国来说，具有重要意义。2006 年颁布实施的《中华人民共和国城乡规划法》中明确规定，镇规划属于法定规划。中国传统城市设计手法在我国北方平原地区的小城镇规划中具有独特的适用性。

（1）理想的地形地貌，适度的规模

我国北方地区多平原，少山地。平原地区地势平坦，具有城镇建设选址理想的地形地貌特征。另一方面，一般而言，小城镇镇区人口在两千到七八千左右，按照城市居住区的划分标准，大致相当于一个居住小区的规模，总体规模小，拆迁量少、难度低，为小城镇整体重新规划建设提供了可能。从新城市主义的角度来说，小城镇的规模尺度对 TOD（公交导向）模式和 TND（传统邻里导向）模式的规划都是非常适合的。相对于大城市而言，传统设计手法在小城镇规划中的运用可以规避很多问题。

（2）满足北方地区的客观需求和文化传承的需要

由于我国北方地区纬度较高，总体干燥少雨，对建筑的通风、采光等卫生要求较高。因而南北通透的建筑在北方地区备受青睐，这从客观上要求城镇的道路系统、城镇形态要方方正正，以利于建筑布置。从文化传承的角度来看，小城镇也是理想的传承载体。它兼具城乡特征，受商业利益侵染较少，为传统文化、乡土文化的传承提供了较为理想的空间，并利于创造一种完全服务于人的“微空间”。

（3）符合美丽中国、乡村振兴的大政方针，有助于特色小镇建设和特色塑造

中共十九大将美丽中国建设写入党章，2018 年初中共中央又以一号文件的形式提出了乡村振兴战略。传统设计手法中体现的中国元素、中国美，完全符合美丽中国建设的需要。而小城镇城乡融合的特征，使其成为乡村振兴战略的重要节点。特别是近两年来兴起的特色小镇建设热潮，古镇、古街风貌建设方兴未艾，而传统设计手法在小城镇特色塑造方面具有独特的先发优势。

4. 北方平原型小城镇规划中的新时代传统设计手法实践

4.1　现状形态研判

（1）研究区概况

渭南市临渭区地处陕西关中平原东部，介于北纬 34°15′～34°45′、东经 109°23′～109°45′，是渭南市政府驻地所在地，辖区总面积达 1221km^2，常住人口约 100 万人。临渭区南依秦岭与西安市蓝田县相接，北与渭南市蒲城县、富平县相连，东与渭南市华州区、大荔县为邻，西隔零河与西安市临潼区相望。撤乡并镇后，临渭区共下辖 14 个镇（见图 3）。

（2）各镇镇区现状形态

从总体分布来看，临渭区所辖 14 个镇中，桥南镇、阳郭镇两镇大部分区域位于临渭区南部的秦岭山区，但镇区位于黄土台原区，地势平坦；崇凝、丰原、闫村、三张镇四镇整体位于临渭区城区南部黄土台原区；孝义镇、故市镇、交斜镇、官道镇、下邽镇、官底镇、蔺店镇、官路镇八镇位于临渭区城区北部关中平原区，建设条件非常优越。总体地貌从南部秦岭山区，到中部黄土台原区，再过渡到北部的黄土平原区，并非绝对理想的平原区，但各镇镇区都位于地势平坦、建设条件良好的区域。

从各镇现状建设形态来看，首先，下邽镇、崇凝镇、蔺店镇建设规模较大，

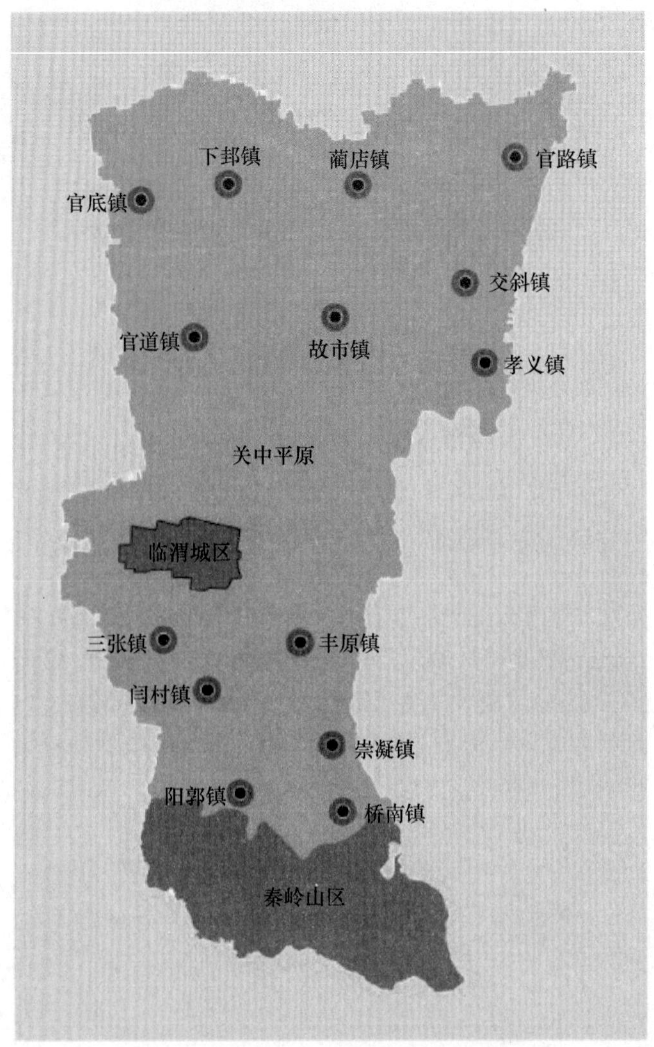

图 3　渭南市临渭区行政区划示意图

其余镇规模都较小。其次，现状形态无一镇呈现出方方正正的发展特征，并且多个镇呈现出异形发展的趋势。具体为：桥南镇呈现出城堡式向心发展的特征，蔺店镇呈现出不规则的锥形发展态势，闫村镇、三张镇、交斜镇、官底镇呈现出典型的散点式发展模式，崇凝镇、官道镇显示出无序的自由式扩展，丰原镇、孝义镇、官路镇呈现出典型的离心发展态势，仅下邽镇、故市镇、阳郭镇发展形态较为合理（见图 4）。第三，无序和异形的发展，给城镇未来发展建设带来诸多问题，如土地利用不集约，城镇形态怪异导致各项建设难以推进等，亟需科学合理的规划进行重新梳理。传统设计手法此时显示出巨大的优越性。

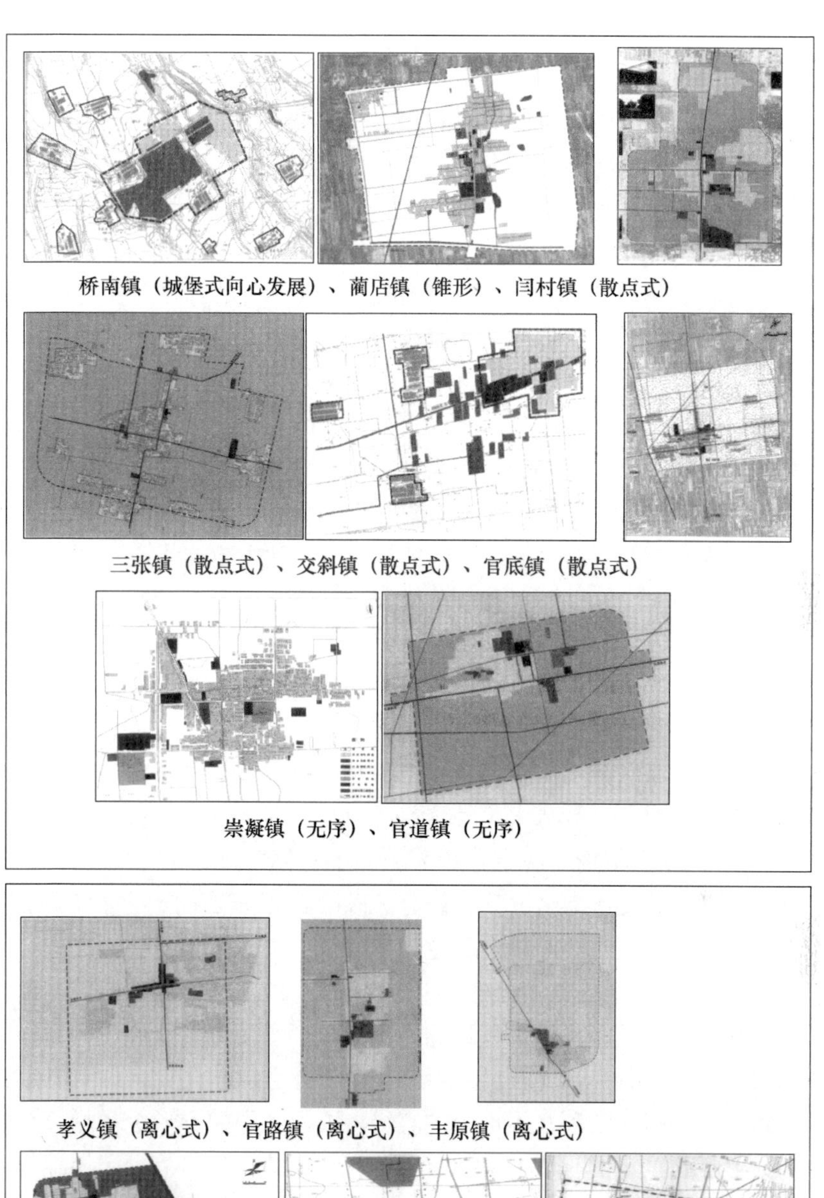

桥南镇（城堡式向心发展）、蔺店镇（锥形）、闫村镇（散点式）

三张镇（散点式）、交斜镇（散点式）、官底镇（散点式）

崇凝镇（无序）、官道镇（无序）

孝义镇（离心式）、官路镇（离心式）、丰原镇（离心式）

下邽镇、故市镇、阳郭镇

图4 渭南市临渭区各镇镇区现状形态

4.2 基于新时代传统设计手法的规划方案实践

基于渭南市临渭区 14 个镇现行版总体规划中的中心镇区规划方案，弱化土地利用类别区分，从宏观形态出发，提取各镇的轴线、环路、公共空间（用地配置）特征，做出如下研究分析。

（1）轴线的运用

临渭区全部 14 个镇现行版总体规划中，中心镇区规划方案皆运用了轴线设计手法，但为了兼顾地形地貌特征、现状形态等要素，规划方案具体轴线形态略有差别。主要分为三种轴线形态：第一，西北—东南走向的轴线形态，包括桥南镇、官底镇、官道镇、下邽镇、交斜镇、孝义镇、故市镇七个镇。其中，交斜镇、孝义镇两镇的轴线走向趋近正南北方向，桥南镇轴线走向与正南北方向夹角最大，其余四镇轴线走向介于正南北方向与西北—东南方向之间；第二，东北—西南走向的轴线形态，包括三张镇、阳郭镇两镇。此两镇轴线走向近似，都非常接近与正南北方向 45°夹角的东北—西南方向；第三，正南北走向的轴线形态，包括官路镇、崇凝镇、蔺店镇、丰原镇、闫村镇五个镇。正南北方向的轴线，是我国古代城市建设中最传统的轴线设计手法。此五镇现状总体形态不一，有的接近方正形态，有的则呈现出一定的折线形特征，但都采用了正南北的轴线设计手法来组织城镇和串联城镇主体结构，体现了对传统设计手法的推崇（见图 5）。

（2）环路的设计

临渭区全部 14 个镇现行版总体规划中，中心镇区规划方案都有镇区外围环路的设计。环路形态总体都为方形，但分为以下四种方形形态：标准方形、直线形近似方形、直线—弧线结合的近似方形，直线—折线结合的近似方形。采用标准方形环路设计的有孝义镇、官路镇、崇凝镇三个镇。三镇镇区外环路设计为正东西和正南北走向的道路，构成理想的方形城镇形态，为我国古代最为推崇和追求的传统城市设计形态——方城。采用直线形近似方形环路设计的有官道镇、蔺店镇，两镇外围环路由四条互不平行的直线构成不规则的方形。采用直线—弧线结合近似方形环路设计的有桥南镇、官底镇、故市镇、阳郭镇。此四镇外围环路采用了圆角设计，融入了弧线元素，更具有现代特征。采用直线—折线结合近似方形环路设计的有下邽镇、交斜镇、三张镇、丰原镇、闫村镇五镇。此五镇外围环路设计都有折线的体现，呈现出“凹角”或者“凸角”的不规则方形形态（见图 5）。

（3）重要公共空间的用地配置

提取 14 镇各镇镇区规划中的公共绿地、广场、商业用地等涉及重要公共空间的用地，各镇具体配置情况如图 5 中阴影区域所示。可以看出，涉及重要公共空间的用地，大都沿着轴线呈面状或者线状分布，居于镇区的中心位置或者重要位置。特别是下邽镇、孝义镇、三张镇、官路镇、蔺店镇五个镇，重要公共空间用地呈现出明显的沿轴配置特征，占据了镇区区位最好、条件最优的地段。公共空间用地配置的公共导向，既是源于轴线的串联，也是因为现代公共意识、商业发展的需求，更是礼制传统手法转向公共空间的重要体现，是对规划公共政策属性的良好诠释（见图5）。

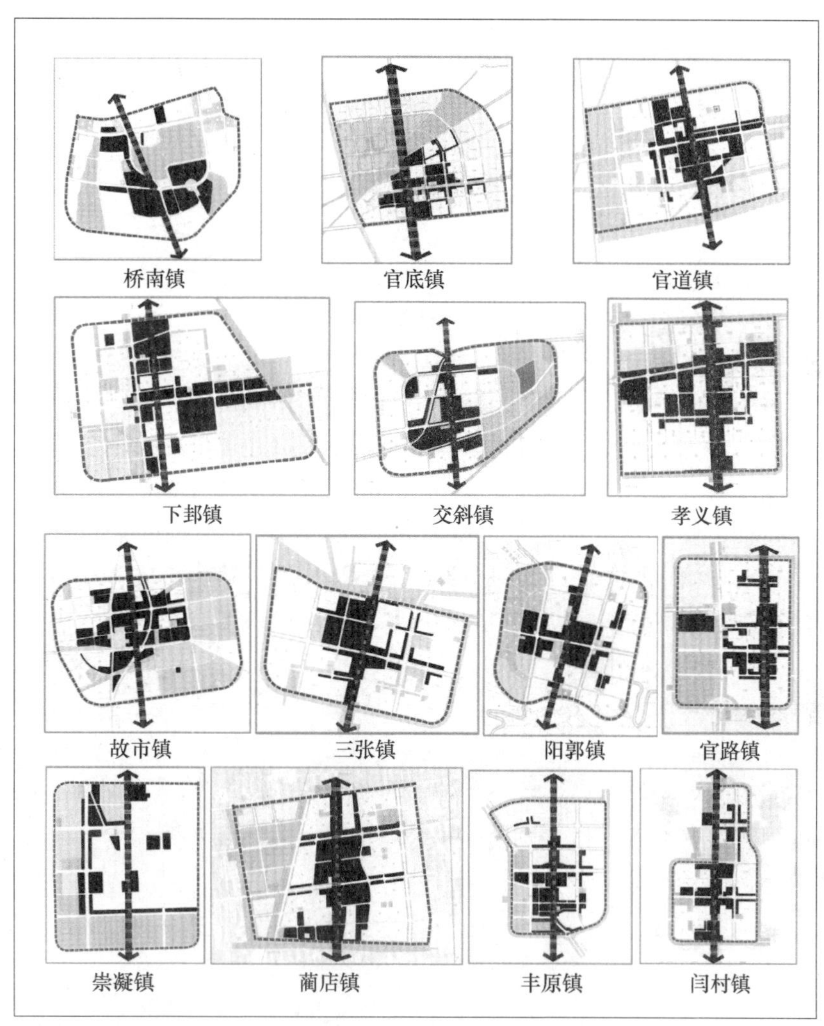

图5　渭南市临渭区各镇现行版镇区规划中
“轴线—环路—公共空间”设计手法的运用

4.3　实践意义

具有现代意义又根植于传统的“轴线—环路—公共空间”的新时代传统设计手法，不仅体现了对我国古代城市设计优良传统的传承，也体现出与时俱进的时代特征，能够很好地协调保护传统和时代发展之间的矛盾，兼容性强，使设计中既能体现“中国传统”的博大精深，又能展现“现代文明”的风采。上述各镇现行规划中的轴线、环路略有差别，体现了对实际情况的兼顾，但都运用了“轴线—环路—公共空间”的新时代传统设计手法，并有相应要素的体现。正如成都平原林盘的分布，是对川西自然与人文环境的综合适应，关中平原星罗棋布分布的“方城”，则体现出关中平原这个中国城市建设文脉的肇兴之地、高潮之地，对传统文化和传统设计手法的尊重和推崇。

5. 结论与展望

中国传统城市设计手法是中华文明的瑰宝。本文提炼了“轴线—城墙—礼制”的经典中国传统设计手法，然后探讨了它的当代转向，提出了“轴线—环路—公共空间”的新时代传统设计手法，并探讨了它在北方平原型小城镇规划中的应用。关中地区的诸多小城镇规划中，都不约而同地采用了传统设计手法，呈现出“方城”的布局模式，体现了对传统设计手法的推崇。本研究表明，北方平原型小城镇可以整体适用传统设计手法。传统设计手法简洁、适用而又独具中国特色的特征，使其具有强劲的生命力和广泛的应用前景。希望在后续的研究中，继续探讨传统设计手法在大、中城市的城市更新、新区建设以及小城镇规划中的应用，为传统设计手法的传承和应用提供理论、技术支撑。

参考文献请见原文。

（撰稿人：向远林，西北大学城市与环境学院；曹明明，西北大学城市与环境学院；吴冲，西北大学城市与环境学院；孙飞，中国能源建设集团江苏省电力设计院）

第五篇　乡村治理与村镇建设管理

推进国家治理体系和治理能力现代化，乡村治理是其中的重要一环。随着我国社会的不断发展，乡村正在发生改变，转型与治理困境正困扰着乡村社会。乡村主体发生变化，精英流失、人口"倒挂"、人口老龄化等情况不同程度发生；治理对象正在改变，土地和农房流转、村庄环境治理、村庄建设管理等成为村务主要矛盾；治理困境不断出现，基层行政权与村民自治权界限模糊，村民主体意识缺失、"等靠要"思想严重。

2018年9月，中共中央、国务院印发《乡村振兴战略规划（2018—2022年）》，针对健全现代乡村治理体系，就如何从社会治理角度配置社会政策、如何调动农民的积极性和主动性、如何重塑城乡关系及其互动机制等，从加强农村基层党组织的全面领导、强调多元参与、发挥农民的主体作用、创新基层管理体制机制等方面明确了方向。各地也先后展开了对乡村治理的有益探索，经过近些年的基层民主实践，一些地方的村民参与意识不断增强，村民自治的内容不断发展充实，村民自治的实践创新不断涌现，乡村治理取得一定成效。

本篇章选取了《农村宅基地有偿退出的政策与实践——基于2015年以来试点地区的比较分析》《"新乡贤"治村的实践路径研究》《新"经纪机制"：中国乡村治理结构的新变化——基于泉州市A村乡贤理事会的运作实践》《我国村镇规划建设管理的问题与对策》《山地小城镇控制性详细规划与管理研究——以云南省盐津县水田新区为例》5篇文章，从乡村治理的路径与模式、村镇规划建设管理等方面探索解析新时代背景下乡村治理与村镇建设管理，以期为我国实现乡村善治提供助力。

“新乡贤”治村的实践路径研究

乡村治理是基层治理现代化的关键部分，直接影响着国家治理体系与治理能力现代化的推进。新时代，“新乡贤”在乡村基层治理中发挥着重要作用，“新乡贤”治村成为乡村治理模式的创新实践。在浙江，“绍兴样本”探索较为成熟，为我们提供了较为成功的实践经验。

1.“新乡贤”治村：研究视域界定

“新乡贤”是乡村治理的一支重要力量，相对于传统乡贤而言，他们以乡情、乡愁、乡怀为纽带，直接或间接地参与乡村基层治理，可以包括优秀党政干部、专家学者、道德模范、基层“身边好人”等榜样、典型或先进模范人物。

“新乡贤”治村大致有以下 7 种类型：一是“领头羊”型。“新乡贤”以适当方式回村，通过一定方式，如下派、引进等成为村支部书记，也可按照法律程序参与选举，成为乡村治理的领导核心。二是“领导层”型。“新乡贤”回村后，通过一定方式进入村支部委员会，在其中发挥自身应有的作用。三是“主治体”型。乡村治理的主体是以村民委员会为主的农村群众性自治组织，其中起主要治理作用的是村委会，“新乡贤”回村，适时进入村委会，通过一定方式成为村主任。四是“参治体”型。在乡村治理中，村妇联、村团委、村监委等农村群众性自治组织也是重要的主体，“新乡贤”回村后，可以通过一定方式进入这些组织，参与乡村治理。五是“生力军”型。“新乡贤”通过一定方式融入农业专业合作社、农业专业协会、农村法律顾问委员会等农村社会组织中，以适当途径参与乡村治理，如以合作社社长、协会主要负责人、法律顾问委员会主席等身份参与治理。六是“服务队”型。“新乡贤”作为社会志愿者，以服务群众、帮助群众等为目的，帮助村民改善生活，提高村民各方面素质。七是“施加影响”型。“新乡贤”个人以推动乡村善治为目的，通过乡情恳谈会、乡贤和事组、专题议事会等形式，积极参与乡村治理，影响乡村治理有关决策的制定。

2. “新乡贤”治村：“绍兴样本”的实践探索

浙江省是中国革命红船的起航地、改革开放的先行地、习近平新时代中国特色社会主义思想的重要萌发地，在乡村治理体系改革方面走在全国前列，“新乡贤”治村这一乡村治理模式的探索创新，是具有鲜明时代特征和本地特色的浙江素材、浙江经验。目前，浙江省各地市都在积极探索“新乡贤”治村，取得较好成效的首推绍兴市，其形成的“绍兴样本”具有典型意义，改革经验较为成熟。其主要做法有以下 4 点。

2.1　大力弘扬“新乡贤”文化

突出“乡贤文化”的引领作用，探索以“新乡贤”文化助推乡村基层治理现代化，从道德文化角度推进乡村治理，重视挖掘、整理和研究乡贤史料。早在 2001 年，绍兴市上虞区就在全国率先成立了以“乡贤”命名的研究会，推动区、乡镇、村三级开展乡贤资料整理工作，梳理出了一大批乡贤名人的资料，出版了一系列乡贤书籍，还结合乡贤诞辰或者纪念日开展常态化的学术研讨活动，组织举办各类学习宣传“新乡贤”、弘扬乡贤精神、展示乡贤文化以及乡贤文化进校园、进教材活动，以此大力弘扬“新乡贤”文化，以乡贤的嘉言懿行推动广大乡村基层群众见贤思齐、崇德向善，探索走文化引领下的乡村善治之路。

2.2　培育发展“新乡贤”组织

组织创建各级“新乡贤”信息库，全域开展名乡贤普查，全面收集和整理“新乡贤”的基础信息，并根据行业领域、分布区域等信息进行分类跟踪管理。定期或者不定期举办联谊活动，沟通乡情，联络乡谊，并利用节假日、逢年过节等时间节点在县、乡、村三级开展乡贤大走访。此外，还通过微信群、QQ 群等方式加强联系，定期发布乡土经济社会发展情况。在此基础上，按照“成熟一个、建立一个”的原则，推动市、县（区、市）、乡镇（街道）、村（社区）四级建立“新乡贤”组织。同时，各级党委、政府根据情况出台培育和发展“新乡贤”组织的有关文件，明确在各级党委或党组织的领导下培育和发展“新乡贤”组织，同时明确其接受同级行政部门的监督管理以及业务指导。

2.3　建立健全“新乡贤”作用发挥机制

着力形成“引、留、激”作用发挥机制，促使“新乡贤”参与乡村治理的积极性不断高涨。绍兴市深入推动“越商”“越贤”回归工程，在吸引他们回乡投资兴建项目的同时，还重点吸引了一批有威望、有能力、有德行、有知识的“新乡贤”回村投身乡村振兴事业。当地党委、政府给足支持政策，出台有关实施意见，对“新乡贤”及其组织参与乡村治理给予充足的精神或物质激励。同时，建立“新乡贤”荣誉表彰激励机制，大力开展“优秀新乡贤”“模范新乡贤”“杰出新乡贤”等评优评选活动，并广泛宣传，载入村歌、村史、公德宣传榜、乡贤祠、乡镇史廊及县志等，给“新乡贤”以精神上的最大激励。对一些有从政意识的“新乡贤”，积极鼓励动员其加入基层党组织或者参选村干部，探索多种形式培养选拔优秀“新乡贤”，最大限度地提高其参与治理的积极性。

2.4 不断拓展“新乡贤”治村平台

“新乡贤”参与乡村治理，除了依托“新乡贤”组织，还通过担任乡村顾问、建立“新乡贤”公益基金、参加绍兴发展大会等方式，参与村公益事业建设、倡导现代乡风文明、帮扶农村弱势群体以及调处矛盾纠纷等乡村治理相关事务。例如，建立“新乡贤”顾问制度，明确制订年度工作计划及到村开展顾问服务频次，及时将发现的问题向上级反映；设立“新乡贤”公益基金，涉及教育、卫生、养老、助困等各个领域，用于家乡各项建设和服务、投资项目等。

3. “新乡贤”治村：实践启示

绍兴市“新乡贤”治村实践给笔者的启示是：解放思想是关键一环，继承和发展是根本基础，市场力量是重要动力，党委、政府担当有为是主要保障。

3.1 解放思想，开拓“新乡贤”治村的眼界格局

一是倡导和树立“美好生活共同体”意识。“新乡贤”治村，体现的是一种新型城镇化村居（社区）导向，组建的将是一个新型社区，以“美好生活共同体”为目标，生活在一定区域的人们共同参与公共空间内的各项治理行动，营造共建、共融、共享的美好生活环境，创建安居乐业的美丽生活家园。特别是随着新型城镇化进程的加快，村居（社区）流动性不断加大，居住在一定区域的居（村）民相对缺乏这种意识，更是需要大力倡导和树立“美好生活共同体”意识。

二是丰富“新乡贤”的内涵。“新乡贤”是相对于传统乡贤来说的，相较而言，其有意愿、甘愿为本地或本村发展出力献智，这是其他群众做不到的。要解放思想，打破地域界限，将“外来精英”也作为乡贤看待。只要是热心服务于本地乡村治理事务，品德好、有影响、有才学、有能力的社会贤达人士，都可以

视为“新乡贤”。

三是扩大“新乡贤”治村的视野。乡村治理是一项系统工程，涉及乡村的各个方面，不是为治理而治理，而是要形成既充满活力又和谐有序的乡风乡俗，以及共建、共融、共治、共享的乡村自治氛围。只要是可以为家乡、为乡村带来各项社会福利的活动，都可视为治村范畴。例如，弘扬优秀中华传统文化，参与乡村公共事务治理活动，帮助收集村情、村事、民意，向上级反映有关意见等。

3.2　坚持继承和创新，夯实“新乡贤”治村的基础

一是探索构建中国特色“新乡贤”治村理论。“新乡贤”治村理论要在习近平新时代中国特色社会主义思想的指引下，立足中国国情实际和时代特点，汲取国内外有关治理理论的精华，总结提升新的成功实践经验，形成既有时代气息又有中国风格的理论。绍兴市在实践中，不断加强乡贤文化的“上虞现象”研究，适当建议在全国进行总结推广，深化研究村民自治理论，突出“德治”在乡村治理中的作用，与时俱进地凸显了本土特色、乡土气息。

二是立足本地挖掘“新乡贤”治村资源。“新乡贤”治村，只有结合本地实际才有生命力。着力历史资源，大力挖掘和保护古乡贤留下来的各种优秀物质或文化遗迹。着重现实资源，重视发现和宣传为构建“美好生活共同体”一起出工出力的“新乡贤”和文化资源，特别是群众身边的先进典型模范人物和中国特色社会主义文化。着眼未来资源，在后代教育上下大工夫，从小培育孩子们的“美好生活共同体”意识，培养未来的“新乡贤”。

三是注重倡导“新乡贤”文化。在挖掘“新乡贤”治村各类资源的基础上，探索推动“新乡贤”治村资源向“新乡贤”治村资本转变，争取社会效益最大化。深入开展“新乡贤”治村资源的梳理和研究工作，通过一定载体或平台大力宣传，实现“新乡贤”治村资本的保值增值，营造尊贤、尚贤、敬贤、爱贤的浓厚氛围。充分发挥“新乡贤”文化的涵养孕育、熏陶教育作用，推动物质文明、精神文明、政治文明、社会文明、生态文明协同共建，以文明乡风滋润人心，凝聚现代文明共识。

3.3　培育市场力量，激发“新乡贤”治村的澎湃动力

一是突出培育“新乡贤”治村的“熟人经济”。突出培育具有乡村特色的物质文化经济，引导“新乡贤”在家门口创业，带动本地人的收入增加，促进本地的经济增收。推进乡村经济形式综合创新，探索发展乡村赋能中心、创客中心，不断创造更有含金量的物质产品、更有辨识度的精神产品、更有价值的新的生态产品。探索推进乡村经济合作组织化之路，鼓励和动员村民以入股形式加入

合作组织，不断夯实“新乡贤”治村的经济基础。

二是加强培育“新乡贤”治村的社会力量。加强乡村社会组织的孵化能力，以社会力量促进“新乡贤”影响或参与乡村治理。成立研究性质的学术社团或社会组织、协调性质的协商组织，如纠纷调解“老娘舅”、乡风文明“督导团”、红白喜事协调会、“村民说事”等，致力于协调村级有关治理事务，以及一些公益性的社会组织。还可以根据年龄情况、兴趣爱好、个性专长等成立协会性质的组织，如老年人协会、游泳协会、舞蹈协会、书法协会等，使乡村的共治意识得以强化。

三是重视培育“新乡贤”治村的“乡愁情结”。要着力“复修”老房子，结合实际保存体现本土特色的老屋或传统建筑，能保留的尽量保留，让老屋重新焕发生机和活力；要“复活”乡村文化活动，开展传统的乡村民俗活动；要“复兴”传统工艺，以现代手段使传统工艺提质增效，以自然农法轮做的方式种植，以现代化的理念将加工工艺做到极致完美；要“复现”绿水青山，加大山、水、林、天、湖的修复力度，恢复生态系统平衡，使得天更蓝、水更净、空气更清新。

3.4 党委、政府积极作为，加强“新乡贤”治村的保障

一是优化“新乡贤”治村环境。积极营造“迎贤爱贤”氛围，加大对“新乡贤”返乡干事创业的动员、宣传、引导力度，如开展“新乡贤助力发展村经济”、干部“告老还乡”、新青年“上山下乡”“新乡贤回归”工程、“新乡贤”结对帮扶等系列活动。积极优化政策机制，探索“新乡贤”创业奖励补贴政策。要定期或不定期地开展“模范新乡贤”“优秀新乡贤”评比活动，树立、宣传一批有家国情怀、有担当作为、有突出贡献的“新乡贤”。同时，探索实施“新乡贤”培养工程或计划。

二是搭建“新乡贤”治村平台。培育和建立“新乡贤”组织，以当地党委、政府的名义出台有关文件，鼓励和支持有条件的地方上下联动，共建“新乡贤”组织，如“新乡贤联谊会”“新乡贤理事会”“新乡贤参事会”“新乡贤馆”等，构建党委政府领导、村“两委”主导下的“新乡贤”组织。要加强“新乡贤”组织的规范化、功能化建设，给予其充足的精神或物质激励政策。要加强日常联系和服务，探索拓展线上线下“新乡贤”日常联络联谊平台，满足“新乡贤”的各项需要。

三是完善“新乡贤”治村机制。建立“新乡贤”信息库，鼓励“新乡贤”担任“治理顾问”或“名誉村主任”。建立常态化工作交流机制，如每年举办一次区域性的“新乡贤大会”“新乡贤发展大会”等。积极动员和支持“新乡贤”通过一定方式进入村“两委”或者村级社会组织，或者直接由党委、政府任命

“新乡贤”到村挂职，任“第一书记”或者村主任助理、村支书助理、乡镇长助理等。同时，建立“新乡贤”治村激励机制，积极推荐优秀“新乡贤”参选“两代表一委员”，探索把“新乡贤”载入村歌、村史、公德宣传榜、乡镇史廊、县志以及公益捐建冠名等名誉激励途径。

参考文献请见原文。

（撰稿人：宋西雷，中共浙江丽水市莲都区委党校教研室）

新“经纪机制”：中国乡村治理结构的新变化

——基于泉州市 A 村乡贤理事会的运作实践

1. 问题的提出

“乡政村治”作为目前我国农村治理结构的基本格局，虽然以“村民委员会”为组织载体的村民自治为培育乡村社会的社区精神和农民的民主能力提供了平台，但是，却无法应对经济社会环境巨大变化带来的挑战，尤其是税费改革后，国家政权悬浮于乡村社会之上。在悬浮型政权下，集体机构力量减弱，乡村社会缺少权威整合和动员资源，表现为外生权威缺乏和内生权威式微的双重困境。面对乡村治理危机，乡村何以有效治理成为各地方政府积极探索的问题。近年来，传统治理资源重新得以重视，越来越多的地方政府将“乡贤”重新纳入到社会治理中来，成立大量乡贤理事会、公益理事会等实体机构和运作制度，积极扶持和培育以乡村精英为核心的社会组织广泛参与乡村治理事务。2016 年，“培育新乡贤文化”被写入“十三五”规划纲要，在政策层面赋予乡贤新的定位。2017 年中共十九大提出，“健全自治、法治、德治相结合的乡村治理体系”，更凸显了乡贤作为乡村“德治”治理主体参与乡村治理的重要意义。“新乡贤”成为了乡村社会涌现出的一个政治话语的高频词汇。

乡贤在传统中国的基层治理中发挥着重要作用，成为联结国家政权与乡村社会的关键纽带。而随着新乡贤重新被纳入乡村治理版图，这一过程呈现了乡村治理结构的新变化，受到了研究者广泛关注。总体上看，现有研究大多从国家与社会关系视阈出发，对新乡贤及其理事会的内涵、特征及对乡村治理的重要意义进行讨论。在此范式下，主要形成两种分析维度：其一是从历史变迁维度切入，分析了新乡贤与传统乡贤之间的承接关系以及伦理精神的内在变迁；持功能主义维度的学者则主要探讨了乡贤群体的功能转向，尤其是传统乡贤的“政治功能”向新乡贤“文化功能”和“治理功能”的转变。

在国家与社会关系视阈下，中国基层治理中出现了“村干部行政化”与“村民自治实践”并行的治理局面，一方面，原子化的乡村社会结构消解了乡村社会组织化的集体意识，而原有内生的非正式制度无法有效回应其所带来的村庄内部集体行动的缺失，党和国家为了重塑乡村社会的组织化秩序和集体意识，通过基层党建、干部驻村等实现“国家行政的再嵌入”；另一方面，乡村治理秩序中外生权威缺乏和内生权威式微的双重困境倒逼并呈现出大量的村民自治创新实践，新乡贤文化及其组织运作被视为是传统的回归及村民自治的产物。徐勇将老人协会、乡贤理事会等民间组织视为新型的农民组织，作为一种村民自治机制创新，开创了协同治理新格局。也有一些学者将乡贤理事会视为是协商民主在基层治理中的实践应用。在国家与社会关系二元范式下，乡贤理事会更多被视为是一种“村民自治和创新实践”。

上述研究充分展示了学术界对新乡贤研究的理论意义和现实关怀，也为本文提供了理论借鉴和逻辑起点。然而既有研究存在两点不足：其一，基于国家与社会关系二元范式局限性，目前大多研究将乡贤理事会视为传统的复归、协商民主和村民自治的产物。但基于田野观察，笔者发现，乡贤理事会与其说是“村民自治”的实践，不如说是基层政府精心培育下与村民自治之间进行“合作治理”的产物。其二，部分研究观察到新乡贤是搭建村民和村委会的沟通桥梁，但并未说明乡贤理事会的运作机制何以能够实现，无法体现新乡贤被重新纳入乡村治理版图的组织过程及其治理绩效。

鉴于此，本文将借助杜赞奇的“经纪机制”的概念，首先对国家经纪理论的概念变迁进行梳理，进行建构分析框架。其次，文章将以泉州市 A 村乡贤理事会的运作实践作为个案，通过深度访谈和参与式观察，对 A 村乡贤理事会的组织结构、运作逻辑及治理绩效进行系统分析。再次，文章将对旧经纪机制和新“经纪机制”在权威基础、治理逻辑和治理绩效方面进行比较分析与延展讨论。最后，文章将从“延续与转型”的视角对当代中国乡村治理逻辑进行总结和展望。

2. 经纪机制：类型界定与演变

国家经纪理论是目前研究中国近代乡村社会与国家政权建设间关系的重要理论基础。杜赞奇用“国家经纪”指晚清民国时期中国农村社会中，居于乡村与地方政府间的沟通者。“经纪机制”作为国家与基层社会的中介机制，是一个国家或地区由“传统精英政治体制”向“现代官僚政治体制”过渡的必然阶段，这一过程呈现了乡村权威构成的变化，也形塑了现代国家政权建设的历程。中国乡村治理秩序与“政统”和“血统”之间的关系高度相关，根据其不同状态，“经纪机制”可以归纳为以下三种类型。

2.1 保护型经纪：作为“传统士绅”的经纪机制

传统帝国统治下，国家官僚机构的管理并没有渗入到乡村一级，士绅和宗族成为乡村社会的权力载体，构成了传统乡村社会秩序得以维系与再生产的组织基础。黄宗智认为士绅和宗族构成了“第三领域”，为国家和乡村互动提供了一个有效场域，国家通过动员乡村社会的“经纪”——传统士绅采用半正式行政的方式实现传统社会集权体制下的简约治理。在这种简约主义导向的治理下，地缘保甲与血亲家族高度重合，表现为一种“政统”与“血统”相辅相成的高度稳定的乡村治理秩序结构。

作为沟通国家与乡村的经纪，传统士绅通过其所处的“社会文化网络”的整套机制，织造出社会网络和村社的地方规则，以意识形态共同性和建基于此的道德感来维持国家与社会间的平衡。作为传统士绅的经纪机制，本质上是一种现代化进程中的保守力量，通过传统文化和伦理精神，形塑社会结构免遭外来侵袭的一种保护型经纪。

2.2 盈利型经纪：作为“地方精英”的经纪机制

随着中国现代化转型的深入，传统国家的正式机制和思想基础破坏殆尽，传统士绅产生机制“科举制度”的废除极大削弱了经纪的权威，士绅阶层急剧衰落。士绅的衰落伴随着乡村治理秩序结构的虚空和无组织化，保甲制度作为国家正式组织成为维护地方统治秩序的主要工具。“政统”不再与“血统”表现为重合状态，保甲制度与血亲家族之间高度稳定的秩序结构出现分离，以土地财富和土地控制权为基础的“胥吏豪强”（盈利型经纪）侵蚀僭夺了乡村主导权。

在这一过程中，以传统文化和伦理精神构建的社会文化网络无法有效适应国家治理的合法化建构，基层资源的支配权和汲取能力成为了盈利型经纪的权威来源。然而，新的经纪并未获得乡村社会治理的合法性，国家政权建设陷入内卷化困境。

2.3 双重角色：作为“行政单元”的经纪机制

新中国建立后，共产党通过“政党下乡”和自下而上的底层革命获取政权。保甲制度与血亲家族之间稳定的秩序结构被彻底打破，“血统”与“政统”间关系进行了组织重塑。经济方面，乡土社会中家庭作为经济活动基本单位的细胞被集体组织取代，实现了国家权力对乡村社会的再整合；政治方面，土地革命重构了村庄权力结构，乡村宗族势力被摧毁，国家政权打击传统地方经纪的同时，又在不断塑造新经纪，形成了包括互助组、农业合作社、人民公社等制度化的“权力的组织网络”。这一时期，乡村治理的基本单元是通过国家政权构建的公社—生产大队—生产小队的标准化、科层化的组织体系，将传统社会中封闭的农村社会和独立的农民个体直接纳入了国家的政权体系。

20 世纪 80 年代后期，“乡政村治”成为了国家与乡村社会关系的基本格局。村委会成为农民与国家之间的联结纽带，拥有对乡村资源支配权和村民权利实际界定权的村干部扮演着国家代理人和村民当家人的双重角色。21 世纪初，税费改革标志着国家依托于乡村集体进行的间接治理模式的终结，以个体权利为核心的直接治理模式逐渐兴起。乡村治理中出现了体制内精英、经济能人、项目代理人等多元地方经纪并存的局面。

通过梳理经纪机制的演变，笔者归纳了经纪机制的 3 个特点：在背景上，经纪机制发生于国家与社会的交界域；在运作上，经纪机制主要体现为正式权力的非正式运作；在身份上，旧“经纪”主要是指作为群体形态的士绅、胥吏等准官员和村干部。与旧“经纪”不同，本文主要关注的是“新乡贤”及其依托下的组织机构，如乡贤理事会、公益理事会、老人协会等社会组织。这些社会组织由多元化乡村精英为核心力量所组成，由村民推举参与到乡村治理工作中，成为基层社会的“代理人”；同时，该组织在一定程度上受到村委会的监督与指导，需要配合村委会相关村务工作，成为执行政策的“国家经纪”。这种由新乡贤构成的社会组织成为了沟通国家权力与基层社会的中介力量，因而将其运作视为是一种“经纪机制”。

但是，这种“经纪机制”与传统经纪机制有一定区别（见图 1）。调研发现，“经纪”构成方面，乡贤理事会以多元化精英构成的“组织形态”呈现，而非传统经纪单一化的“群体形态”；“经纪”属性方面，乡贤理事会成员更加关注的是“经纪行为”的荣誉感和“精神收益”，而非旧经纪机制中的“物质利益”；“经纪”运行方面，乡贤理事会通过将乡贤理事会成员中的体制代理人、经济能人和宗族老人的体制合法性权威、利益支配权威和宗族认同权威统合起来，通过这种“复合型权威”进行组织动员和资源注入，配合村民自治与国家权力代理人实现协商治理，而非构建于官治与民治二元对立分析范式下的传统经纪机制中的维系型或盈利型运作。因此，本文将乡贤理事会的运作逻辑视为是一种新“经纪机制”。

围绕对新“经纪机制”的分析，本文的逻辑主线是：基于泉州市 A 村乡贤理事会的田野经验，分别从治理主体、运作逻辑和治理绩效 3 个方面，探讨新“经纪机制”的特点，继而将其纳入到历史镜像中，从权威来源、主体构成、治理逻辑等方面对不同经纪机制进行比较分析。

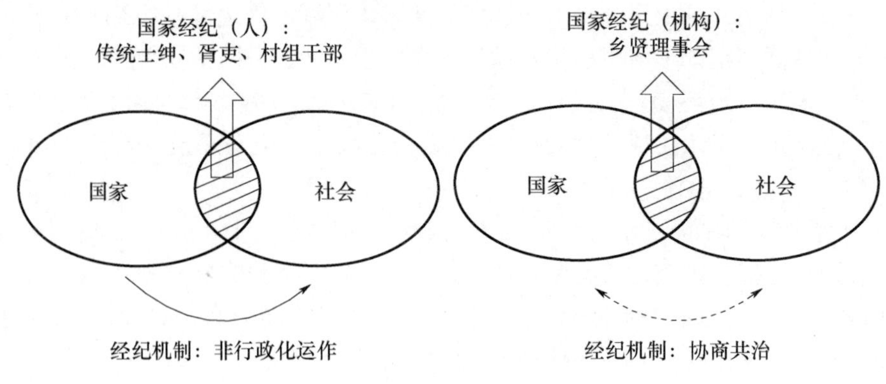

图 1　传统“经纪机制”VS 新“经纪机制”示意图

3. 泉州市 A 村乡贤理事会的运作实践：一个个案

3.1　公共性的缺失：新“经纪机制”的制度背景

本文研究对象的 A 村，是泉州市泉港区 B 镇 C 行政村下辖的一个自然村，以陈氏村民祖居地丁字号命名。作为当地著名的华侨村，宗族势力深刻影响着 A 村发展，慈善捐资和公益基金成为了 A 村收入的主要来源。由于 A 村耕地面积较少，村集体收入非常匮乏，外出务工和经商是当地村民的主要选择。人口外流瓦解了中国农村的社会结构，改变了农村的制度选择和治理绩效。人口流动带来的“集体行动缺失”与“问责制度不力”成为农村治理困境的两个主要问题。作为典型的空心村，A 村面临着同样的困境。

其一，村内公共性参与主体的能力缺失，无法产生有效的集体行动。A 村乡村精英不断流失，常住农村的妇幼老弱人员受年龄和文化素质的影响，既没有参与乡村集体活动的积极性，也没有实施管理和监督的能力。同时，对村民而言，公共性简单地被等同于村民选举，选举的内卷化使村民没有动力进行公共性社会关系的营造。

其二，村外非制度精英的参与意愿不足，对村内集体行动的外部推动力较弱。村委会是以 C 行政村作为治理单位，行政村与自然村之间的异质性致使村委会在资金动员和使用方向上与 A 村的非制度性精英（经济能人、海外侨民、企业家）之间产生冲突，非制度性精英对于村庄公共性领域的参与意愿不足，无法形成对村内集体行动的有效助力。

“有时候不是我们不愿意投钱，而是对接平台有问题。我们投了钱，但他们（村委会）把钱用到其他（自然）村的基建上面，分配也不公平，也没有产业对接，

我们也没有什么好处还说我们贿选……”（访谈记录：企业家 CJB20180721）[①]

其三，村庄公共性治理主体的权威式微，无法有效整合和动员村内的集体行动。税费改革后，A 村小组税费收缴功能减弱，随着非制度性精英的崛起，其地位越来越尴尬。同时，村干部的“行政化”消解了村民的信任感，村民转向对宗族老人、经济能人以及其他村内自治组织寻求利益诉求与协调。

因此，空心村内源性参与较弱、非制度性精英的参与意愿不足以及村委会权威式微的共同作用致使税费改革以来 A 村无法形成村内有效的集体行动，公共性社会关系得不到营造和维护。“衰败”成为了与“发展”共生的村庄治理困境。

为了解决这种困境，实践中央提倡的“建立多元社会治理格局，努力发展民生”的发展思路，2013 年泉州市在赴广东省云浮市、揭阳市揭东县等地考察基础上，发布了《关于培育和发展自然村乡贤理事会的指导意见》（以下简称《意见》），逐级在各县镇和行政村管辖的自然村中推广乡贤理事会。对于 A 村而言，乡贤理事会并非新鲜事物而是老人协会的演变发展。1993 年 A 村正式成立了老人协会，其定位为社区老年人互助组织。2013 年，老人协会更名为乡贤理事会，由一个服务特定群体的民间组织转变为与村委会进行合作并参与村内决策事务的村民自治组织，其组织目标和服务范围进一步扩大。2018 年初，根据民政部《关于大力培育发展社区社会组织的意见》，泉州市各类社区社会组织开始申请注册登记，A 村乡贤理事会成为 B 镇注册登记的自然村乡贤理事会，理事会正式由单纯的民间自治组织转变为社区社会组织，其组织目标、业务范围等得到了外生制度的正式支持（见表 1）。从 A 村乡贤理事会发展历程来看，其性质和定位发生了重大变化，并非简单可以用村民自治和创新实践来诠释。乡贤理事会由村民自治组织向社区社会组织的过渡，体现了为“村民自治实践”的内生非正式制度和“村干部行政化”的外生正式制度的合作共治下的地方实践。

表 1 A 村乡贤理事会的组织发展轨迹示意表

时间（单位：年）	名称	定位	目标	特征
1993—2013	A 村老人协会	服务型民间组织	维护老年人合法权益，提高老年人社会福利水平	内生的非正式制度
2013—2018	A 村乡贤理事会	村民自治组织	参与村内决策及其他村务	内生的非正式制度
2018 年至今	A 村乡贤理事会	社区社会组织	公共建设、村容村貌改造、民俗文化活动、治安管理等综合村务	内生的非正式制度 + 外生的正式制度

3.2 乡贤理事会：新“经纪机制”的治理主体

3.2.1 多元化精英：新“经纪”的构成与经纪动机

目前，A 村乡贤理事会理事成员共计 20 人，包含常任理事 7 人和非常任理事 13 人，并包括老人协会成员、村镇两委成员、企业家和知名乡贤，其中老人协会成员占到四成，常任理事则主要由老人协会和村镇两委成员等 7 人组成。《意见》中提出，乡贤理事会成员包括自然村在具有独立民事责任能力的经济文化管理能人、老党员、老干部等有威望、有能力的乡贤和热心为乡村经济社会建设服务的人士。因此，乡贤理事会本质上是一种多元化精英组成的治理主体。

在经纪动机方面，杜赞奇认为，“经纪”（人/机构）即为市场上交易双方提供中介服务并从中收取佣金的人/机构。国家经纪基于其经纪属性的不同，其经纪动机呈现有“精神激励”和“物质激励”等形式。作为一个新型社会组织，“公益性”是理事会成员参与的主要特征，成员无偿参与到理事会的运作中，但“新乡贤”的荣誉称号对 A 村乡贤理事会成员具有极大吸引力，宗族老人更重视荣誉在精神层面的意义，而经济能人和村干部则分别关注“精神激励”的经济层面和政治层面的意义。

“能够成为‘新乡贤’在陈氏宗族中是个很高的荣耀，会把他们写进族谱，光宗耀祖啊，拿钱也换不来的……外面商会们也比较认可这个，‘新乡贤’称号就是‘通行证’啊。”（访谈记录：村干部 CSX20180721）

3.2.2 复合型权威：新“经纪机制”的权威基础

在以族权、绅权、政权为核心的传统乡村治理秩序瓦解之后，如何围绕新的权威要素重建秩序，是中国乡村治理和乡村振兴的重要课题。改革开放后，虽然“权力支配社会”的总体格局并未改变，乡村的自由活动空间却日益增长，形成了多元权威并立的乡村治理格局，呈现为非制度性精英和制度性精英之间的权威分立。制度性精英作为体制代理人拥有体制合法性却难以得到村民信任，无法有效动员村内资源，非制度性精英拥有资源支配权试图介入乡村治理却没有合法性保障，难以有效利用资源推动村内集体行动。A 村乡贤理事会作为一个多元化精英（新乡贤）组成的治理主体，通过整合新乡贤的权威要素和主体功能，以复合型权威营造 A 村的集体行动，构建稳定的乡村治理秩序。

具体而言，A 村新乡贤可以分为 3 类：其一是“在场”的非制度性精英——宗族老人。“德高望重”是对该乡贤重要的评价指标。当村民之间发生冲突、村委会征地和推行村务时，宗族老人利用其在 A 村的权威和地位经常作为中间人去进行纠纷调解、政策宣传和村民动员。

其二是“不在场”的非制度性精英。主要包括A村的经济能人、企业家等领域的乡村精英。理事会成员大多在外经商、务工和求学，经常将经济、技术和文化等村外资源注入到A村中，理事会基金也主要来源于这一群体。虽然该群体“不在场”，但基于其对乡村资源支配权，在村内也具有相当影响力。

其三是“在场”的制度性精英，主要是指村镇的两委成员。《意见》规定，乡贤理事会要在镇党委（街道党工委）、村党支部的领导下开展工作，接受村民委员会的业务指导。村干部在与乡贤理事会进行合作过程中主要承担政策指引和业务指导的职能。陈长林是C行政村的村主任，他认为自己在理事会中既是推动者也是合作者，同时这种村支书和理事会副理事长的双重身份也推动了A村村务的顺利开展。

乡贤理事会中新乡贤的多元化决定了其作为新“经纪”权威基础的复合性（见表2）。宗族老人、经济文化能人和村两委干部分别代表着传统宗族权威、资源支配权威和体制合法性权威对乡村社会治理秩序的介入。作为新“经纪机制”的权威基础，复合型权威为乡村提供稳定的社区共同体和公共性社会关系。首先，宗族老人通过其“德高望重”的宗族权威和村内的广泛认同，有利于推动行政村干部作为体制代理人进行乡村治理中的社区共同体的维护与营造；其次，经济文化能人通过资源引入和慈善捐资的渠道，通过资源支配权威提升体制代理人治理的有效性；最后，体制代理人通过政策指引和孵化协助参与到乡贤理事会的平台建设中，为宗族老人和经济文化能人在秩序稳定和资源引入方面提供体制合法性，保障乡村治理的稳定性。

表2　新“经纪机制”的权威基础

类别	群体	职能	权威基础
非制度性精英	宗族老人	秩序稳定；资源动员	宗族认同权威
	经济文化能人	资源引入；慈善捐资	资源支配权权威
制度性精英	村两委干部	政策指引；孵化培育	体制合法性权威

3.3　协商治理：新“经纪机制”的运作逻辑

3.3.1　相对独立性：新“经纪机制”的运作前提

《意见》指出，A村乡贤理事会和村委会之间存在政策引导和业务指导关系。自然村乡贤理事会在镇党委和村党支部的领导培育下发展，确保理事会发展方向的正确性；但自然村乡贤理事会并非村两委的附庸，在理事会成员产生和资金来源方面具有相对的独立性。

首先，在乡贤理事会成员产生程序方面。按照《意见》，A村乡贤理事会成员需经过自然村村民的公开推荐，上报至C行政村党支部进行审核，由自然村公布后确认为理事会成员。“公开推荐”和“组织审核”的程序运作使得村民能够公开推荐其认定的“能德兼备”的乡村精英进入乡贤理事会，保障了村民的自我管理的诉求；同时，“组织审核”也能够保证村民自治实践始终服务于地方党委在乡村社会的中心工作。

其次，在乡贤理事会的资金来源方面。A 村乡贤理事会资金来源由三部分构成，其一是由经济能人、旅外企业家等的慈善捐助和公益基金，占据资金来源的 70%；其二是村民对于乡贤理事会日常运作的资金捐助，基本实现了全民捐资，这种制度设计在理事会理事长陈顺燕看来，既是老人协会的惯例，更是能够彰显村民主动参与乡贤理事会运作和村务活动中的途径；其三是项目制资金，覆盖于公共基础设施建设、村民活动等领域，包括向乡镇的社工委申请相关项目资金，专款专用。因而，乡贤理事会在资金来源上并不依赖于村委会的资金支持，具有相对独立性，同时，“全民捐资”的制度设计也保障了每一户村民都“有份”参与到理事会的运作中并履行监管职责，尊重了村民自我管理的利益诉求。

3.3.2 协商治理：新“经纪机制”的运作机制

（1）村民利益的“代理人”：理事会与村民的民主协商

作为自然村的同质性优势，理事会成员“德高望重”的影响力获得村民的极大信任。A 村乡贤理事会依托理事联系制度，广泛汇集民意，及时向村委会反映，落实村民需求。凡涉及自然村或村小组财政支持的微小型项目进行征地和建设时，程序上须经过 A 村乡贤理事会的讨论，乡贤理事会作为村民利益的代理人将针对项目对村民影响进行广泛评估。虽然理事会并没有否决权，但基于理事会的复合型权威，村两委在进行决策时需要认真参考理事会的意见。

2016 年，C 村委会积极响应上级建设美丽乡村的政策号召，规划在 A 村修建历史文化公园，但村民对村委会提出的土地征收补偿款不满意，乡贤理事会成员在听取和搜集村民意见后，在与村两委干部协商时据理力争，最终决定以 60 元/m^2 的价格征收农户土地，推动了公园项目的修建。

同时，乡贤理事会也会为村民提供发展和交流的公共性平台。作为一个较为松散的社会组织，乡贤理事会成员针对 A 村捐资助学、公共建设、村容村貌改造、民俗文化活动等活动进行讨论，对每一项决策从提出到形成决议，都广泛征求了村民意见，最终形成方案，然后由理事会和村两委共同协商讨论。

“村里面人散心散的局面也改变很多，理事会推动下，现在村民们也积极参与村内的活动，无论是因为自己是‘股东’也好，还是热闹也罢，大家有了归属感和集体感，按你们的话说，就是又组织起来了。” （访谈记录：理事长 CSY20190117）

理事会与村民的民主协商充分发挥了农民的主体作用，将村民自治从个体参与转向组织参与，由过去分散的个体化的利益表达转换为有组织的群体化的利益表达，从而有利于农民共同利益诉求的实现，最终促进村民的集体行动意识和村内社区共同体的建设。

（2）村委会的“传声筒”：理事会与村两委的协商治理

村两委人数有限且分工明确，在日常工作之余难以兼顾，因而村两委也常常借助乡贤理事会在村中展开工作，在造桥铺路、重修宗庙、宣传移风易俗等方面，不仅依托于德高望重的权威向村民宣传村两委的政策，同时对村两委也起到监督、协助的工作。

“我们也是村委会的‘传声筒’，例如移风易俗是个好政策，但村子里长期以来都攀比啦，村民们刚开始不配合村干部的工作，理事会成员大多是口碑好的老人，或见过世面的，我们和村民们解释节俭办事的好处，慢慢他们也就理解了。现在统一在祖庙进行，规模价钱都是统一的，村民们也觉得挺好。”（访谈记录：理事会成员 CJT20180720）

对于 A 村而言，外生权威缺乏和内生权威式微的双重困境给当前村民与村委会之间的“委托—代理”关系带来了巨大挑战。乡贤理事会作为一个中枢机构，在村民和村委会之间架起了沟通的桥梁，同时也对自然单元和行政单元之间的关系进行了重构（见图2），一方面，在乡村治理的自然单元中，乡贤理事会成员和村民们由共同的血脉和族缘关系构成共同的文化强化着村民对本共同体的认同和归属，而这正是他们乐意参与公共事务、共建美好家园的重要基础。作为基层面向的经纪机构，乡贤理事会通过吸收村民的意见和利益诉求并反映至村委会，同时，乡贤理事会通过外界资源和传统权威的介入，为村民提供帮扶搭建发展平台，构建社区共同体和公共性社会关系；另一方面，在乡村治理的行政单元中，乡贤理事会作为国家面向的经纪机构，能够协助村委会在村民中间讲解政策、推进村务工作。最终，在新“经纪机制”的运作下，实现村两委、村民和乡贤理事会之间的协商共治，推进乡村治理中自治、法治和德治的统一。

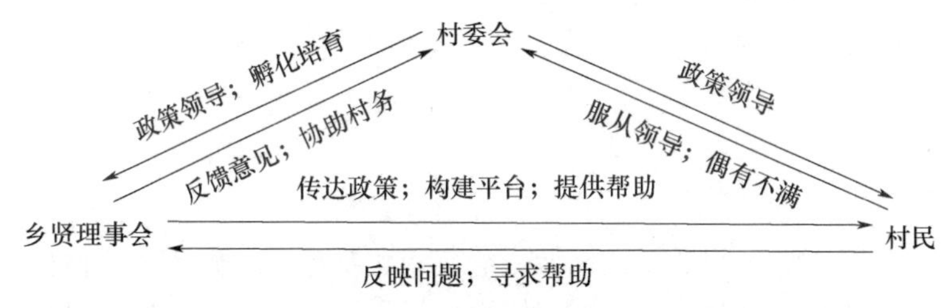

图2　乡贤理事会的协商程序

3.3.3　协调关系的人情化：新“经纪机制”的运作原则

乡贤理事会在推动村民与村两委协商共治时，主要采取“人情化”的协调原则。中国是一个熟人社会，在乡村社会中尤为如此。熟人关系遵循“人情交换法则”，彼此之间的信任是通过“报”和“义”建立起来的人情交换、互惠交换和长期承诺关系。当前乡村社会中村两委和村民们的委托—代理关系出现危机，很大程度上是由于行政村的设立人为地割裂了原有存在于自然村长期承诺关系和互惠关系基础之上的“人情交换法则”。村内的“行政单元”无法有效串联和回应作为自然村村民的利益诉求和公共性社会关系，而乡贤理事会就是通过复合型权威尤其是传统权威的嵌入，将乡村社会建设的治理场域由“行政单元”转变为“自然单元”，通过将“熟人关系”重新引入至乡村治理中，推动村民与村两委的协商共治。

近年来 A 村为了积极响应新农村示范镇建设的号召，在村里大面积铺设水泥路，道路铺设通常遵循“能直不弯”的原则，村委会难免需要征用村民所有的小部分土地，村民们普遍难以接受。为了道路硬化顺利施行，避免村委会采取强制措施引起冲突，乡贤理事会由一些宗族老人出面进行调解，劝服其积极配合。有时也通过经济能人捐资进行货币化补偿。总之，作为自然单元的“人情法则”而不是行政单元的制度强制才是解决乡土社会困境的协调方式。

3.4 公共性社会关系的再造：新“经纪机制”的治理绩效

对中国这个超大规模国家而言，“经纪机制”的绩效深刻影响着央地关系和地方治理。传统基层治理体系存在难以克服的制度矛盾和悖论，无法获得基层政府治理的公共性，从而导致日益严重的社会治理危机。换句话说，如何制定出一套地方调节机制，既能维系地方的社区伦理，重塑传统的公共性社会关系，同时又对上级政府负责，是当代中国乡村治理中需迫切解决的问题。

“把公共性带回来”成为了乡贤理事会重要的治理目标和治理绩效之一。改革开放后，原子化的乡村社会结构消解了组织化的集体意识，集体行动缺失无法营造良好的村庄治理绩效。新“经纪机制”必须正确处理集权体制对乡土社会在经济层面的冲击，同时重塑传统文化和公共性伦理精神对乡土社会治理的影响。在乡贤理事会的推动下，A 村村民、经济能人和村委会等共同推动社会事务的协商治理，营造了具有公共精神的社区共同体。

第一，新“经纪机制”优化了 A 村的社会整合。乡贤理事会通过吸纳体制内精英、传统宗族老人和经济文化能人等多元化精英进入到治理主体中，使得合法性权威、传统权威以及利益支配权威等共同作用下，非制度性精英和制度性精英之间的冲突得以解决和沟通，推动了 A 村在乡村治理过程中的稳定性和有效性，唤醒了 A 村多元精英和普通村民的制度性参与；另一方面，在新“经纪机制”作用下，村外资源得以注入到 A 村治理中，促进了 A 村社会经济发展。这一过程中，乡村治理实质上由行政单元转变为自然单元，村内资源得以充分整合，形成具有公共性的社区共同体。

第二，新“经纪机制”重塑了A村的公共价值。乡贤理事会通过移风易俗、纠纷调解、公益助学等活动，彰显培育了A村的公共性社会关系。“经纪机制”营造了“公共性”治理场域，村两委、村民和经济文化能人等在场域中充分互动，构建互信机制和进行资源共享。乡贤理事会通过其经纪作用，使得村民自治得到了传统权威的保障和外部资源介入而具有有效性，同时，治理现代化也在公共价值重塑过程中得以彰显，在“经纪机制”作用下，政府的治理现代化能够得到乡土社会的支持而具有稳定性。在新“经纪机制”的作用下，村民自治与治理现代化得以在乡土社会进行融合，凝聚乡村价值认同，构建了协同善治新格局。

4. 从旧“经纪机制”到新“经纪机制”：比较分析与延展讨论

传统“经纪机制”历经传统士绅、胥吏劣绅和村组干部等，最终发展为以社会组织为表现形态的新“经纪机制”，在此过程中，传统“经纪机制”的特点也由官治与民治二元对立的分析范式下的“保护型经纪”“盈利型经纪”“双重角色经纪”发展为多元治理视阈下的“治理型经纪”（见表3）。

表3　旧“经纪机制”与新“经纪机制”的比较

治理主体	旧“经纪机制”			新“经纪机制”
	作为“传统士绅”的经纪机制	作为“地方精英”的经纪机制	作为“行政单元”的经纪机制	作为“自然单元”的经纪机制
特点	保护型经纪	盈利型经纪	双重角色经纪	治理型经纪
制度背景	“国家”介入“社会”资源汲取	“国家”介入“社会”资源汲取	“国家”介入“社会”资源输入	“国家”培育“社会”资源输入
主体构成	传统士绅	胥吏、劣绅	村组干部	宗族老人；经济能人；部分体制代理人
权威基础	功名—知识—教育；（文化权力网络）	地方资源支配能力（文化网络被破坏）	政府授权和村民选举（权力的组织网络）	混合权威（权力的治理网络）
经纪逻辑	儒家伦理 以德服人	庇护关系 以势压人	政府授权 行政命令	政府培育+村民参与 协商治理

相较于旧“经纪机制”，新“经纪机制”主要在制度背景、主体构成、权威基础、运作逻辑等几个方面形成了鲜明对比：

其一，“经纪机制”的制度背景和主体构成方面。旧“经纪机制”的制度背景是在国家政权建设视阈下的“国家”对“社会”的介入。传统帝国时期，传统士绅作为体制外的非正式经纪人，承担着地方收缴赋税和稳定治安的义务。随着国家培育体制代理人进入乡村并赋予胥吏阶层权力，作为盈利型经纪人不断通过其实际支配权对乡村资源进行搜刮汲取。中共建政后，传统官民共治的乡村秩序过渡为政社一体的全能主义治理模式，正规化和官僚化的村组干部成为正式的国家经纪人。税费改革后，乡村组织凝聚治理资源的能力丧失殆尽，乡村治权逐渐弱化，为了维系社会秩序和治理结构的稳定，国家转向通过资源输入的形式对社会进行“培育”，确立以多元化的乡村精英为核心构成的、以社会组织形态呈现的新“经纪”，包括传统权威的宗族老人、部分体制代理人和经济能人，在政府和社会的共同培育下，对乡村社会秩序进行重新建构。

其二，“经纪机制”的权威基础和经纪逻辑方面。传统士绅主要依靠“功名—知识—教育”组成的权力文化网络，按照儒家伦理实现国家对乡村社会的经纪行为。基于士绅和官僚阶层权威基础上的“同质性”实现乡村秩序的稳定性。随着科举制度的取消，原有的权力文化网络遭到破坏，胥吏阶层通过其庇护关系而非伦理道德成为新的正式国家经纪。中共建政后，形成以阶级身份和政治身份为基础的社会分层，党员干部成为乡村社会的新“经纪”，依托于政府正式授权和村民选举的张力下，表现为双重角色的经纪机制。而新“经纪机制”运作下，这种包含传统宗族权威、利益支配权威和合法性权威的复合型权威推动了权力治理网络的形成。新“经纪机制”既不是与体制分享权力的竞争性力量，也不是单纯的体制附庸或村民的利益代言人，而是表现为政府培育和村民参与共同作用的协商治理。

事实上，无论是新、旧“经纪机制”，其映射出的都是中国国家治理下的委托—代理关系。经纪机制作为国家与社会在政策执行和利益表达方面的中介力量，能够保障政权建设中的资源汲取和基层社会秩序稳定。然而，代理人体制基于委托方和代理方目标函数的不一致，存在激励机制失灵和代理人目标异化现象，表现为盈利型经纪的寻租行为，如胥吏经纪下国家政权建设的内卷化以及基层社会吏治腐败问题。

从帝制时期到现代国家，国家对盈利型经纪寻租行为的治理主要有两个方面：其一，通过正式身份的赋予，使代理人目标与委托人趋于一致。一种是建立在“功名—道德”系统下的身份一致性。传统士绅通过与官僚阶层在伦理精神上的同质性获取地方权威，从而通过经纪机制实现委托人维系社会秩序的目标。另一种是将代理人身份不断正式化，并将其纳入到委托人的利益共同体中，如胥吏阶层和村组干部。其二，通过量化机制和奖惩机制缩短委托—代理链条，减少激励中的信息不对称问题。国家通过构建目标管理责任制，对代理人治理绩效进行监督，同时，通过基层的运动式治理驱动国家代理人能够履职。

在旧“经纪机制”下，国家对于社会的管理方式按照“权力支配社会”的管控逻辑。在这种逻辑下，国家对于旧“经纪机制”的生产，本质上是借政权机构设置（如乡镇政权组织的设置）扶持地方权威作为经纪人，并确定地方权威在国家管理体系中的位置，最终将乡村社会纳入现代国家管制体系当中。但目前来看，社会利益组织化形式和社会联系方式已经发生结构性变化。首先，国家由“介入”社会汲取资源向“培育”社会输入资源转变，旧“经纪机制”维系治安和收缴赋税的传统功能无法有效回应乡村治理的内在需要；其次，“官治—民治”下的乡村治理发生了结构性变化，一方面，基层政府代表国家对地方社会进行制度供给，另一方面，国家不断通过以它为中心复制新的代理关系进行社会治理，将新代理人融入体制结构之内（行政吸纳政治）或者游离于体制间，在地方治理中形成一种基层政府与新代理者的协商共治。因此，新“经纪机制”从三个方面对原有乡村治理结构下的委托—代理关系进行了优化：

第一，新“经纪机制”中新经纪属性由原有的“行政单元”转变为“自然单元”。在作为“行政单元”的“经纪机制”中，代理人以“行政村”作为管理单位，对村落的行政化切割和以行政单位进行公共服务的提供忽视了自然单元中村民的同质性，导致其治理绩效较低。而新“经纪机制”以“自然村”作为治理单元，充分尊重、保留并建立了以传统宗族、文化和利益为纽带的自治单元，增强了自治单元成员的同质性。虽然新“经纪机制”在“同质性”身份方面不同于传统士绅以儒家道德为共同意识形态基础，但是构建于自治单元和文化传统上的“同质性”在情感沟通、资源整合和村民动员领域有利于国家在乡村社会的制度供给和地方经纪的有效承接。

第二，新“经纪机制”将多元化的乡村精英纳入到乡贤理事会中，通过混合权威的嵌入，优化了代理人与委托人的利益共同体。改革开放后，在作为“行政单元”的“经纪机制”中，代理人双重困境的权威结构造成委托人对代理人的信任危机。而新“经纪机制”将制度性精英和非制度性精英均纳入到乡贤理事会中，通过混合权威的嵌入形成新的利益共同体，传统权威、利益支配权威和合法性权威分别增强了利益共同体的稳定性、有效性和合法性，优化了现有委托—代理关系。

第三，新“经纪机制”调整了委托代理的方向，由单向的“代理治理”转为“协商治理”。不同于旧“经纪机制”的“官治—民治”二元治理结构下自上而下的单向代理治理，在新“经纪机制”中，地方经纪不仅作为国家和社会之间“上传下达”的双重角色，同时也赋予了其与体制代理人的沟通协作。体制内代理人通过政策引导和孵化培育地方经纪，而地方经纪协助体制代理人进行乡村的社会建设。在乡村社会，政府有目的地退出，通过新“经纪机制”向基层让渡和培育自治空间，从而实现体制内外的协商治理。

5. 结语：当代中国乡村治理的延续与转型

“经纪机制”作为国家与基层社会的中介机制，是一个国家或地区由“传统精英政治体制”向“现代官僚政治体制”过渡的必然阶段。国家与社会关系的制度性调整、地方权威的结构性变化等因素深刻地影响着不同时空下的国家经纪及其经纪逻辑，呈现了乡村社会权力的变化，也形塑了现代国家政权建设历程。

中国国家政权建设不仅仅是对县级以下基层政权的建构问题，更是对乡村社会秩序的重新建构。从帝制到现代，乡村治理的地方经纪逐渐由士绅、胥吏阶层逐渐发展为村组干部，国家通过基层政权的组织化建构，实现对乡村社会的控制与管理。然而，随着国家政权建设由社会整合走向社会治理，国家角色由“汲取者”向“治理者”转变，国家与社会关系的制度性调整由“汲取”发展为“输入”。在此背景下，如何在乡村治理场域中塑造新的权威、又指向治理现代化的观念逻辑，如何构建一个能够有效吸纳乡村治理变迁绩效、又重视后集体主义下的乡村治理遗产的经纪机制，是目前乡村治理困境急需解决的问题。

随着新乡贤被重新纳入乡村治理版图，国家经纪有了新的内涵。新“经纪机制”成为了联结政府与社会之间的治理机制，通过再造传统权威、重塑乡村社会公共性秩序，在国家治理体系现代化场域中发挥着重要作用。新“经纪机制”将宗族老人、经济能人、体制代理人等多元精英视为新乡贤并纳入到治理主体中，通过复合型权威进行乡村的组织动员和资源注入，在乡贤理事会的中介作用下，村两委通过与新乡贤进行协商治理，凝聚乡村价值，构建了协同善治新格局。作为一种地方调节机制，新“经纪机制”既能维系地方的社区伦理，又承接了国家治理体系现代化的功能，对于国家治理现代化具有重要意义。

在乡村治理现代化视域下，应当思考如何处理内生的非正式制度和外嵌的正式制度之间的内在关系，如何处理传统治理权威与治理现代化之间的张力及其逻辑关联。文章的创新之处在于尝试从新“经纪机制”理论出发，分析乡贤理事会作为新经纪是如何将中国乡村治理的自然单元嵌入到行政单元中，进行乡村治理的。一方面，作为地方经纪面向，如何在自然单元中重塑村民的集体行动和乡村治理的公共性秩序是新“经纪机制”需要解决的问题。作为现代社会建构的核心，如何建设基层公共性社会关系应当成为现代政府的重要责任。新“经纪机制”通过吸引多元化精英的参与和复合型权威的介入，提高了自治单元的成员同质性和代表性，激发了村民的自主意识和内在驱动力，改善了目前行政单元村内集体行动缺失和村内权威动员较弱的困境，为乡村社会秩序重塑了公共性社会关系。另一方面，作为国家经纪面向，在“权力支配社会”的乡村社会治理秩序观念不变的情况下，如何有效依托行政力量保障和提升自然单元乡村社会治理绩效的稳定性和合法性也是新“经纪机制”需要关注的问题。在传统社会结构中，基层社区的公共服务通过社区的自发性组织完成，然而，新乡贤无法完全代替传统乡贤的功能，在“权力支配社会”的乡村社会治理秩序观念下，社区的经济和教育文化活动仍然需要依托强大的行政力量实现。新“经纪机制”中，复合型权威、协商治理的运作逻辑和组织发展的行政吸纳均表明了在“权力支配社会”秩序观的前提下，中国乡村治理的转型必然是建立在以行政治理单元为主导的、自然单元治理为辅助的要素组合。

当然，本文尚存在以下两方面不足，需要进一步完善：第一，研究对象方面，囿于本文分析的侧重点，文章所关注的是乡贤理事会作为一个新型“社会组织”的面向。事实上，乡贤理事会还有包括松散耦合的民间组织、松散联盟等形态。调研中发现，大多数区域的乡贤理事会开始向制度化的社会组织进行发展，因而对于其他形态的乡贤理事会本文并未做过多关注；第二，概念凝练方面，任何概念的提出都服务于研究目标，因而笔者无意提出作为解释性框架的本土化概念作为本文的创新所在。本文将新“经纪机制”作为核心概念意在从委托代理关系角度出发，为分析其在权威来源、治理逻辑和治理绩效等方面与既有代理人体制的差异性和延续性提供了新的理论视角，使学界对相关主题予以更多的关注。当然，笔者并不否认新“经纪机制”从概念本身当中难以凝练当前乡村治理的本质特征，需要进一步进行梳理和研究。

参考文献请见原文。

（撰稿人：原超，山西大学政治与公共管理学院）

［注释］

① 文中所涉及访谈记录编码规则，即“被访者身份＋被访者姓名首字母＋访谈日期”。

我国村镇规划建设管理的问题与对策

1. 我国村镇规划、管理面临的主要问题

我国乡村地区幅员广阔，村镇不仅数量众多，而且差异极大。2017 年末[①]，全国共有建制镇 1.81 万个，建制镇建成区户籍人口 1.6 亿人；乡 1.03 万个，乡建成区户籍人口 0.25 亿人；村 224.9 万个，村户籍人口 7.56 亿人。镇乡村户籍总人口数为 9.41 亿人，占全国户籍总人口的 67.7%。村镇数量之大、人口之多，说明其仍然是我国城乡最为重要的空间管理单元之一。中国工程院重大咨询课题《村镇规划建设与管理》通过对全国十余个地区的深入调研，总结当前我国村镇规划建设与管理存在的问题如下。

1.1 村镇规划指导思想、方式方法与内容不适应新型城乡关系构建与农村发展要求

1.1.1 部分村镇规划不能尊重客观规律，不能满足乡村实际建设发展需求

当前的一部分村镇规划编制与管理工作，在编制思路方面仍然延续城市规划思维方式，并受到过多行政意志干扰，不尊重村民意愿和乡村地区建设发展的客观规律，忽视农村复杂的用地权属关系和邻里社会关系，甚至以大拆大建的方式强制要求村镇过度集聚布局，以获得更多城市建设用地指标，不仅无法满足农民在农业生产和日常生活方面的出行需要，甚至引发一系列的社会矛盾。

1.1.2 村镇规划技术手段陈旧、基础数据匮乏，影响规划编制

乡村地区现有基础数据严重匮乏，极大地影响了村镇规划编制的科学性和有效性。一方面，各级行政主管部门在乡村地区所建立的数据档案，仅仅立足于部门需求，不够全面系统；另一方面，由于部门统计口径不同，乡村地区各类统计数据难以对接整合使用。我国乡村地区地域广阔，越是进行中宏观规划，对乡村地区的调研就越是困难，因此其对乡村地区的基础数据依赖度更高。由于无法获

得公开、完整、系统、科学的数据，大量中宏观层面的村镇规划难以对乡村地区的建设发展提出具有针对性的政策方案。

1.1.3　乡村地区缺乏中宏观层面规划统筹，导致大量投资浪费

近年来，国家和社会资本在“三农”领域投资逐步增加，大量投资都需要村镇规划给予有效指导。然而，当前我国村镇规划体系架构不完整，以村镇个体为单元的规划编制项目较多，中宏观层面的村镇规划编制工作严重滞后。一些“小而全”的村镇单项规划，反而导致大量的投资重复和浪费。还有一些中宏观规划在涉及农村问题时研究不够深入，也没有考虑乡村地区自下而上的发展要求，导致中宏观规划与下位村镇单项规划冲突严重，规划编制从统筹到落实顾此而失彼。

1.2　规划管理体制与管理模式不符合乡村基层治理体系特征与建设管控现实

1.2.1　相关法律法规不完善，管理力量薄弱，违法建设频发

（1）相关法律法规不完善，主干法陈旧，部分标准规范缺失

当前，我国的城乡规划法律法规体系正处于转型探索阶段，各类法律法规更新较慢，且存在概念、标准不统一等问题。《中华人民共和国城乡规划法》作为当前城乡规划管理部门的基本管理依据，其尚未对村镇规划具体的法定形式及强制性内容做出明确规定，导致城乡规划管理部门在对乡村地区各类建设行为提出管控要求的过程中缺乏足够的法律依据。此外，我国乡村规划还存在规范标准缺失、部分主干法规内容陈旧、现行多项法规存在冲突、实施管理方面内容薄弱等问题。特别是现行的《村庄和集镇规划建设管理条例》，其早于《中华人民共和国城乡规划法》出台15年，早已不适应现行法律和现实发展的需求。我国现行村镇规划相关法律法规体系见图1。

（2）乡村地域广阔，监管难度较大，违法建设频发

我国农村地域广阔，村庄量大而分散，规划建设管理的基数大，管理任务艰巨。据统计，2013年全国小城镇中有村镇建设管理机构15675个，占乡镇总数的47.6%。根据“五普”统计数据，全国最大的镇有5.9万人，乡镇平均规模在1万~2万人左右。乡镇规划管理人员平均要对应1万~2万人的管理规模。在东部发达乡镇，规划管理人员还要负责更加复杂量大的公共建筑及生产性建筑的建设管理职责，导致监管困难，违法建设频发。

（3）村镇规划管理人才匮乏，管理力量薄弱

乡镇政府下属规划管理部门一般为村镇规划管理科，需要对接县规划局、住

建局、交通局等多个管理机构的日常工作。即使在配备有专职城乡规划建设管理的工作人员的乡镇，由于相对低的报酬和艰苦的工作生活条件，往往难以吸引专业规划技术人才就职。相比乡村地区巨大的规划管理需求，村镇规划管理力量薄弱的问题非常突出。

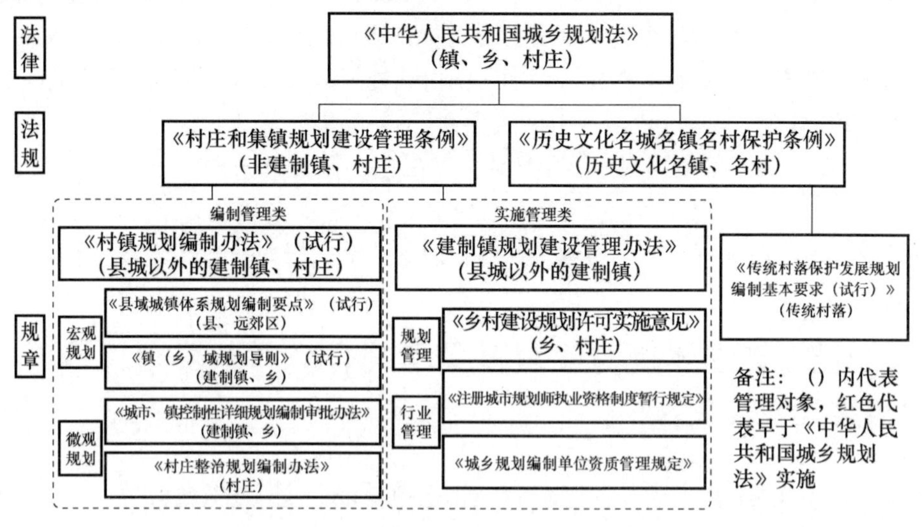

图 1　我国现行村镇规划相关法律法规体系

1.2.2　当前自上而下的村镇规划管理模式，难以契合乡村基层民主自治体系

我国传统乡村社会是以家族制为基础的士绅自治，乡村社会结构是以血缘关系维系的熟人社会，乡村内部事务习惯以协商的方式加以解决。新中国以后，《中华人民共和国宪法》明确规定，村民委员会是基层群众自治性组织。然而，当前乡村规划管理中往往存在过度行政化倾向。根据《中华人民共和国村民委员会组织法》规定，乡镇政府与村委会是指导与被指导的关系，不是科层制意义上的上下级关系。但在现实生活中，县、乡镇政府习惯于把村委会看作自己的下级机构，习惯于采取行政命令的方式对村委会管理进行干涉，不仅难以契合乡村基层民主自治体系，而且不能充分发挥基层组织和村民的积极性，不能被乡村基层接受，导致规划和管理无法落实。

1.2.3　乡村地区多规冲突严重，造成规划事权的“重叠”与“真空”地带并存

乡村地区受多个行政部门的垂直管理，同一个村镇必须同时接受土地利用规划、村镇规划及其他多个部门专项规划的指导，而由于规划编制时限和编制要求的差异，各部门规划之间往往存在冲突。一方面，乡村地区多规冲突导致部分村

镇基本公共服务设施和基础设施出现所谓“符合规划的违法建设”等问题；另一方面则因部门专项规划内容的有限性，导致村镇规划管理出现“真空”地带。以乡村地区污染管控为例，其需要从产业整合到基础设施配置的综合协调，而城乡规划管理部门、环境保护部门、农村经济管理部门等多个部门有其各自的关注重点，难以凝聚合力对乡村地区的建设行为形成有效管控。

1.3　土地的供给模式与利用格局不满足土地合理利用的总体目标和乡村建设发展的实际需求

1.3.1　土地利用模式粗放，农村生产生活空间利用率下降

随着乡村地区的发展，村镇土地利用模式粗放的问题日益突出，村镇人均建设用地面积呈扩张趋势。根据统计（见图2），1990—2013年我国建制镇户籍人口增加了54.8%，而建设用地却增加了144.3%，远高于户籍人口增长。村庄户籍人口减少了27.8%，但建设用地反而增加了7.6%。2013年底，全国乡和建制镇的人均建设用地面积已经接近250m²/人，村庄的人均建设用地面积也接近了200m²/人。

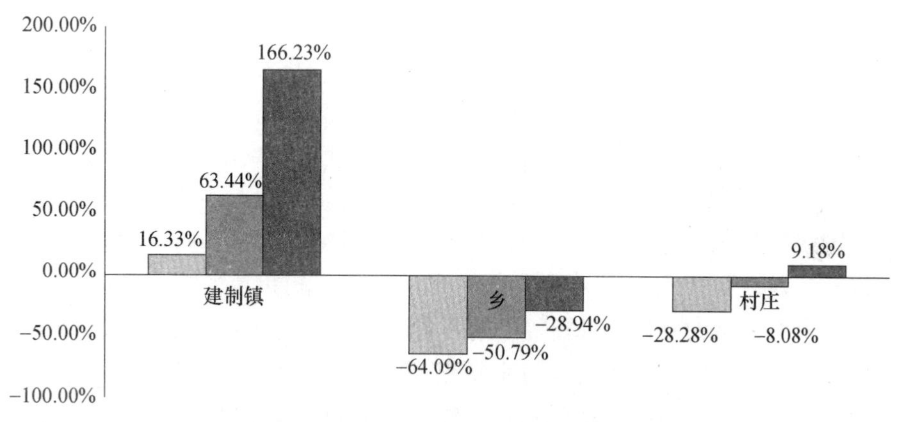

图2　1990—2013年我国建制镇、乡、村庄的数量、人口与建成区面积变化
数据来源：中国城乡建设统计年鉴

传统农村生产、生活空间高度复合，导致村庄和类似村庄的集镇人均建设用地面积相比城市而言比较大。在一些山地丘陵地区，农村居民点因地形错落、分布分散导致人均建设用地指标偏大，但是并未过多侵占耕地和其他农用地。尽管如此，当前一些乡村地区确实存在土地利用模式不合理的问题，主要表现为以下两个方面。

（1）乡村非农产业快速发展，对各类生产经营性建设用地引导不利，导致

土地利用模式粗放

20 世纪 80 年代至今，我国东、中部经济相对发达的乡村地区一直保留有工业企业。以最为典型的珠三角为例，其自 20 世纪 80 年代以来，经历了以乡镇企业为主导的自下而上的乡村工业化和城镇化并进的过程，并且表现出明显的分散化、粗放式的特征。乡镇工业多以小规模、劳动力密集型企业为主，“村村点火、户户冒烟”，导致土地的破碎化、低效利用。农村集体经济的产权制度改革滞后，运行机制与市场脱节，经营管理粗放，产出效率偏低。以广州为例，2011 年全市工业用地面积为 225.7km^2，镇区级以上有正式手续开办的工业园区面积只有 70km^2，有 155.7km^2（约占全市 2/3）工业分散在各村庄居民点附近。村社级工业园用地破碎、规模较小且产出不高，最小的工业园用地规模仅为 1hm^2，集体建设用地的平均产出效率仅为国有用地的 1/10。

（2）部分乡村地区人口外流，大量农村住宅闲置，农宅空间利用率下降

目前乡村地区仍处于人口高速外流状态，大量农村劳动力外出打工，许多农宅中只有留守儿童和老人居住，甚至有些农宅长期闲置。根据住房城乡建设部统计，2011 年农村人均住房面积为 36.2m^2，但如果扣除外出打工人群，估算实际人均住房面积可能达到 60～90m^2，是城市人均住房面积的 3 倍，农宅空间利用率有待提高。但是，受目前土地制度和农房管理制度的约束，农村并未能建立起合理、有效的农房流转、宅基地流转及退出机制，导致乡村建设用地的集约利用问题难以实现。

1.3.2 小城镇的合理建设需求缺乏土地指标支持

中国多年的城镇化高速发展，导致部分村落空心化严重，而宅基地的退出机制不健全，建设管理不严格是导致农村土地利用模式粗放的核心原因。除此之外，中国自上而下的建设用地指标配给模式，也在一定程度上制约了部分小城镇的建设发展。部分地区村镇建设用地浪费和其他地区村镇合理建设用地需求无法得到的情况并存，成为“一抓就死、一放就乱”的典型困局。

（1）由于下拨土地指标有限，许多小城镇无法获得必要的公共服务设施和基础设施建设用地供给

小城镇处于我国现行的行政管理层级的末端。作为重要的空间发展资源，其建设用地按照行政层级逐级下拨的方式予以配置。目前国家对建设用地供给总量控制较严格，加上行政层级配置的约束，小城镇很难获得足够的下拨土地指标。根据课题组调研的情况，一些小城镇的中小学、垃圾回收站等设施建设被迫采取违规占地的方式，合理而不合法，使基层政府的规划管理处于尴尬境地。

（2）部分小城镇极具发展活力，但建设用地供给不足，且缺乏规划的合理引导

我国绝大部分乡村地区人地关系紧张，农村仍然有大量的剩余劳动力有待充分利用。由于各种各样的原因，许多农村剩余劳动力需要就近就业，小城镇是解决这一问题的最好平台。一些小城镇产业极具活力，本应在促进本地城镇化发展方面起到更大的作用。然而由于当前城镇建设用地指标采取逐级配给的方式，大部分小城镇难以获得足够的用地指标配给，甚至因为小城镇行政级别不高、资金有限，难以获得有效的规划指引，极大地制约了小城镇的健康发展。以课题调研的山东省魏桥镇为例，该镇主要企业——魏桥创业集团是世界500强企业，该镇为省级重点镇。而魏桥镇现状建成区周边都被划为基本农田，城镇空间无法拓展，除了常规项目不能获得审批，作为省重点镇获得的80亩建设用地指标（无法满足魏桥镇实际建设需求）也无法落地。课题调研的另一个小城镇——博兴县兴福镇是全国最大的黑白铁交易市场和商用厨具生产基地。由于市场类用地和工业用地需求极大，2013年镇区企业上报申请新增的建设用地合计达到300多公顷，而根据土地利用规划，兴福镇合计仅可以获得50多公顷的建设用地。

2. 加强对村镇规划建设管理的相关政策建议

结合村镇发展趋势判断，村镇发展模式、空间聚集模式仍在持续变动之中，仍需要从社会经济、法律法规、管理机制、乡村治理等多个方面予以系统研究，乡村规划编制技术方法与编制体系的改革创新，需要多层次、多个维度的系统配合[②]。为此，本次研究提出在村镇规划建设管理方面开展以下6个方面的创新探索。

2.1　完善法律法规，推进村镇规划、建设、运营和管理的系统化、法制化

2.1.1　加快制定《中华人民共和国乡村建设法》

加快制定《中华人民共和国乡村建设法》，明晰农民建房管理、乡村公共服务设施和基础设施管理维护等一系列和乡村建设相关的责任职责，乡村地区的学校、幼儿园、卫生院、敬老院等公共设施纳入基本建设程序并实施监督管理；由农民自建的房屋，农民作为建设责任主体，各级政府及相关业务主管部门以提供质量安全指导和技术服务为重点。恢复农村建筑工匠资质许可制度，加强农村建筑从业人员培训和管理。加大历史文化名村和传统村落保护力度，完善保护制度。加强乡村建设技术支撑体系的建设，如传统建筑保护和修缮技术、绿色建筑

技术、环境整治技术等。

2.1.2 推进村镇规划、建设、运营和管理的系统化和法制化

完善城乡一体的法律法规体系，修订《中华人民共和国建筑法》，将农房建设纳入建筑法管理范围。结合不动产登记，推动乡村建设规划许可实施；建立农房质量安全管理制度和农村建筑工匠管理制度；完善乡土文化传承和传统村落保护机制。降低设市标准，强镇扩权。在县以下，实施分权管理，村镇规划的编制和审批权统一在县一级城乡规划管理部门；村镇建设用地和建设工程的规划许可审批权可以下放到重点镇；村镇建设的监督权放在乡镇，推广村干部兼村庄建设协管员的经验。

2.1.3 建立村镇规划的基层综合管理机构

依法下放部分行政审批权和执法权，在重点镇设立县级规划建设管理部门的派出机构，由市县给予人力和资金支持；在乡镇建立综合的建设管理机构，涵盖国土、规划、建设、垃圾和污水治理等职能。各省加快推进落实关于发放村镇规划选址意见书和村镇建设工程规划许可证的条例细则。

2.2 以县为单位统筹构建乡村规划编制体系

2.2.1 以县为单位，加强中观规划引导，提高村庄规划的落地实施效力

编制县域乡村建设规划，加强中观层面的村镇规划综合指导作用，完善村镇规划的中观、微观规划编制体系，以专项规划等形式与现行城乡规划编制体系对接，统筹协调、保障村镇规划之间、村镇规划与城市规划、国土规划、其他专项规划之间的有效衔接，为统筹县域乡村建设发展、指导三农资金整合提供中观层面规划指引。

2.2.2 统筹构建县、镇、村三级规划体系

县：侧重乡村地区的动力机制研究、建设模式研究、建造技术选型和重大项目建设指引。

县域乡村建设规划应着重解决以下 4 个问题：一是研究不同片区、不同类型村镇的空间建设模式和空间布局特征，包括研究村镇公共服务设施和基础设施的统筹配置模式，研究不同村镇地区公共资源配置需求的差异、理清政府和市场在公共资源配置中的地位和作用，对未来乡村地区的公共资源使用趋势做出判断，并提出弹性的公共资源配置模式等。二是对影响乡村地区建设的重要问题进行深

入研究并提出总体技术指导，如乡村地区的总体风貌管控引导、文化保护、防灾减灾、农房安全与绿色建筑技术选型、重要生态空间保护、重大环境基础设施技术选型等。三是研究乡村发展的内在动力机制问题，如乡村旅游的盈利模式和管理运营模式、乡村农产品加工业的培育方式等，并对当前影响乡村地区产业发展的规划建设问题提出调整建议。四是确定乡村地区的重大设施项目名单和空间布局，为政府重要涉农投资提供建设指引。

镇：乡镇域内的各项村镇用地、建设项目空间布局研究。

以县域乡村建设规划为依据，编制乡镇总体规划，侧重乡镇域内的村镇空间布局研究，包括各类村镇用地布局、乡村各项重要公共服务设施与基础设施项目的选型、共享与布局；村镇危房统计与保障房建设安排、村镇重要道路交通规划、村镇重要生态环境空间管制等。

村：根据现实情况，合理安排定位村内各项公共服务设施与基础设施，细化村庄各项改造要求。

以县域乡村建设规划和乡镇总体规划为依据，编制村庄规划，合理安排定位村内各项公共服务设施和基础设施，并根据村民意愿与实际地形、地貌及村庄建设情况做出相应调整。提出村庄重要环境空间改造方案，细化村庄建筑风貌、文化景观、绿色建筑、防灾减灾的各项改造要求。

2.3　划定城市建设地区和非城市建设地区，对乡村地区采取不同规划管理模式

2.3.1　城市建设地区：以面域综合性管控为主

根据城市总体规划确定的城镇空间增长边界划定城市建设地区[③]和非城市建设地区。城市建设地区内的村镇规划的上位规划为城市总体规划和城市分区规划。村镇规划中各类服务设施与基础设施配套均应与城市公共服务设施与基础设施系统相对接。城市建设地区内的所有村镇建设用地布局、村镇各项建设行为均需要服从城市规划管理部门的建设与管控要求。

2.3.2　非城市建设地区：以分区分类引导为主

在城市总体规划确定的城镇空间增长边界之外的地区为非城市建设地区。非城市建设地区需编制镇村体系规划。镇村体系规划应着重以分区、分类的方式，引导村镇差异化发展。在非城市建设地区，规划管理部门对村镇各项建设行为应侧重采取政策引导和协商式管理相结合的方式。村镇规划编制的内容需以村规民约的方式获得村民共识。

2.4 以村镇规划统筹村镇各类建设行为

以县域乡村建设规划和村镇规划作为统筹三农资金投放的基本依据，其他部门规划作为专项规划需与县域乡村建设规划和村镇规划对接，由此解决乡村地区多规不协调问题。地方城乡规划主管部门应承担村镇规划与管理的核心管理职责。乡村地区各类建设行为均需通过地方城乡规划主管部门许可并予以备案。城乡规划主管部门根据县域乡村建设规划和村镇规划对各部门建设项目提出修改调整意见，同时参与乡村各类建设工程验收工作。

2.5 以乡村治理有效为基础，创新规划编制与管理方式

2.5.1 推广乡村协作式规划管理：形成政府、规划师和村集体三方协作关系

推广乡村协作式规划管理模式[④]，明确村民是村庄规划的执行主体，明确政府、规划师和村集体的平等协商关系。建立村庄建设利益相关人商议决策、规划专业技术人员指导、政府组织、支持、批准的村庄规划编制机制，将村庄规划的主要内容纳入“村规民约”付诸执行。

2.5.2 创新“助村规划师”等新的规划编制委托形式

创新“助村规划师”等新的规划编制委托方式，加强对农民自主设计和自建农房的专业指导，鼓励设计师下乡，在乡村规划编制中突出乡村设计内容。在农房建造方法上探索新乡土建筑创作，传承和创新传统建造工艺，推广地方材料并提升其物理性能和结构性能，发展适合现代生活的新乡土建筑和乡村绿色建筑技术。

2.6 以新技术手段支持村镇规划编制与管理

2.6.1 逐步建立城乡统一的地理信息规划管理公共平台

完善全国村庄人居环境信息系统，在县市尽快建立完整全面、多部门共享的村镇电子信息数据库，逐步建立城乡全域地理信息规划管理公共平台，统筹协调多部门乡村建设管理行为。

2.6.2 以新技术手段，提高村镇规划管理效率

利用航拍遥感、互联网等新技术手段，监管村镇各项建设行为，缓解村镇规划管理的人力资源配置压力，推动多部门联合监控、联合执法，提高村镇规划管

理效率。

参考文献请见原文。

（撰稿人：曹璐，中国城市规划设计研究院；谭静，中国城市规划设计研究院；魏来，中国城市规划设计研究院；卓佳，中国城市规划设计研究院；华传哲，中国城市规划设计研究院；蒋鸣，中国城市规划设计研究院；冯旭，中国城市规划设计研究院）

注释：

① 中华人民共和国住房和城乡建设部：中国城乡建设统计年鉴，2017.01.

② 吕维娟，殷毅．土地规划管理与城乡规划实施的关系探讨[J]．城市规划，2013.37（10）．

③ 城市建设地区可同城市化地区（urbanized area）的概念。城市化地区（urbanized area）是美国为了确定城市的实体界线以便较好的区分较大城市附近的城镇人口和乡村人口的目的而提出来的一种城市地域概念，大体相当于我们常用的城市建成区的概念。

④ 冯现学．对公众参与制度化的探索——深圳市龙岗区“顾问规划师制度”的构建[J]．城市规划，2004，01.

山地小城镇控制性详细规划与管理研究

——以云南省盐津县水田新区为例

我国城市化进程已经进入加速发展阶段，市场经济的不断发展和人口基数的大幅增长对日益紧张的城市建设用地造成了压力，对山地城市来讲，建设用地的供需矛盾尤为突出。随着“城镇上山”的演化，山地城市建设的需求与建设标准也在逐渐提高。针对山地城市独特的自然条件、敏感的生态环境和复杂的社会背景，以及在快速发展的城市化进程下面临的诸如城市生态安全、环境保护、生态保育等更为复杂的发展问题，常规通行的规划管理是否还适应普遍城市，这需要深入思考与研究。

1. 控制性详细规划在平原城市与山地城市之间的管理差异

国外最先开始通过设立山地研究机构和颁布山区法律，以推动山地研究，国内学术界有关山地的研究起步较晚，其研究主要集中在地学（包括地质学、地球化学、矿物学、自然地理学、水文学、气象学和大气科学）和生物学（植物/动物科学和生态学）两大领域，其研究主题包括山地生物多样性、山地灾害、山地与全球变化、山区发展等问题，对山地城市空间研究相对较少。虽然我国对山地城市的研究有了大量成果，但对融合了山地工程建设技术反馈视角和对山地条件下的土地利用的导控方法在控规阶段的现状尚未做系统性研究。

1.1 控规编制的关键词价值排序差异

地形地质条件较好的平原城市，基于控规控制引导的开发建设对城市规划区范围内的地块指标赋予相对宽松，在价值排序上以城市空间环境品质、中等强度开发、土地价值导向作为控规编制所关注要素的第一梯队。

对山地城市而言，用地平坦、开发难度较小的地块较为稀缺，大量开发建设用地被“上山”，同时，脆弱的生态环境和复杂的地理环境成为山地城市控规编制的重点和难点，也是山地城市控规编制关注要素的第一梯队。

总体而言，平原城市控规编制以“城市环境”“土地价值”“直接高效”这三个关键词作为价值排序的前三位；山地城市控规编制以“生态安全”“集约紧凑”“建造控制技术”这三个关键词作为价值排序的前三位。

1.2　控规成果的可实施程度差异

平原城市控规通常在编制后反复修改指标，规划界通常认为反复的控规修编归咎于诸如政府行为、市场经济等外部因素，造成法定文件严肃性与科学性缺失的现象。从规划的技术层面来看，平原城市的控规编制相对简单，平坦的城市建设用地为道路交通体系和用地布局简化了很多实践问题。

反观山地城市控规的编制，大量建设用地布局在坡地和山地，城市道路选线给规划师的方案设计带来诸多难题，因此，山地城市控规编制不得不与建筑工程、道路桥梁工程等专业人员进行深度交流合作，以保证控规文件编制的科学性与严肃性。

1.3　控规导控的技术手段管理差异

常规的控规编制的关注点往往局限于平面的二维形态，把大量的关注要素放在平面上，从用地范围的划定到开发强度的限定，缺少对地形、竖向层面的关联性和工程建设实施可行性层面的研究，最终可能导致指标赋予不科学、竖向用地边界定位不准确等问题。

大量的山地城市建设用地布置在坡地上，对于这类建设用地的建筑布局形态和指标赋值而言，应当综合道路交通体系布局、用地条件、地质安全性等，以此推敲和谋划建筑布局的可行性与开发强度的可能性，从平面、竖向、城市空间形态三个维度对“城市设计和控制＋指标”进行多层次论证与限定。

1.4　控规实施的关注要点差异

平地城市在编制控规时，基本遵循安全高效、尊重自然、科学实施、集约用地的原则。与平原城市整体性规划的模式不同，因地制宜是山地城市形态形成与生长的内在逻辑，综合考虑山地城市地理地貌的复杂性和山地自然景观的独特性，对山地特色进行合理把控，保证山地城市景观的优美。由于山地城市用地的局限性较大，一般来说山地的地形分隔使得山地城市的建设用地较为分散，交通展线较长，在规划时需有可持续发展的概念，对城市用地供给平衡进行控制。考虑到山地城市的生态敏感性和地质灾害的潜在性，必须强化对山地地形的分析，兼顾建设时序和管控工程建设，对道路路网进行确定，并在考虑山地具体情况的基础上确定各项控制指标。

2. 山地城市控制性详细规划建设与管理的现状与问题

2.1 山地城市控制性详细规划的建设现状

我国作为一个山地面积超过总领土面积 60% 的国家，相较于平原，山地城镇普遍存在生态环境脆弱、地质灾害多发、经济发展滞后、空间发展局促等问题。受复杂自然条件因素的影响，城市规划区通常都被山脉、河流分割为各组团，使得我国目前的山地城市控制性详细规划管理过程中都有以下特点。

2.1.1 山地道路选线复杂

复杂的山地道路选线对建设造价具有较大影响，施工难度较大且成本较高，一方面山地道路的工程实施与土石方工程关系较密切，需要投入较多的资金；另一方面，道路规划的合理性和规划建设的时序性对后期的土地出让成本产生了关键影响。

2.1.2 专业协作要求较高

山地城市工程实施需要各专业的协作，如勘探、结构、桥梁、排水、造价等对应专业，对从业者的专业素质要求较高，因而导致技术之间的协作较复杂，工期较长。

2.1.3 规划设计工作量大

山地城市地块开发容量控制较复杂，需要在城市设计模型下对指标控制有较精准的把控，同时要兼顾施工单位对地质勘探的结果反复协调修正，工作量较大。

2.1.4 建设周期较长

山地城市的建设周期相对较长，道路规划、土地开发之间的建设时序控制较困难，缺乏同步建设的经济概念，易导致资金的滥用和资源的浪费。

2.2 山地城市控制性详细规划的管理问题

目前大多数山地城市控制性详细规划的编制对山地城市的设计经验不足，导致实际工程实施时技术含量较低，实施困难较大，对国有资源造成了一定的浪费，且没有考虑山地景观的特殊性和生态环境的脆弱性，难以体现山地城市“因地制宜”的原则，种种对山地城市针对性不强的现象使得山地城市控规在管控的过程中出现诸如以下几类问题。

2.2.1　在缺乏实证研究的情况下套用常规手段

受“发展至上”的功利观念、简单模仿平原地区城市规划手法以及现代工程技术影响，在山地城市快速发展建设过程中，大拆大建、大填大挖之风盛行。常规套用的控制指标对山地城市开发建设控制性不强，缺乏科学依据，无法合理化地指导城市建设，导致城市开发混乱。

2.2.2　生态敏感性易被忽视

当前较多山地城市控规对生态环境的重视度较低，在规划建设前未对地理环境做适应性评价，开发建设对自然环境造成了破坏，违背了可持续发展原则。

2.2.3　缺乏山地特色

在地形地貌的外部因素与建筑建造的内部因素双重影响下，山地城市空间形态呈现出多维化特征，常用的规划手法对山地景观的塑造力较弱，难以体现山地城市的景观特色，无法满足城市对自然环境优美的需求。

2.2.4　地理适应性不强

地理环境的特殊性导致了山地城市的自然灾害较频繁，而常规编制方法难以应对，盲目开发建设增加了经济成本的同时也提高了地块的危险性。

3. 山地城市控制性详细规划的三个并行管理层面

以云南省盐津县水田新区控制性详细规划编制过程为例，对山地城市控规编制中指标控制、竖向设计和生态景观塑造可行性三个层面进行研究，提出规划管理的若干策略。

3.1　山地城市控制指标体系管理

在常规图则控制指标体系（用地面积、容积率、建筑密度、绿地率、建筑限高、停车泊位）的基础之上，增加贴线率、用地兼容比、地下空间容积率、特殊地块的单独控制标准，强调控规指标赋予的科学性与严整性。

3.1.1　建筑密度

在山地控规的分图则当中，建设用地建筑密度的赋值对城市设计模型有较大的依赖。对于地形地势相对复杂的城市建设用地，应当根据城市设计阶段模拟出的建筑体块，在城市设计总平面图上做出相应的建筑密度统计。

在市政道路纵坡和标高确定的条件下，对控规编制前一阶段的城市设计进行以下模型优化。

当市政道路标高与临路的建设用地相平时，在城市设计模型优化阶段，可不对场地进行平整，直接遵照地形地势合理排布建筑。当市政道路标高高于临路的建设用地时，在城市设计模型优化阶段，应当综合考量道路预施工的边坡支护填土范围对建设用地造成的影响，一般而言，对该类建设用地采用填方的方法满足城市道路对建设用地的交通供应，但由于填土用地不利于后期开发的施工开展，在城市设计模型优化阶段，应当适当减小对该地块的开发强度，以避免建设安全性对城市开发带来的影响。当市政道路标高低于临路的建设用地时，城市设计模型优化阶段应当综合考量道路预施工的边坡支护开挖范围对建设用地造成的影响。如果临路的高位建设用地的相对高位土方量与市政道路预施工开挖的土方量相对平衡，则可考虑采用挖方的方式适当整平场地，并重新调整建筑布局和建筑组合形式；如果临路的高位建设用地的相对高位土方量大大高于市政道路预施工开挖的土方量，则应对建设用地的场地做适当的分台处理，或对建设用地的可建设范围适当调整。

3.1.2 绿地率

由城市设计反馈控规阶段发现，部分靠近坝区山体的建设用地平面形态狭长，如果按照常规各类建设用地的绿地率要求，难以满足开发容量和城市街道塑造；滨水空间的绿地也不应完全作为开敞空间，人流量密集场所应当配套相应的商业服务设施。因此，建设用地的绿地率可对城市绿化条例等相关规范有一定突破，以适应山地绿地率管理的特殊性，但需在图则中加以说明。

3.1.3 商业用地

沿街的一类商业用地（见图 1）呈带状，长边一侧临道路，另一侧临山体并涉及山体的部分开挖，对于山地城市而言，挖方形成的商业用地价值相较于平原城市而言更加珍贵，属于土地资源相对稀缺的城市建设用地类型，应规定商业用地的绿地率遵循城市设计对城市土地未来开发的空间意象，尽可能从城市街道空间的营造和商业集聚的角度去产生更多的商业空间，针对绿地率不足的情况，可采用屋顶和屋面种植的方式，并按照一定的百分比折减入绿地率。

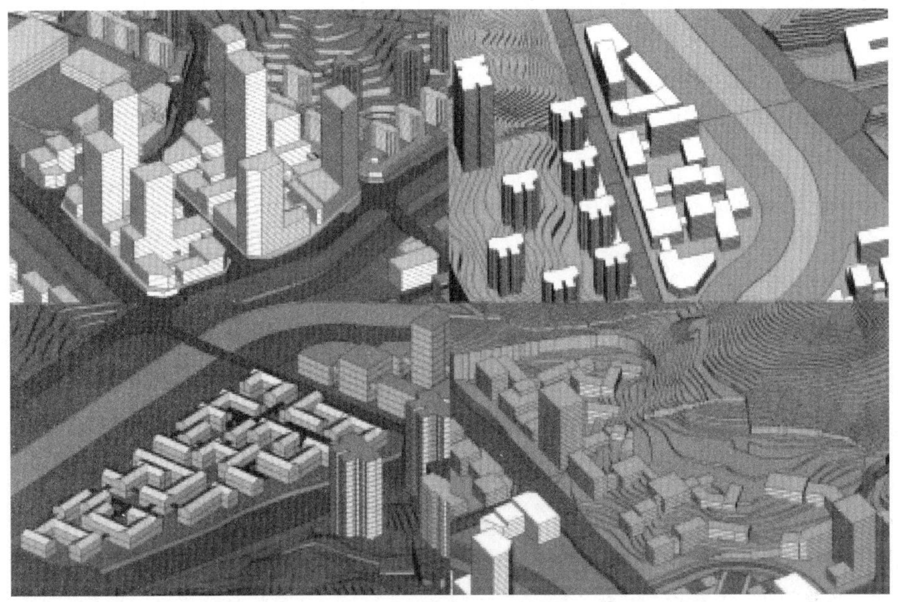

图1　水田新区城市设计模型部分商业区空间片段节选

3.1.4　公园绿地

水田新区的公园绿地分为两大类：一类为滨水城市公园绿地，另一类为山体公园绿地（见图2）。

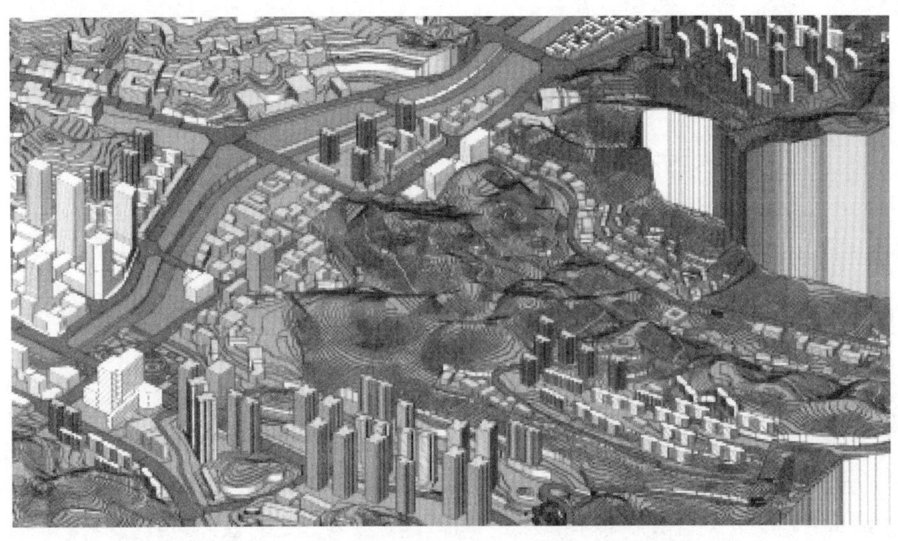

图2　沿河公园绿地与山体公园空间形态

对于滨水城市公园绿地而言，该类用地人流聚集度较高，可允许配置适当数量的商业服务设施，诸如便利店、茶室等。对分布在该类绿地当中的商业建筑，应通过城市设计建模手段来研究出最为合适的容积率与建筑限高指标，来对公园绿地（G1）兼容商业服务业设施用地（B1）的比例进行兼容比管理。

对于山体公园绿地而言，该类用地最大的特征就是占地面积大，适宜性较差，生态环境脆弱。而对于水田新区，山体自然环境的气候有利于药材、农作物的生长，其主要产业为农作物种植与药材种植培育。在该类山体公园绿地用地兼容管控中，允许考虑配置少量的商业服务业设施用以配套后期开发的观光旅游使用，但应对建设时序性做说明。

3.1.5 贴线率

对于山地城市而言，复杂的地形地貌决定了山地城市未来的空间形态必然是“大疏大密”型：“大疏”即城市中起伏延绵的自然山体、收放有致的自然水体营造出的自然山水环境；“大密”则是基于紧凑城市及相关理念下，将山水田园同现代城市生活空间结合在一起，其核心要素在于创造出复合集约、功能多元的场所，该类场所具有全天候高人流量的特点，对城市街道类型的线型公共开放空间有较高的要求。

基于此，通过城市设计对城市主干道及城市发展主轴两侧的城市形象进行管控，用合理数值和模型引导来限定城市界面的发展（见图 3）。

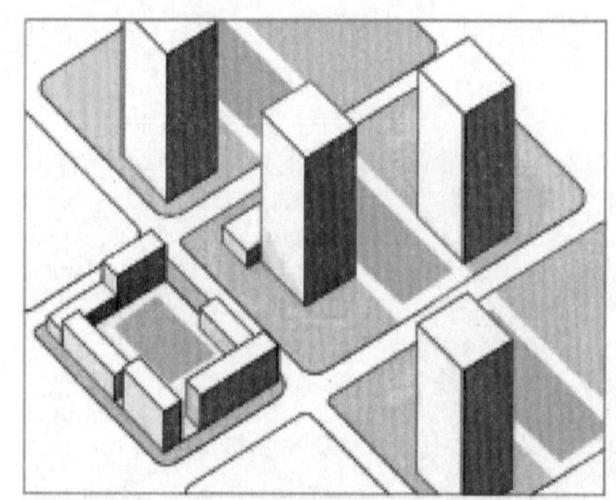

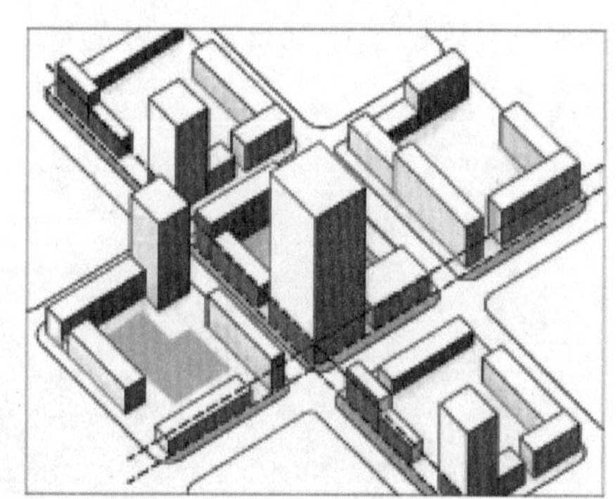

图 3　街道贴线率示意图

图片来源：作者改绘

3.1.6 建筑限高

控规对建筑高度的把控可以分为如下 4 个等级：低层建筑、多层建筑、高层建筑、超高层建筑；对建筑高度相匹配的建筑类型可以分为居住建筑和公共建筑。

（1）低层建筑

建筑高度控制 8m，主要控制分布在公园绿地中的商业建筑，在城市设计中，对该类建筑层数确定在 1 ~2 层，层高不大于 4m。

建筑高度控制 12m，主要控制分布在市政公用设施用地中的市政建筑，在城市设计中，对该类建筑层数确定在 3 ~4 层，层高为 3m。

（2）多层建筑

建筑高度控制 24m，主要控制居住用地的住宅建筑、商业服务业设施用地的开发强度上限，建筑的建设实际容积率可根据实际人口规模与市场需求进一步确定。

（3）高层建筑

未考虑到相应的建筑设计规范对住宅建筑的限制，如室内外高差、屋顶形式等对建筑高度的影响，过去对低于 19 层的居住建筑限高取值为 48m。对于水田新区的高层建筑而言，居住用地的居住建筑采用 55m 控高上限，非居住用地的建筑采用 50m 控高上限，核心区高密度商业服务业设施用地的商业办公建筑和高强度开发居住用地的居住建筑按照高层建筑设计，采用 100m 控高上限。

对高层建筑采用矩阵分析法（见图 4），在控规限高研究中确定该类建筑高度控制为 50m，可为住宅建筑设计留出一定余地。同样，在对二类高层公共建筑的高度控制上，控规规定控高为 48m，这在一定程度上对建筑面积有了一定的限制。如，对公共建筑的层高统一定为 3. 6m，则最高可建 13 层；对公共建筑的层高统一定为 4. 8m，最高可建 10 层……根据这一系列限高取值做出矩阵分析可得出如下结论：当采用 48m 作为限高控制时，建筑面积只能在一种情况下达到最大值，即对建筑单层高度控制均为 3. 6m；而采用 50m 作为限高控制时，建筑面积能达到最大值

公共建筑限高48m时的层高设计可能性（单位：m）

室内外高差	一层	二层	三层	四层	五层	六层	七层	八层	九层	十层	十一层	十二层	十三层	建筑总高度	控规限高贴合差值
0.8	3.6	3.6	3.6	3.6	3.6	3.6	3.6	3.6	3.6	3.6	3.6	3.6	3.6	47.6	0.4
0.8	3.6	3.6	3.6	3.6	3.6	3.6	3.6	3.6	3.6	3.6	3.6	3.6	/	44	4
0.8	3.6	3.6	3.6	3.6	3.6	3.6	3.6	3.6	3.6	3.6	3.6	[illegible]	/	45.2	2.8
0.8	3.6	3.6	3.6	3.6	3.6	3.6	3.6	3.6	3.6	3.6	[illegible]	[illegible]	/	46.4	1.6
0.8	3.6	3.6	3.6	3.6	3.6	3.6	3.6	3.6	3.6	[illegible]	[illegible]	[illegible]	/	47.6	0.4
0.8	3.6	3.6	3.6	3.6	3.6	3.6	3.6	3.6	[illegible]	[illegible]	[illegible]	/	/	44	4
0.8	3.6	3.6	3.6	3.6	3.6	3.6	3.6	[illegible]	[illegible]	[illegible]	[illegible]	/	/	45.2	2.8
0.8	3.6	3.6	3.6	3.6	3.6	3.6	[illegible]	[illegible]	[illegible]	[illegible]	[illegible]	/	/	46.4	1.6
0.8	3.6	3.6	3.6	3.6	3.6	[illegible]	[illegible]	[illegible]	[illegible]	[illegible]	[illegible]	/	/	47.6	0.4
0.8	3.6	3.6	3.6	3.6	[illegible]	[illegible]	[illegible]	[illegible]	[illegible]	[illegible]	/	/	/	44	4
0.8	3.6	3.6	3.6	[illegible]	[illegible]	[illegible]	[illegible]	[illegible]	[illegible]	[illegible]	/	/	/	45.2	2.8
0.8	3.6	3.6	[illegible]	[illegible]	[illegible]	[illegible]	[illegible]	[illegible]	[illegible]	[illegible]	/	/	/	46.4	1.6
0.8	3.6	[illegible]	[illegible]	[illegible]	[illegible]	[illegible]	[illegible]	[illegible]	[illegible]	[illegible]	/	/	/	47.6	0.4

公共建筑限高50m时的层高设计可能性（单位：m）

室内外高差	一层	二层	三层	四层	五层	六层	七层	八层	九层	十层	十一层	十二层	十三层	建筑总高度	控规限高贴合差值
0.8	3.6	3.6	3.6	3.6	3.6	3.6	3.6	3.6	3.6	3.6	3.6	3.6	3.6	47.6	2.4
0.8	3.6	3.6	3.6	3.6	3.6	3.6	3.6	3.6	3.6	3.6	3.6	3.6	4.8	48.8	1.2
0.8	3.6	3.6	3.6	3.6	3.6	3.6	3.6	3.6	3.6	3.6	3.6	[illegible]	4.8	50	0
0.8	3.6	3.6	3.6	3.6	3.6	3.6	3.6	3.6	3.6	3.6	[illegible]	[illegible]	/	46.4	3.6
0.8	3.6	3.6	3.6	3.6	3.6	3.6	3.6	3.6	3.6	[illegible]	[illegible]	[illegible]	/	47.6	2.4
0.8	3.6	3.6	3.6	3.6	3.6	3.6	3.6	3.6	[illegible]	[illegible]	[illegible]	4.8	/	48.8	1.2
0.8	3.6	3.6	3.6	3.6	3.6	3.6	3.6	[illegible]	[illegible]	[illegible]	[illegible]	4.8	/	50	0
0.8	3.6	3.6	3.6	3.6	3.6	3.6	[illegible]	[illegible]	[illegible]	[illegible]	[illegible]	/	/	46.4	3.6
0.8	3.6	3.6	3.6	3.6	3.6	[illegible]	[illegible]	[illegible]	[illegible]	[illegible]	[illegible]	/	/	47.6	2.4
0.8	3.6	3.6	3.6	3.6	[illegible]	[illegible]	[illegible]	[illegible]	[illegible]	[illegible]	4.8	/	/	48.8	1.2
0.8	3.6	3.6	3.6	[illegible]	[illegible]	[illegible]	[illegible]	[illegible]	[illegible]	[illegible]	4.8	/	/	50	0
0.8	3.6	3.6	[illegible]	[illegible]	[illegible]	[illegible]	[illegible]	[illegible]	[illegible]	[illegible]	/	/	/	46.4	3.6
0.8	3.6	[illegible]	[illegible]	[illegible]	[illegible]	[illegible]	[illegible]	[illegible]	[illegible]	[illegible]	/	/	/	47.6	2.4

图 4 高层建筑控高取值分析表

图片来源：作者自绘

的层高调配可以出现 3 种供选择的情况，且在同种情况下，采用 50m 限高时出现种多增加一层建筑面积的取值方式，除此之外，在图 4 所有的公共建筑层高设计可能性当中，采用 50m 限高时，有三种情况的建筑总高度与限高相同，而采用 48m 限高时，与限高贴合差值最小的仍有 0.4m。

（4）地下容积率

以盐津县为例，建议在未来的土地开发管控中强化地下空间开发范围和占城市规划区的面积比例，从生态城市、海绵城市的角度化解城市建设用地开发与生态环境破坏之间的矛盾。

对于山地城市而言，城市土地开发带来的城市用地扩张与土地集约利用之间的矛盾化解宜采用对地下容积率的控制来平衡（见图 5）。当未来的城市建设用地难以满足城市各项需要时，城市开发策略会从“摊大饼”模式转向集约利用模式；而一味集约利用易造成均一高强度开发，带来生态环境的严重隐患，诸如城市内涝、干旱等。对地下容积率的指标研究可从总体角度把控，避免城市蓄水蓄洪的“海绵”特性丧失。

用地性质及代码			用地名称	容积率高限										最大可建地上建筑总面积(m²)	地下容积率高限					最大可建地下建筑总面积（m²）
大类	中类	小类																		
R			居住用地	1.0	1.5	1.8	2.0	2.5	3.0	3.5	3.8			2116668	0.2	0.4	0.8	1.2	1.8	272574
	R2		二类居住用地	/	/	/	/	/	/	/	/			/	/	/	/	/	/	/
		R21	二类住宅用地	/	267444	51253	343494	165814	63146	41339	26402			2029395	/	606823	/	/	/	242729
		R22	服务设施用地	25730	/	/	8267	3714	12459		/			87273	/	25730	24441	/	/	29844
B			商业服务业设施用地	0.3	0.5	1.0	1.2	1.5	2.0	2.5	3.0	4.0	7.0	1184663	0.2	0.4	0.8	1.2	1.8	453187
	B1		商业用地	/	/	/	/	/	/	/	/	10623	48494	381950	/	/	/	/	59117	106411
		B11	零售商业用地	205980	114379	140632	37894	3577	147370	46776	/	/	/	722134	404975	39559	126886	80940	/	295455
		B14	旅馆用地	/	/	/	/	/	/	12938	15573	/	/	79065	/	/	/	/	28512	51321
	B4		公用设施营业网点用地	/	/	/	/	/	/	/	/	/	/	/	/	/	/	/	/	/
		B41	加油加气站用地	/	3027	/	/	/	/	/	/	/	/	1514	/	/	/	/	/	/
A			公共管理与公共服务用地	0.5	1.0	1.5								282086	0.2	0.4	0.8	1.2	1.8	129308
	A1		行政办公用地	/	118133	/								118133	/	118133	/	/	/	47253
	A2		文化设施用地	/	/	/								/	/	/	/	/	/	/
		A21	图书、展览设施用地	/	23640	/								23640	/	/	5862	17778	/	26023
		A22	文化活动设施用地	/	8480	/								8480	/	/	/	/	/	/
	A3		教育科研用地	/	/	/								/	/	/	/	/	/	/
		A33	中小学用地	125376	/	/								62688	36625	/	/	/	/	7325
	A4		体育用地	/	/	/								/	/	/	/	/	/	/
		A41	体育场馆用地	/	32362	/								32362	/	/	32362	/	/	25889
	A5		医疗卫生用地	/	/	/								/	/	/	/	/	/	/
		A51	医院用地	/	/	28522								42783	/	/	28522	/	/	22818
U			公用设施用地	0.2										1428	0.2	0.4	0.8	1.2	1.8	/
	U3		安全设施用地	/										/	/	/	/	/	/	/
		U31	消防设施用地	7142										1428	/	/	/	/	/	/
G			绿地	0.06										65840	0.2	0.4	0.8	1.2	1.8	/
	G1		公园绿地	1316800										65840	/	/	/	/	/	/
总计														3656685						855068
注：各功能片区最大可建地上建筑总面积为366万平方米，最大可建地下建筑总面积为83万平方米。																				

图 5　盐津县水田新区最大可建设建筑总面积矩阵表

图片来源：作者自绘

3.2　山地城市控规与竖向层面的道路交通选线

3.2.1　山地城市道路竖向体系

交通对于地形变化的适应性较强，在遇到沟谷、山体时，可以通过桥梁、隧道等方式有效避开不良地形，但在山地城市中，不可避免要遇到开山填沟的区域，道路建设需要分期实施避免填挖不均匀沉降所带来的影响。

山地城市二维平面导控的精准性离不开对山地城市道路竖向层面的研究（见图6），山地城市道路选线涉及诸多因素，诸如展线长度、局部路幅宽度、投资造价、平面线形与道路边坡、土地后期开发使用方式等。

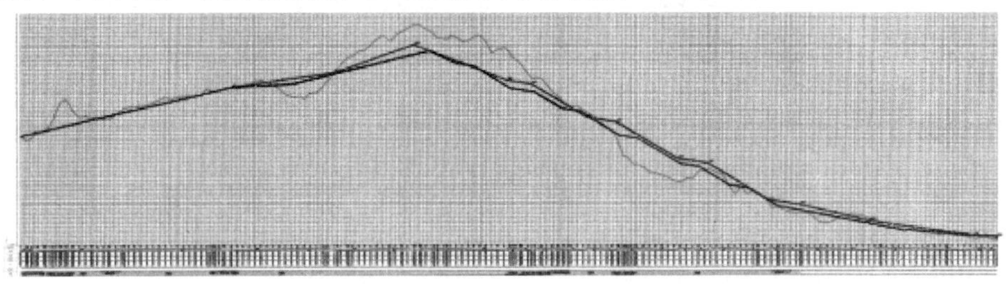

图6　道路竖向优化纵断面对比图

图片来源：福州市规划设计研究院昆明分院

3.2.2　从竖向体系到用地规划

本路段的A路线为控规方案阶段的道路选线，所选线路在落地阶段本身面临的问题在于预选线北路段的南侧填方量较大，选线的大走向均无法避免高填方；本段道路为迂回型山路展线，单迂回线形难以满足用地的交通需要，宜采用与用地布局结合的方式进行处理。

由于山地道路选线高程变化较大，其极限纵坡路段也相对较长，通过纵断面分析，在断面上重新优化中间路段的道路选线，以降低本路段道路高程最大值，同时加长路段展线，适当降低超规的极限道路纵坡，以此保证道路选线的可实施性（见图7）。

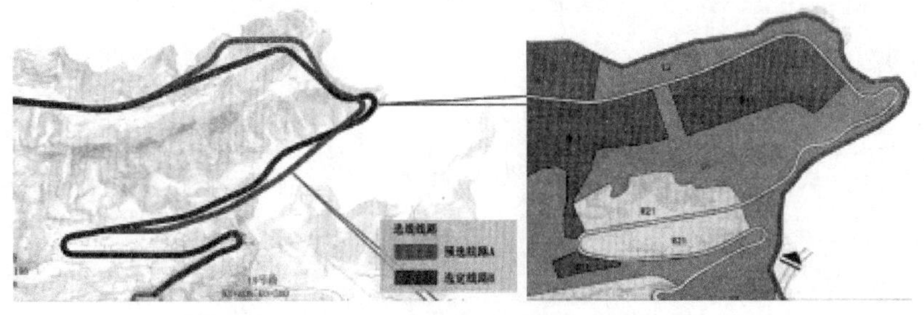

图7　预选线路对比与局部用地规划图

图片来源：作者自绘

从用地规划角度来看，图 8 左为初期方案，经论证，长展线道路无法按照城市道路交通规范的要求实施，因此取消该道路，将原道路围合的地块中西侧商业地块延伸与居住用地相交汇，为未来的商业开发和城市道路系统的灵活完善留有余地。

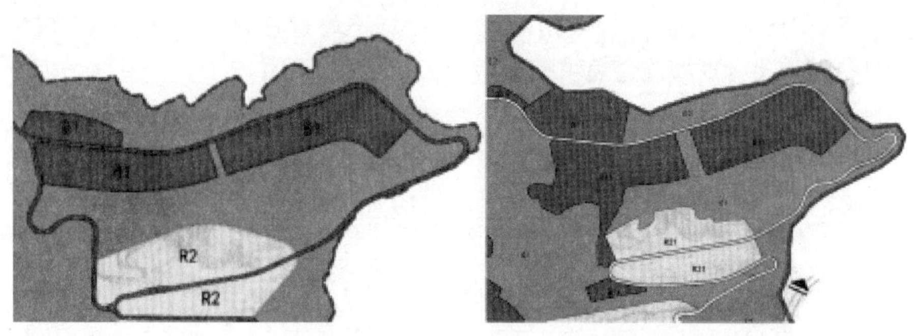

图 8　城市道路初步选线方案与最终方案的用地规划对比

图片来源：作者自绘

3.2.3　场地及道路竖向设计

考虑到水田新区山地地形的特点及排水要求，道路走向尽量沿等高线设计，坡向尽量保持现状地势。为减少工程投资，土石方指标控制在 15% 以下，根据控制点标高进行道路纵断面设计。部分竖向需进行调整时，应在了解规划意图基础上适当调整，避免出现局部与整体不协调的情况。场地内部结合用地性质进行使用，场地坡度小于 5% 时，场地采用平坡式；场地坡度 5% ~8% 时，场地采用混合式；场地坡度大于 8% 时，规划宜采用台阶式；坡度大于 15% 时，宜进行台地处理。同时应根据用地性质的不同，采取不同的处理方式。本次道路竖向规划主要控制盐津县水田新区范围，总体原则：通过道路竖向分析，充分考虑地形高差，进一步深化场地竖向，结合水田新区现状地形地貌，减少挖填方，并根据水田河防洪标高等控制道路竖向规划。

3.3　山地城市控规山地景观塑造和生态管理

3.3.1　对现状自然山体的有机保留

道路选线应依山就势，减少对自然丘陵地貌的破坏，最大限度地融合道路与自然环境，合理规定现状自然山体保留的数量（见图 9），形成城市山地景观系统，突出山地特色。

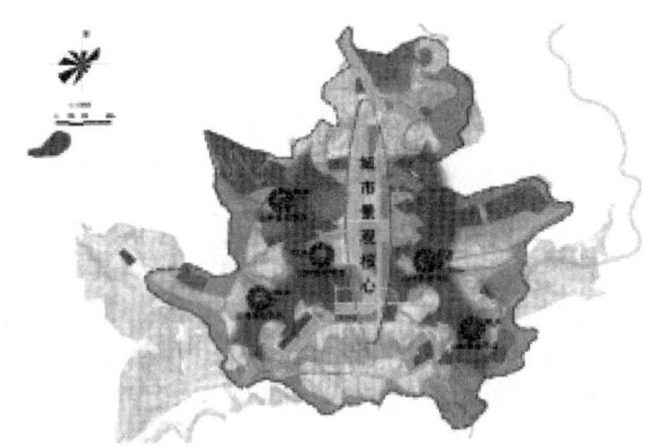

图 9　景观系统规划图

图片来源：昆明理工大学设计研究

3. 3. 2　对保留耕地的有机开发

在山水田园城市理念指导下叠加分析现状耕地、规划公园绿地和水域，保留部分村庄建设用地斑块，并划分两类保留发展耕地（见图 10）。

一类保留发展耕地斑块为与规划绿地和农林用地叠加的区域。

二类保留发展耕地斑块为与规划居住用地叠加的区域，鼓励形成田园城市的家园景观。

图 10　城市风貌引导图

图片来源：昆明理工大学设计研究院

3. 3. 3　对城市开放空间和视廊的管控引导

规划通过控制水田河沿线的建筑高度和滨河绿带，打通水田河从城市中心区至规划区北端段视线通廊，自然河流和泄洪渠通过保留沿岸绿带形成视线通廊。同时在图则中增加对通视廊道的城市设计引导（见图 11），依托对山地城市控规平面图则与立体模型的双重引导，加强规划管理的行动效力和对山地城市空间形态的正向引导。

图 11　城市视廊引导

图片来源：昆明理工大学设计研究院

3.3.4　对敏感生态的危害预案研究

针对盐津县地质危害频发的特点，综合地灾评估报告，对完整规划区进行灾害预案研究（见图 12），规定设计单位在分图则及城市设计中对地灾高危区做出一定控制（见图 13），尤其是地灾高危 II 区范围内的建设用地，应当统筹处理边坡和场地平整，并做出进一步规划控制。

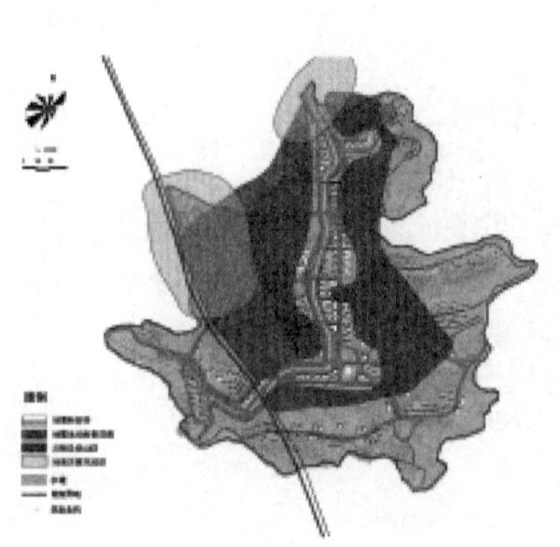

图 12　灾害预防控制图

图片来源：昆明理工大学设计研究院

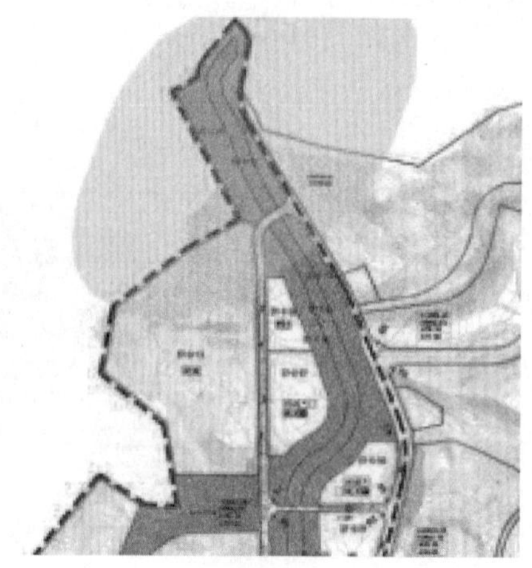

图 13　灾害预防在图则中的体现

图片来源：昆明理工大学设计研究院

4. 结语

面对城镇上山和用地紧张的热点问题，面向实施的山地城市控制性详细规划的管理与控制愈发得到重视。依托于山地城市控制性详细规划的实际案例，以指标控制、竖向设计、生态景观控制的可实施性作为研判山地城市发展热点问题的切入点，采用归纳总结的方式梳理出山地城市控制性详细规划的编制重点体系，基于山地城市控制性详细规划这一研究对象，厘清“控制方法”“设计手段”“法规调整”三者之间的关系，以形成山地城市规划管理的良性循环过程。

参考文献请见原文。

（撰稿人：翟辉，昆明理工大学建筑与城市规划学院；赵璇，昆明理工大学建筑与城市规划学院；李朦，昆明理工泛亚设计集团有限公司）

农村宅基地有偿退出的政策与实践

——基于2015年以来试点地区的比较分析

1. 研究背景和意义

宅基地是农民的安身立命之所。宅基地制度和农民的切身利益息息相关，是关系农村经济发展和社会稳定的重要制度。新中国成立以来，宅基地制度已逐步演变形成一套具有中国特色的制度体系，保障农村居民“居者有其屋”，对于维护农村社会稳定发挥了重要作用。但也应该看到，在我国工业化、城镇化加速推进的背景下，随着乡村社会经济加快转型发展，大量农村人口向城镇转移，原有宅基地产权制度与管理制度的弊端开始显露，导致宅基地闲置低效利用问题日益严重，出现了农村人口减少而农村建设用地却不减反增的不合理现象。尤其是随着大量农村人口进城落户成为市民，同时还有一些户口在农村、常年在城镇就业生活的农民工，他们在农村的宅基地大多长期处于空置状态。如何有效盘活利用闲置宅基地已成为社会关注的热点话题，目前该问题的解决还存在以下障碍：一是由于宅基地有偿退出制度的缺失，农民缺乏内在动力，大多不会主动退出；二是由于农民对宅基地功能的诉求已经不再局限于保障居住，还有通过流转实现其财产价值功能的诉求，但是现行法律严格限制了宅基地流转范围，导致进城农民工很难通过流转宅基地实现其财产权、增加财产性收入。因此，探索和建立农村宅基地有偿退出机制，对于引导和激励农民自愿退出宅基地，促进闲置宅基地盘活利用、激活宅基地资产属性及加快推进农民市民化进程均具有重要的现实意义。

近年来，学术界围绕如何建立宅基地有偿退出机制开展了相关研究。刘棟子认为应调动农民的积极性，做到农民退出前有动力、退出后有保障；郭晓鸣认为应构建宅基地有偿退出与农村综合改革协同推进机制；韩冬提出通过制度创新来引导宅基地市场化退出路径；刘守英认为应以激励机制为导向，探索和建立多路径的宅基地有偿退出机制；付文凤等提出建立宅基地退出的市场化补偿机制；黄健元等认为实施宅基地有偿退出会对农民起到激励作用。从已有研究来看，目前针对宅基地有偿退出政策梳理及对2015年以来试点地区实践进行研究的相对较少。鉴于此，本文对近年来相关政策进行系统梳理，重点对2015年以来改革试点地区有偿退出实践进行比较分析，并提出相关政策建议，以期为改革完善农村宅基地制度、推进实施宅基地退出提供参考和借鉴。

2. 农村宅基地有偿退出的政策梳理

现阶段，虽然《中华人民共和国土地管理法》明确规定“农村集体经济组织报经原批准用地的人民政府批准，可以收回土地使用权，并对土地使用权人应当给予适当补偿”，但针对收回宅基地使用权的对象、具体流程和补偿标准等均未做明确规定，导致在宅基地管理中很少有收回的宅基地。自2004年以来，与宅基地有偿退出有关的一系列文件相继出台。通过对这些文件进行梳理，宅基地有偿退出政策在实施过程中呈现出阶段性演变特征，具体如下：

2004年原国土资源部出台《关于加强农村宅基地管理的意见》，提出对“一户多宅”、有空置住宅的农民，通过制定激励措施鼓励其腾退多余宅基地，但对农民怎么激励、由谁来激励，该意见并未明确；另外，针对已进城落户农民的闲置宅基地是否也纳入腾退范围以及对进城农民如何引导和鼓励，该意见也未涉及。随后，2008年国务院发布《关于促进节约集约用地的通知》提出“对村民自愿腾退宅基地的，当地政府可给予奖励或补助”，该通知提出了宅基地退出要尊重农民意愿，同时应由地方政府对农民进行奖励或补助，但并没有具体规定奖励或补助的标准。从以上两个文件可以看出，在2015年开展宅基地制度改革试点之前，国家并没有将探索宅基地有偿退出作为宅基地制度改革的方向，只是通过给予奖励或补助来激励“一户多宅”或有空置住房的农民自愿腾退宅基地，以加强对宅基地的“一户一宅”管理，确保“一户一宅”的法律规定落到实处。

2014年12月，中办印发《关于农村土地征收、集体经营性建设用地入市和宅基地制度改革试点工作的意见》，首次提出探索进城落户农民在本集体经济组织内部自愿有偿退出宅基地，该意见不仅明确了宅基地退出后使用主体范围，同时也限定了对象为进城落户农民，而没有进城落户的农民并不在此范围。2016年国办印发《推动1亿非户籍人口在城市落户方案》，该方案再次提出要探索形成进城落户农民对宅基地使用权的自愿有偿退出机制，并明确规定现阶段要严格限定在本集体经济组织内部。这个文件也强调了必须以农民自愿为前提，但并没有对退出宅基地的进城落户农民如何给予补偿、由谁来补偿等加以明确规定。

2017年中央一号文件提出“允许地方多渠道筹集资金，按规定用于村集体对进城落户农民自愿退出宅基地的补偿”。可见，该文件首次提出针对进城落户农民自愿退出宅基地的应由村集体给予补偿，即明确了宅基地退出的前提、对象及给予补偿的主体和补偿资金来源，但具体补偿标准也未规定。

2018 年 9 月，国家《乡村振兴战略规划（2018—2022 年)》提出要“建立健全依法公平取得、节约集约使用、自愿有偿退出的宅基地管理制度”。可以看出，在国家实施乡村振兴战略背景下，建立宅基地自愿有偿退出制度已经成为今后健全现行宅基地管理制度的重要内容，也是新时期在乡村振兴背景下健全农村土地管理制度、完善农村土地利用管理政策体系的重要内容，同时也是未来改革完善农村宅基地制度的重要方向，值得注意的是，《乡村振兴战略规划（2018—2022 年)》中只是明确了宅基地退出要以农民自愿有偿为前提，针对宅基地有偿退出的对象、补偿主体及由谁来补偿等内容也未明确规定。

3. 近三年实践比较：基于典型试点的分析

近年来，如何促进宅基地节约集约利用成为农村土地利用与管理中的难点问题，也是学术界和政府管理部门普遍关注的热点问题。早在 2008 年，为了缓解建设用地供需矛盾、切实保护耕地及促进经济社会可持续发展，实现“保红线、保发展”的目标，按照国务院 2004 年发布的《关于深化改革严格土地管理的决定》中提出“鼓励农村建设用地整理、城镇建设用地增加要与农村建设用地减少相挂钩”的相关要求，原国土资源部颁发实施《城乡建设用地增减挂钩试点管理办法》，并选择部分地区进行试点。在城乡建设用地增减挂钩政策框架下，我国部分地区积极探索，涌现出了一些有代表性的宅基地退出实践模式，如天津市“宅基地换房”模式、浙江省嘉兴市“两分两换”模式、重庆市“地票”模式、成都市温江区“双放弃”模式等。通过文献梳理可以发现，虽然上述地区的宅基地退出实践取得了一些成效，但大多是在地方政府主导推动实施城乡建设用地增减挂的过程中实施宅基地退出，获取城镇建设用地指标是其主要动力，在实施中存在农民参与度低、农民获得的补偿不合理、农民住房保障力度不够、土地财产权受到一定程度侵害等问题，上述地区的实践成果并没有对完善农村宅基地制度、深化农村改革发挥出有力的推动作用。

自 2015 年开展宅基地制度改革试点以来，全国共有 33 个县（市、区）被列入试点地区，这些地区结合本地实际情况，坚守改革底线，坚持“一户一宅、面积法定”的基本原则，坚持以宅基地制度改革为抓手、统筹推进农村各项改革和加快推进新型城镇化发展，其中部分试点地区探索和建立了宅基地自愿有偿退出机制，完善了宅基地管理制度，形成了可复制、能推广、具有可操作性的宅基地有偿退出实践经验，概括起来主要包括以下三种模式，分别为：安徽省金寨县的"置换式"、浙江省义乌市的"变现式"和宁夏回族自治区平罗县的"收储式"。本文通过对上述三种模式进行总结，并从实施目标和成效、主导方和补偿资金来源、实施对象、基本特征等方面进行比较。

3.1　实践总结

3.1.1　安徽省金寨县"置换式"

所谓的"置换式"是指在国家法律政策框架内，按照一定的置换标准，农民以宅基地使用权及地上附着的建筑物、构筑物换取在"三区"（即村庄聚居区、集镇规划区、建制镇规划区）内统一建设的住房或一定数额的货币。安徽省金寨县地处大别山腹地，是全国农村宅基地改革试点地区中的国家级贫困县，该县很多村庄农民住房不同程度存在地灾隐患大、年久失修或远离城镇、出行不便等困难。为了改善山区"贫困户、移民户"和长期居住在"土坯房、砖瓦房、砖木房"中农户家庭的住房条件，让广大农民尤其是山区贫困人口住上更安全、更便利、更舒适的房子，金寨县坚持以脱贫攻坚统领经济社会发展全局，以宅基地制度改革为抓手、统筹推进农村改革，探索出一条将宅基地制度改革与易地扶贫搬迁、水库移民搬迁等相结合的新路子，得到了农民的广泛支持，产生了倍数效应。2016 年 3 月，为了最大程度维护农民的宅基地权益、给予农民充分的选择权并满足其实际需求，金寨县出台了《金寨县农村宅基地自愿退出奖励扶持办法》，在县域范围内制定了宅基地自愿有偿退出办法。该办法设计了"补偿 + 奖励"的联动机制，规定了有偿退出范围，制定了多种有偿退出方式，其中，对属于有偿退出的补偿分为两部分：一是对地上房屋拆除的补偿，按结构不同，给予的补偿数额不等；二是退出的宅基地补偿，按照是否已确权发证及符合规定面积标准给予不同的补偿。另外，针对自愿退出合法拥有的宅基地或符合申请条件但自愿放弃申请的农户实行奖励政策，一是针对到县城、建制镇规划区购买普通商品房的农户，按照一定奖励标准直接给予购房补贴；二是针对到乡（镇）政府所在地集镇规划区购买普通商品房的，也按照相应奖励标准给予购房补贴；三是针对在乡（镇）集镇统建、联建住房或在规划布点的村庄内新建住房的，对于建档立卡贫困户、有直补人口的移民户及人均建房面积小于 30m^2 的农户，优先分配宅基地用于新建住房；属于移民户的，再享受一定标准额外补助。据统计，截至 2017 年底，该县已有 2.09 万户、7.57 万人自愿申请有偿退出宅基地，其中贫困户和移民户占 75% 以上。

3.1.2　浙江省义乌市"变现式"

所谓的"变现式"是指将农民退出的宅基地整治为耕地，腾出的建设用地指标留足农村发展所用后，节余部分以“集地券”方式通过交易显化土地资产价值，纯收益返还农民和村集体。义乌市地处浙江省中部，是浙江省中部区域中心城市，也是全国唯一的县级市国家级综合改革试点。长期以来，义乌市的小商品经济发达，大量外来务工人员的增加进一步加剧了城乡用地矛盾，尤其是随着义乌市经济结构调整和转型升级步伐不断加快，建设用地供需矛盾日益突出，并出现了城乡两头争地的局面。如何立足于存量挖潜，破解城市发展用地日益紧张而农村建设用地闲置低效的僵局，成为义乌市经济社会发展急需解决的问题。自 2015 年以来，义乌市以宅基地制度改革为战略契机，结合地方经济社会发展实际，在借鉴实施城乡建设用地增减挂钩政策和重庆“地票”试验经验的基础上，积极探索宅基地减量化管理路径和宅基地有偿退出机制。2016 年，义乌市先后出台《义乌市“集地券”管理暂行办法》《义乌市“集地券”管理实施细则》等政策细则，根据出台的政策，“集地券”是在符合规划的前提下将农民退出的宅基地以及旧村改造、“空心村”改造退出的宅基地等存量集体建设用地复垦为耕地，并经验收合格后折算成建设用地指标，并允许“集地券”在全市资源要素交易平台上进行交易。义乌市通过实施“集地券”政策，有效激励了农民自愿退出宅基地，打通了宅基地有偿退出的通道，提供了宅基地退出的新路径，开辟了农民和集体增收的新渠道，是城乡建设用地增减挂钩的升级版。与重庆市“地票”制度相比，“集地券”政策不仅充分吸收了实施增减挂钩政策的经验，而且制度设计更加规范科学，市场化程度更高，在政府设定的交易平台上“集地券”可以通过挂牌或者拍卖方式自由交易流转，针对农民退出宅基地所形成的“集地券”，由政府按 600 元/m^2 保护价兜底回购，最大程度保障农民土地权益。截至 2017 年 12 月，义乌市已累计回购“集地券” 130.24hm^2，统筹用于民生和产业项目，为村集体和农民累计增加收入近 4 亿元，让村集体和农民都分享了宅基地制度改革中的土地收益。

3.1.3 宁夏回族自治区平罗县“收储式”

所谓的“收储式”是指由村集体对进城农民退出的宅基地和房屋统一进行收储并登记造册，并将宅基地有偿退出与移民搬迁安置相结合。宁夏回族自治区平罗县作为我国农村改革试验区之一，2015 年被确定为宅基地制度改革试点县，为了解决工业化、城镇化进程中部分农村劳动力向城镇转移后留在农村的宅基地如何处理的现实问题及促进外出务工农民的市民化，平罗县结合本地实际情况实施由村集体主导的“收储式”宅基地有偿退出模式。具体而言，该县结合宁夏回族自治区的生态移民工作，将农村宅基地自愿有偿退出转让与移民易地搬迁安置相结合，采取“大分散小集中”、闲置宅基地整队退出安置移民等方式，盘活利用进城农民闲置宅基地，将生态移民插花安置在现有村组，形成了“本地农民自愿有偿退出、生态移民分散插花安置”的格局，实现了农村闲置宅基地和已批未建宅基地自愿有偿退出，不仅有效盘活了进城农民的闲置宅基地，确保了农村集体建设用地合理配置和节约集约利用，实现了闲置建设用地减法和建设用地综合利用加法的互促互补，同时也增加了进城农民的财产性收入，妥善安置了生态移民，降低了政府移民搬迁安置新建住房、配套设施投入的成本，改善了村民居住环境，实现了多方面共赢。主要做法是平罗县利用前期完成的农村土地和房屋确权发证工作成果，做好宅基地有偿退出基础工作，先后出台了《平罗县农民宅基地、房屋及承包地收储参考价格暂行办法》《平罗县农民集体土地和房屋产权自愿永久退出收储暂行办法》等配套文件，积极探索多元有偿退出方式，分类引导、有序实施，满足多种需求，其中针对在城镇有固定住所并有稳定非农收入的农民，按照宅基地所在区位确定标准面积的收储价格并给予货币补偿，设定的标准面积为 $270m^2$，在标准面积以内的收储价格为 30 元/m^2、33.75 元/m^2 和 37.5 元/m^2 三个等级，超出部分则按照 15 元/m^2 进行收储。另外，针对拥有闲置宅基地的农民工，该县于 2015 年 4 月启动新一轮农村改革实验方案，建立村集体内部转让和收储制度，以盘活利用闲置宅基地，实现了农民宅基地和住房的资产化，拓宽了农民增加财产性收入来源，促进了有意愿在城镇落户农民工市民化。

3.2　实践比较

通过对安徽省金寨县“置换式”、浙江省义乌市“变现式”和宁夏回族自治区平罗县“收储式”三种模式进行总结，可以看出不同模式在以下方面存在一定的差异性，比较如下。

（1）从实施目标和成效来看，安徽省金寨县的“置换式”是以改善“贫困户、移民户”和居住在“土坯房、砖瓦房、砖木房”中农户的住房条件、助推精准脱贫为目标，主要是通过宅基地有偿退出的奖励补助等组合政策来激活其他扶贫政策，支持引导易地扶贫搬迁和移民搬迁，尊重农民意愿，分类施策、有序推进，保证让贫困山区农民“搬得出、有房住、有补偿”，同时也促进了美丽乡村建设、加快了新型城镇化发展和提升了农村土地利用综合效益，为我国中西部贫困地区以宅基地制度改革引领精准脱贫、助推乡村振兴提供了很好的借鉴。浙江省义乌市“变现式”是以盘活农村存量集体建设用地、统筹城乡建设用地及破解城市发展空间难题为核心目标，通过探索宅基地有偿退出机制将宅基地改革向纵深方向推进，同时在创新城乡建设用地置换模式、优化区域国土空间开发格局、实现集体土地所有权和农民的宅基地财产权等方面都产生了明显成效，为我国东部发达地区盘活农村存量建设用地、破解城镇发展用地瓶颈难题提供了有益的借鉴。宁夏回族自治区平罗县“收储式”是以盘活利用农民进城后在农村闲置的宅基地和房屋为目标，创新性地将盘活进城农民闲置宅基地与移民搬迁安置有机结合，较好地发挥了生态移民搬迁安置资金的撬动作用，探索出了一条具有平罗特色的宅基地有偿退出之路，实现了宅基地有偿退出与农业人口转移进城的有机联动和协同推进。

（2）从实施主导方和补偿资金来源来看，安徽省金寨县作为国家级首批重点贫困县，该县实施农村宅基地有偿退出主要由地方政府来主导，宅基地有偿退出资金一方面来源于国家扶贫政策资金，另一方面通过探索宅基地复垦腾退的建设用地指标在安徽省范围内有偿调剂使用来缓解资金压力。浙江省义乌市作为东部发达地区，为了破解城乡两头争地的局面，由地方政府来主导推动实施“集地券”政策，宅基地有偿退出资金主要来源于地方财政。宁夏回族自治区平罗县探索实施的“收储式”宅基地有偿退出模式则是由村集体统一组织实施，宅基地退出的补偿资金主要来源于政府设立的移民安置资金和收储资金。

（3）从实施对象来看，安徽省金寨县“置换式”主要是针对贫困户、移民户和居住在“土坯房、砖瓦房、砖木房”中的农户；浙江省义乌市“变现式”主要是自愿退出宅基地的农户以及旧村改造、“空心村”改造所涉及的农户；宁夏回族自治区平罗县“收储式”主要是针对在城镇有固定住所并有稳定非农收入的农民。

（4）从实施基本特征来看，安徽省金寨县“置换式”充分发挥了宅基地制度改革的叠加效应，构建了以宅基地制度改革促脱贫、促改居的平台，实现了宅基地制度与脱贫攻坚、移民搬迁及改善农民住房条件协同推进，在推进精准脱贫、建设美丽乡村、加快城镇化发展、促进农村人口向城镇转移等方面均发挥了积极的作用，同时让农民在宅基地制度改革中有更多的获得感。浙江省义乌市的“变现式”是在改革实践中探索解决经济社会发展难题的一项制度创新成果和实践举措，是城乡建设用地增减挂钩政策的升级版，与实施城乡建设用地增减挂钩政策不同之处在于宅基地“集地券”有偿退出模式不依靠政府来配置城乡土地，而是运用市场手段实现宅基地退出增值收益的最大化，该模式显然属于运用市场机制驱动退出，充分发挥了市场机制在资源配置中的决定性作用，打通了城乡两种不同产权属性的建设用地的联系渠道。宁夏回族自治区平罗县“收储式”主要是在地方政府主导和推动下，结合该地区的生态移民工作，针对不同类型农民的实际需求，积极引导和分类施策，探索出针对不同类型农民的宅基地有偿退出和房屋收储的具体路径。

4. 农村宅基地有偿退出的政策建议

通过对宅基地有偿退出政策进行梳理及典型试点地区实践进行总结比较可以

看出，在深化农村土地制度改革进程中引导和激励农民自愿有偿退出宅基地具有一定的必要性和可行性，对于保障农民基本居住权利、盘活利用农村存量建设用地、维护和实现农民宅基地权益、显化农村土地资产价值及增加农民财产性收入等方面均产生了显著成效。由于不同地区经济发展阶段、自然资源禀赋和社会条件等存在差异，加上宅基地有偿退出是一项复杂的系统工程，不仅关系到广大农民民生福祉，还关系到新型城镇化发展及乡村振兴目标实现，鉴于此，基于政策梳理及实践比较，提出以下政策建议。

4.1　建立宅基地地价评估制度

目前从中央政策层面上来看，国家鼓励农民自愿有偿退出宅基地，但从典型试点地区实施情况来看，各地在实践中针对退出宅基地农民的补偿标准相差较大，缺乏相应的依据。究其原因，主要在于目前我国城乡地价体系尚未健全，虽然已经出台了城镇土地分等、定级及估价的相关技术规程，也形成了比较完善的城镇土地基准地价体系，但相较而言，我国目前还没有形成统一的农村宅基地基准地价体系，针对宅基地价格的评估也缺少相应的依据。试点地区宅基地有偿退出实践中针对退出宅基地的农民的补偿定价，大多是由地方政府单方面来制定的，缺乏科学评估的依据。鉴于此，建议各地应积极建立宅基地地价评估制度，可以参考城镇地价评估制度，探索和建立适时更新、动态调整的宅基地基准地价体系及市、县、乡（镇）三级共享的宅基地基准地价数据库，加强宅基地地价变化的动态监测和管理，为推动宅基地有偿退出及保障农民合法土地财产权益提供直接依据。

4.2　引导和激励有条件的农民先行退出

从农民的角度来看，在城乡统一的建设用地市场体系尚未建立以及相关配套保障机制极不完善的情况下，现阶段“一刀切”地引导和鼓励农民退出宅基地的条件尚未完全成熟，在具体操作中仍存在一定的制度风险，不能简单地把局部地区出现的制度变迁需求放大为整个宅基地制度变迁需求。笔者认为在新形势下应遵循城乡人地关系变迁的客观规律，宅基地退出应是一个自然而然的过程，不可操之过急，现阶段在农村地区大范围地引导和鼓励农民自愿有偿退出宅基地很难实现，也不可能实现。在深化农村土地制度改革及推动乡村社会经济结构转型的进程中，考虑到促进农村建设用地高效利用、推进农村人口向城镇转移及加快乡村空间重构的现实要求，为了规避制度风险，应结合农户分化的现实情况及不同农户对宅基地功能的诉求差异，在尊重农民意愿的基础上分类施策，目前应积极引导和激励在城镇有固定住所和稳定非农收入、身份已转为城镇居民且在城镇的医疗、养老等社会保障问题得到解决的农民、长期在城镇生活的农民和整村搬迁、集中安置已不再使用原宅基地的农民，采取自愿有偿退出的方式实现宅基地有序退出，而针对其他类型农民则不能实施“一刀切”的宅基地有偿退出及农民“进城运动”，不能盲目地诱导在城镇无固定住所和稳定非农收入的农民退出宅基地并拿宅基地财产权换市民身份，以保障这些农民的基本居住权利。

4.3 规范宅基地有偿退出程序

从典型试点地区实施宅基地有偿退出情况来看，各地在实践中实施程序的规范性有待加强，因此，建议进一步规范宅基地有偿退出的程序，可参照以下步骤实施：首先是提出申请，农民以户为单位向所在村集体提出自愿退出书面申请；其次是资格审查，由村集体和乡（镇）政府对农户申请分别进行初审与复审，然后对符合条件的农户家庭情况、拟退出宅基地和地上附着物的产权情况等进行调查，并将结果予以公示；再次是签订协议，由当地自然资源管理部门对宅基地及地上建（构）筑物进行实地丈量、登记造册，并委托专业的不动产评估机构对宅基地及地上建（构）筑物的价值进行评估，并测算补偿费用；最后是农户退出宅基地，由乡（镇）政府将复审无误的退宅材料统一登记造册并报送县级人民政府审批，经批准后，农户按照签订的协议退出宅基地并获得相应的补偿。

4.4 建立宅基地有偿退出长效机制

从试点情况来看，各地在实施宅基地有偿退出中仍存在制度性障碍，这在一定程度上影响了宅基地退出工作的推进。鉴于此，应建立宅基地有偿退出的长效机制，首先要加快宅基地退出立法，建议尽快修改完善《中华人民共和国物权法》《中华人民共和国土地管理法》中有关宅基地的法律条文，补充宅基地退出的相关内容，同时尽快出台《宅基地退出条例》，针对宅基地退出的主体、申请条件、审批程序、退出补偿标准及住房、就业、养老等配套保障机制做出规定，形成规范的、具有可操作性的宅基地有偿退出制度；其次，应积极探索以农村产权制度改革联动推进宅基地有偿退出，深入推进土地承包权、宅基地使用权及集体收益分配权制度改革协同推进，进一步强化农村集体产权制度改革的联动性、协同性，推进农民的承包地、宅基地及农村集体收益分配权“一揽子”有偿退出。

参考文献请见原文。

（撰稿人：张勇，安徽财经大学财政与公共管理学院，南京农业大学公共管理博士后流动站）